编委会

主　编　孙长军

副主编　邓　建　蔡　平　刘　刚

编　委　安华林　毛家武　刘　岚　董国华

天南学术

第一辑

广东海洋大学文学与新闻传播学院
广东省雷州文化研究基地
海上丝绸之路文化研究院

孙长军　主　编

暨南大學出版社
JINAN UNIVERSITY PRESS

中国·广州

图书在版编目（CIP）数据

天南学术．第一辑 / 孙长军主编．—广州：暨南大学出版社，2019.8
ISBN 978－7－5668－2703－6

Ⅰ．①天…　Ⅱ．①孙…　Ⅲ．①社会科学—文集　Ⅳ．①C53

中国版本图书馆 CIP 数据核字（2019）第 185177 号

天南学术（第一辑）
TIANNAN XUESHU（DIYIJI）
主　编：孙长军

出 版 人：徐义雄
策划编辑：潘江曼　杜小陆
责任编辑：朱良红
责任校对：吴　庆
责任印制：汤慧君　周一丹

出版发行：暨南大学出版社（510630）
电　　话：总编室（8620）85221601
营销部（8620）85225284　85228291　85228292（邮购）
传　　真：（8620）85221583（办公室）　85223774（营销部）
网　　址：http：//www. jnupress. com
排　　版：广州良弓广告有限公司
印　　刷：广州市穗彩印务有限公司
开　　本：787mm×1092mm　1/16
印　　张：14
字　　数：223 千
版　　次：2019 年 8 月第 1 版
印　　次：2019 年 8 月第 1 次
定　　价：49. 80 元

目　录

海洋文化研究

粤西方志研究

粤地民俗研究

文学·语言·传媒研究

海洋文化研究

古代雷州半岛“以海为田”历史文化格局探析①

杨励轩②

从地理位置与族群结构来看，古代雷州半岛既有得天独厚的三面环海优势，又以闽南移民后代为民系主体，从这样的地理位置与族群结构来说，其文化似乎应和闽南文化一样，具有浓郁的海洋文化气息。相较于内陆其他区域来说，尽管古代雷州半岛在经济形式和民俗文化等方面拥有明显的海洋特色，但究其实质，海洋特色主要集中在物质文化层面。从本质上而言，其拥有的海洋捕捞、海洋采珠及海水制盐等传统经济形态，是传统农业思维在海洋领域的延伸；而且，从古代雷州半岛经济形态整体而言，传统渔盐所占比重也远低于农耕经济。当然，古代雷州半岛也有海内外商贸活动，但从规模及对当地精神人格的影响力度来看，也远弱于闽南地区或其他闽南移民地区。面对古代雷州半岛民众“习尚保守”“民性保守”“株守旧窝”“惰向外志向，乏进取毅力”③ 的总体特征，有学者直言雷州文化局限于“以海为田”的格局，即局限于取渔盐之利，缺乏闽南民众“以海为途”进行商贸活动和探索、认识世界的进取精神。但若因此而鄙夷雷州文化，认为雷州民众不思进取、粗鄙落后，笔者认为有失客观公允。

雷州文化为何有闽南文化之基因却迥异于海洋文明化的闽南文化？早在秦汉之时，徐闻港与合浦港一样是中国最早“以海为途”与世界发生接触的

① 本文系广东海洋大学 2014 年校级项目“21 世纪海上丝绸之路传播机制建构研究最终成果”（C14521）及 2015 年人文社科重点项目“中国与东盟国家文化交流的历史、现状与展望”（C15150）的成果之一。

② 作者简介：杨励轩，广东海洋大学文学与新闻传播学院副教授。

③ 刘佐泉：《雷州文化的历史及特征与“海上丝绸之路”》，《湛江师范学院学报》2002 年第 2 期，第 18－23 页。

始发港，但到两宋至明清之际，曾经富庶的徐闻港与雷州港没落沉寂下来，而闽南一带的泉州和漳州成为海上丝绸之路的重要港口。这种历史地位的变化是多种历史因素综合作用的结果。本文试图从中西海洋贸易格局的变迁、人与地关系、国家与地区关系三个角度综合分析雷州文化与闽南文化缘何走向不同。

一、古代中西海洋贸易格局变化之结果

古代中西海洋贸易格局历经多次变化，直接影响了与其相关的地理区域的政治经济地位、生活方式与经济结构，可以说在一定程度上决定了当地的经济文化兴衰走向。笔者认为主要有两个原因直接影响和推动着古代中西海洋贸易格局的变迁。

第一，海上贸易航线的变迁。古代雷州半岛徐闻港的兴起与其作为汉代海上丝绸之路始发港直接相关，而其衰落乃至雷州半岛海洋贸易传统的衰落也与海上丝绸之路重要港口的东迁有一定的渊源。海上贸易航线的开辟或转移往往与当时的海洋知识（海洋气象、海洋水文、海洋天文导航）、适航船舶以及港口条件有关。根据《汉书·地理志》“粤地”有关从雷州半岛徐闻港出发的这条海上丝绸之路所经过地点名称的航程记录，我们可以发现当时的航线紧邻中国与东南亚的海岸线。结合考古发现的汉代船只模型多为船体规模较小、稳定性较差的平底船，以及当时航海罗盘尚未发明等多种历史因素，可以推断当时航海技术还较为落后，船舶连续航行的能力较差，所以只能紧邻大陆海岸线航行。因此，因其地理位置的特殊性，紧邻东南亚海岸线的雷州半岛徐闻港无疑成为当时这条海上贸易航行必经之港。从南宋吴自牧《梦粱录》中记载的航海谚语“去怕七洲、回怕昆仑”，其中“七洲”“昆仑”分别是海南岛东北侧的七洲洋和东北角的木兰头急流，可以推测这样的海洋自然条件，对于航海技术尚且落后的汉代航海者而言，更是无法完全克服的天然障碍，所以尽快从雷州半岛徐闻港登陆应是当时的最佳选择。但到了唐宋之后，造船技术的进步、航海罗盘的发明，以及海洋知识的积累，使得航海者们选择路线时有了更多的主动权，不再依赖雷州半岛徐闻港进行物用的补给，也不再沿岸穿过琼州海峡，而是可以经海南岛以东和西沙群岛海域，在中国手工经济生态更为丰富多元的东南沿海地带和东南亚各地之间直航。

第二，地理区域物产及经济结构的差异性。笔者认为古代雷州半岛徐闻港没落的最根本原因，在于其物产与经济结构吸引力在唐宋之后始终无法超越泉州、漳州等福建东南沿海地区。古代海上丝绸之路的产生与持久存在，是因为各国各地区物质文化需求的差异性和互补性。中国的丝绸、瓷器、茶叶及阿拉伯与东南亚的香料等物品历来都是古代海上丝绸之路贸易的重点，但雷州半岛因其特殊的自然条件的限制，在这些手工制造业领域始终没有任何话语权和竞争优势。对于逐利为本的海上贸易商而言，古代雷州半岛缺乏持久吸引力，其门前冷落也符合历史发展逻辑。

二、人与地的关系不同

在生产力落后的古代，每个地理区域的生活方式和经济结构与当地的自然环境及其资源息息相关。相比之下，古代雷州半岛的人口数量与耕地的矛盾冲突远低于人稠地狭的闽南地区。

在隋唐中原移民大量到来之前，虽自秦汉以来不断有贬谪流放人士或戍守边疆的军士进入雷州半岛居住，但从民系构成主体来看，仍以古越族后裔为主。这些部族时而反叛，当地时局动荡不安。从气候角度而言，因受季风影响，春冬多干旱，夏秋则多台风，常发生洪涝灾害，兼之土壤多为火山喷发形成的岩石风化而成，不易储水。多种原因综合作用，雷州半岛大量土地尚未得到开发，在中原地区和闽南地区移民大量到来之前，农业发展水平远远落后中原及江浙、福建一带。根据康熙二十六年（1687）《海康县志》记载："唐，海康郡贡丝绢四匹，田赋无。"可见在唐之前，雷州半岛农业非常落后。

自唐宋以后，大量闽南、潮汕移民迁徙而来，雷州半岛开始得到大规模开发。但重点开发的经济形式是农业经济而非海洋经济，开发的地理重点在半岛中部海康即今日雷州一带，而非徐闻。从这一点来说，徐闻港缺乏重新拥有秦汉之时重要战略地位的经济基础和历史条件。而且从唐宋以来，尽管不断有移民迁徙而入，但因为地处边陲，中央政权管理相对乏弱，常有战乱或叛变发生，到明清之际更成为南明抗清势力的活动地盘和三藩之乱的战场。战乱及土寇侵扰频仍，使民众流离失所，田地荒芜，经济凋敝。因此，相比其他地区，雷州半岛一直是地广人稀之地。以至于地方官员屡次请求征募移民开发雷州半岛，如广东布政使罗荣奏“高、肇、雷、廉所属州县地多抛弃，流民、土瑶易为啸集，请募民开垦，劝课农桑”（《明实录》卷 101）。至清雍正五年（1727），广东总督阿克敦则言“粤东广潮之人浮于地，高雷廉之地浮于人”[①]。所以只要政治环境稍稍稳定，政府扶持奖掖农耕，就会引发土地开垦高潮，使雷州半岛定居下来的闽南或其他地方移民与土地的关系更趋紧密。精耕细作足以供养家族生息，人们则无须走向风险更大的海洋以谋取更多生存空间。所以不难理解为何形成“习尚保守”“民性保守”“株守旧窝”这样的集体人格。

相比地广人稀的雷州半岛，闽南地区一带从两宋开始人口增长迅猛，尤其宋朝皇室南迁，数十万官僚、军队及大批中原士民接踵而入，两浙人满为患，遂又迁往福建、江西等地。据《新唐书·地理志》载，中唐时，福建 5 州 25 县 9 万余户，41 万余人。从唐末五代至南宋，北方每动乱一次，福建人口就显著增长一次。据《宋史·地理志》记载，宋太宗时仅福州一地就有 94 470户，8 州合计467 815户，是中唐的 5 倍。到神宗元丰初年（1078）又突破百万大关，达到1 043 939户，是宋初的 2 倍、中唐的 10 倍。[②] 所以宋代文献中常常出现两浙、福建“地狭人众”的说法。清初蓝鼎元在《鹿洲初集》卷三《论南洋事宜书》中说福建“人稠地狭”，田地根本不够耕种，解决温饱只能向海洋发展，“望海谋生十居五六，内地贱菲无足重轻之物，载至番境皆同珍贝”。因此，人与地的紧张关系在很大程度上促使闽南民众越来越依赖海上贸易往来，如蓝鼎元所言“闽广家给人足，游手无赖亦为欲富所驱，尽入番岛，鲜有在家饥寒窃劫为非之患”。但明清政府推行海禁政策，“既禁以后，百货不通，民生日蹙”，导致清时一些闽南民众铤而走险进行海上走私或是远走东南亚。所以说明清之际的闽南民众及迁徙至东南亚的移民具有开拓的海洋精神实乃历史发展的必然结果。

三、国家与地方的关系不同

中国是一个建立在内陆农业经济基础之上的庞大的集权社会，历来奉行重农抑商的治理方针。为了开发地广人稀的古代雷州半岛、加强边界管理和

① 台北故宫博物院印行：《宫中档雍正朝奏折》（第 9 辑），1978 年，第 438 页。
② 葛金芳：《两宋东南沿海地区海洋发展路向论略》，《湖北大学学报》2003 年第 3 期。

缓和其他地方人口压力，多次募集移民进入雷州半岛进行垦荒。

雷州半岛乡村聚落多以血缘性聚合形态为主，且乡村聚落的空间分布与其先祖迁徙时间早晚相关。如雷州半岛移入较早的两大宗姓陈氏、黄氏宗族多聚居在雷州城附近附城镇、白沙镇、沈塘镇等农田开发较为充分且有便利灌溉体系的地方，而其他姓氏宗族聚落则处于相对比较偏远的地区。从聚落及其空间布局所承载的历史信息来看，进入雷州半岛的闽南移民是深受传统农业思维影响制约的闽南支系，他们习惯依赖土地，以争取拥有更多土地为人生追求，所以同样面临地狭人稠的困境。换言之，这些可能不习惯海上谋生或是不具有海上贸易优势与能力的移民没有像闽南海商宗族那样选择走向海洋，而是选择走向拥有很多土地资源的雷州半岛。由此可见，从其思维方式及其利益需求而言，这些定居雷州半岛的闽南移民后裔本身就表现出一定的“习尚保守”“民性保守”“株守旧窝”“惰向外志向，乏进取毅力”的人格精神。而其与历代中央朝廷农本经济的治理思维高度协同，使其得到中央朝廷与地方官员的鼓励奖掖，更是推动了雷州半岛民众以精耕细作的农业经济为本的传统思维的固化。

相较之下，以海上贸易为主业的闽南地方利益集团则与封建中央朝廷的关系错综复杂，既有相互的利益捆绑又有利益冲突。偏安江南的南宋政府因为特殊的政治形势所迫，不得不特别重视福建一带港口的海上国际贸易，其所采取的一系列行政措施极大地推动了闽南经济的海洋化，使一些闽南民众的财富直接与海洋相关并海商化。但到了明清之时，明清中央统治者对海洋的看法，始终难以跳出以大陆农业文明为中心的认知框架。在统治者的观念意识中，海外贸易作为一种商业活动，仅属于可有可无的治国之“末”，而农桑经济才是立国之本。其严苛的海禁制度和税收制度严重干扰了福建海洋经济的发展。深谙福建经济命脉所在的福建官绅及崛起的闽南海商为了维护海洋经济社会秩序，共同形成了能与封建中央朝廷展开利益博弈的社会力量。万历年间的“高寀事件”因横征暴敛引发官绅与地方民众的反弹，可谓闽南官绅与海商初展博弈姿态的标志性事件，而封建中央朝廷的“海禁”政策驱使海商走上亦商亦寇的道路的历史事实及闽南官绅与武装海商集团的“通洋裕国”论与“大开海道，兴贩各港”观念的提出，集中反映了明清闽南地区整个民间海洋观念的变化趋势。这种由中央与地方不同视野中的海洋观念所引发的矛盾冲突及博弈，无疑培育了闽南人敢于抗争、积极进取的海洋精神。

总之，理性审视各种历史影响因素的客观存在，有助于对古代雷州半岛三面环海却形成“以海为田”格局的深刻理解。但笔者认为审视的价值不在于为古代雷州半岛民众人格精神被贬抑翻案，而在于期望雷州半岛在当下“21 世纪海上丝绸之路”提出的大背景下，如何审时度势，突破既有的传统思维限制，勇于抓住机遇，充分利用得天独厚的海洋优势，实现经济跨越式发展以及民众精神风貌的改写。

明清雷州地方志中“畏海”心理的描写与探因

裴梦苏[①]

一、明清雷州地方志中关于海洋的负面描写

（一）海洋气象灾害

雷州地处东南沿海，热带季风气候加之半岛的地形结构，导致雷州成为我国台风的主要登陆地之一。明清时期雷州地方志中也多有关于台风以及伴随台风而来的咸潮、海水倒灌等自然气象灾害的记载。[②] 这些自然气象灾害过后往往会造成人口死亡、民宅损毁、农田破坏、农作物减产，饥荒、蝗灾、瘟疫等情况也会随之爆发。我们可以从康熙《雷州府志》中关于台风所带来的一系列连锁灾害的描写中窥测一二：

海郡多风，而雷为甚。其变而大者，为飓风。飓者，具也。具四方之风而飚忽莫测也。发在夏秋间，将发时或涛声倏吼，或海鸟交翔，或天脚晕若半虹，俗呼曰：破蓬。不数日则轮风震地，万籁惊号，更挟以雷雨，则势弥暴，拔木扬沙，坏垣破屋，牛马缩栗，行人颠仆，是为铁飓。又飓之来，潮辄乘之。雷地卑迫海，无山谷之限，所恃宋元来堤岸。然久则善崩，潮冲辄溃，浮空沓漫，禾稼尽伤，潮味咸一岁，罹害越三岁，乃可种也。飓之止亦有候，起东北转西，或起西北转东，俱回南，乃息。否则踰月必再作，寻常作

① 作者简介：裴梦苏，广东海洋大学文学与新闻传播学院讲师。
② 笔者注：明清雷州府地方志中多将“台风”记录为“飓风”。

> 必对厥时，日作，次日止；夜作，次夜止。有一岁再三作者，有三四岁不作者。圣人在上，海不扬波，吾为雷祝之矣。
>
> （康熙《雷州府志卷之二·风候》）

据吴志锋、黄燕华对相关史料文献的数据统计，从明洪武到清宣统544年的时间内，雷州半岛共发生台风灾害99次，平均少于6年便发生一次台风灾害。由于年代久远、地方政府对于台风记载不重视等因素，他们推测实际发生的台风次数要远高于这个数字。①

虽然台风的破坏作用往往发生在其过境的一两天之内，但这种灾害所带来的后续影响却可能持续很久。如相关地方志资料就曾记载了由顺治八年（1651）九月的台风带来的饥荒，导致雷州农民起义，直至顺治十一年（1654）年底起义才被平息。②

明清时期，近海生活的人们已初步具备对台风等气象灾难的应对经验，如在嘉庆《雷州府志》中曾对台风通常登陆的时间进行说明："飓风则芒种以后、立冬以前数月皆有。"③ 但是由于当时科技发展水平的限制，加之台风灾难发生的不可控性，对此类灾害往往很难做出准确预警，因此当时的人们对于台风的情感是憎恶的、恐怖的。由于台风兴起于大海之上，因此当时的人们往往也会对海洋产生惧怕心理。

（二）海洋动物

三面环海的地理环境以及充分的自然光照使雷州具备较充足的海洋渔业资源，渔业采捕也成为雷州人民生产生活的重要组成之一。在明清地方志中，不乏对雷州渔业资源的介绍，如康熙《雷州府志》中就有对雷州所产的41种鱼类及19种甲贝类进行介绍。然而，除去这些可被人们利用的水产资源外，地方志中对于海洋动物的描写多是消极负面的，如清康熙年间雷州吴盛藻曾

---

① 吴志锋、黄燕华：《明清时期雷州半岛台风灾害及其防治机制研究》，《湛江师范学院学报》2013年第34卷第1期，第167－172页。

② 广东省地方史志办公室辑：《广东历代方志集成·雷州府志》（康熙），广州：岭南美术出版社，2009年，第331－336页。

③ 广东省地方史志办公室辑：《广东历代方志集成·雷州府志》（嘉庆），广州：岭南美术出版社，2009年。

撰写过一篇《大鱼冢记》，记录了曾在康熙年间雷州白沙社发生的鲸鱼搁浅事件：

尝读《山海经》所有怪物，而知水之族以百数，未有荒大不经如鱼者也。然窃观之子、史，任公子为大钩钓东海，期年得一鱼者，则白波若山，海水震荡，秦始皇自以连弩候巨鱼，自琅琊至之罘，始得而射杀之。若然则鱼之大者，又未尝数数见也。余莅雷之四载，海滨无事，既安且平，至荒忽谲诡之说未之见，亦未之闻，越壬子春，有以大鱼从海入港，触石而死，来告者郡之人纷纷往视，余亦从而观之。见其状类鳝，巨□无鳞，自首至尾，不下数丈，噫，是所谓海鲸者乎？夫鱼，阴类也。得阴则生，失阴则死。有小人之象焉。且柔物也，以至柔之物当至坚之石，未有不碎首者，鱼之族类众伙纵横于巨浸之中，以为水弱可玩，一旦失其群而触石以死，此犹小人狎比成党，自谓阴霾晦塞可以自肆，而曾不足以当化日之一照也。是故石以比君子，而鱼以比小人，可为劝戒者矣。然吾闻之太刚则挫，太坚则折。水至弱也，而有漂石之势，君子其亦宜自慎哉。雷之好事者，欲得此鱼而争食之。余谓此异种，宜葬之，以避不祥，是为大鱼冢，冢在南渡城之南十余里也。是为记。

（康熙《雷州府志卷之十·艺文志》）

关于此次鲸鱼搁浅事件，在随后的《怪异》中也有记录：

大鱼冢在郡城南渡。康熙十一年三月，百白沙社内港鲸鱼乘潮进港，潮退，鱼不能动，塘兵以砲击之，若无物也。乡人争以绳拽之，有千人方拽至岸，其鱼长五丈，阔二丈许，刺史命葬之，以避不祥。耕牛闻鱼气，俱死。

（康熙《雷州府志卷之十·怪异》）

从地方志对于此次鲸鱼搁浅事件的记录，我们了解到雷州地区人们对于鲸鱼这种并不常见的海洋动物的态度是负面的、充满敌意的，对于鲸鱼搁浅事件的态度则充分说明了雷民的“畏海”心理。首先，人们将鲸鱼视为“不祥”之物，惧怕、厌恶这种海洋巨兽的突临。鲸鱼搁浅也确实带来了比较严重的后果，正如前文所述，“耕牛闻鱼气，俱死”。其次，地方志中人们对于鲸鱼搁浅事件的描述又充满着“陆地”战胜“海洋”的喜悦。海洋作为一个神秘莫测又极富能量的存在，其中蛰伏着未知的危险。而陆地相对来说则成为人们安全的庇护所，哪怕是海中霸主鲸鱼对陆地也是束手无策。在《大鱼冢记》中，鲸鱼被拟人化为“得阴则生，失阴则死”的小人形象；暴击鲸鱼的陆地礁石则被拟人为君子；海洋作为海洋生物的载体，便成了藏污纳垢之所；鲸鱼触石搁浅事件被整体看作是君子对小人的战胜。关于鲸鱼的死因，这两段文字的记载不尽相同，吴盛藻将其记录为“触石而亡”的意外事件，而怪异志中则将其记录为因“砲兵”袭击而亡的非意外事件，更加重了人在其中所起到的作用。这昔日海洋霸主在近海搁浅后便再无往日的雄风，转而变成“软弱”“（体）若无物”的无能巨兽。这种“海”与“陆”的碰撞，导致“陆”对“海”的征服，这种征服的喜悦更是从侧面说明了人们对大海的畏惧。最后，人们对于鲸鱼尸体处理的情况，也能看出人们即使征服了海洋，还是隐隐地怀着对大海的敬畏与恐惧。《大鱼冢记》中雷民欲争食鱼肉，却被地方官员阻止，将鲸鱼的尸体安葬。在怪异志中则记载了鱼肉腐坏导致耕牛死亡的事件，从侧面告诉我们当时的人们也意识到自己对海洋的征服只是一时的，但是这种胜利背后仍埋伏着无穷的隐患，因此还是要对大海抱有敬畏的态度。

（三）海洋产品

明清时期，除却丰富的鱼类、甲贝类产品，雷州地区最负盛名的海洋产品便是珍珠。雷州所产的珍珠又可称为“南珠”，为海水珍珠的一种，其品质要远胜我国北方所产的淡水珍珠“东珠”，因而在明清两代作为稀世珍宝的珍珠仅供皇室使用。珍珠的采捞、管理、上贡等环节都直接或间接地被朝廷把控，成为皇权专制下垄断性特殊行业。[①] 然而，在明清时期地方志中，我们了解到明清地方官员对于珍珠采集业普遍采取负面的态度，情况如下：

① 杨泽平：《明清时期南珠、东珠初探》，广东省社会科学院硕士学位论文，2014 年。

产珠，方内惟雷、廉为。然廉州海池五，雷仅一焉。一之产不与五埒。然关雷利害匪细似不可。有两也，尤憾其有一也，记者以与莲池、放生池一类附载，则暗于轻重之较矣。余虽理官，辄稽爰书，睹蚩蚩贪夫以身殉珠，不胜胡贾之慨，因思雷一池一穽也，况于廉之五乎？故特标而出之，以告夫留心地方者。

（康熙《雷州府志卷之二·地理志》）

欧阳论曰：吾观对乐池，窃慨投珠抵璧之风，泽梁无禁之政暇哉？不可追矣。夫珠者，饥不可食，寒不可衣，而众贵之，以上用也。虽精光陆离，要不过为簪珮饰，何与人身轻重之数？而人主直封，为一己利，令肱攘成风，怨厉四起，则珍珠之奇，毋乃为人祟哉？子罕谢宋人曰：汝以玉为宝，我以不贪为宝，若以与我，是丧宝也，不若人有其宝。夫一小国大夫，犹知自爱其宝，况抚有四海者乎？余读开采者，每次费金钱若干。缗所得珠，不偿所失。而踣命供轮之下，委骨海鱼之腹者，莫可记极焉。有恻心者，奈何以数万生命供宫闱一簪珮之饰也。夫珠与玉并珍，未闻玉田受封者，独珠池禁防甚设，何哉？内使贻害，往事不具论。即今涠州设一游击，又设左、中、右三部分防之，横山、息安有堡，乐民有所，凌禄巡检有司军兵楼，橹甲盾戈矛，纷纷伦伦，无非为禁池，用费不赀矣。利之所在，皆为贲诸远方，豪有力者，高樯大舰，走海如骛。坚器铦刃，与官兵决死。生于波涛，即扞纲触法所不顾。沿边细民或接济或泊筏，招集亡命，假捕鱼而探龙渊者，其丽不亿。偶一缉治，非游魂犴狴，即假息城旦，至于防守诸弁多，阳禁阴纵，与之为市，人思筑鼍鼎而尝焉。即文臣中倘不自爱，一中其饵，未有不败名辱节者。其自爱者，鞭长腹远，竟亦莫如之何。嗟乎！天苞地孕，岂欲祸此一方哉？卒以珠贾祸。若此，则封殖使然也。故为国计，以民利为宝，珠玑不与焉。为雷民计，以无珠为福，多寡弗与焉。孟尝去珠复还，千古诩为盛事。余谓珠，物也。安知去还即去迟，何关于太守，民盖诵其廉而不得，特假珠以神奇之耳。对乐池，往采无珠，乃今数年来生入港内，倘以去还论，则孟尝不得专美矣。讵知珠之盛，害之贻也。余于此有三虑焉：天地精华之气，钟于人为英杰，结于物为珍奇，此有所盛则彼有所衰，可虑者一；惯盗魁渠乘风飓起，千百连艅，势难究诘，刦海刦村，机将酝酿，可虑者二；貂瑺豺虎，无日不眈眈海内，利孔而借之，一旦簧鼓煽乱，开采命下，曩时抟割之害又见今日，可虑者三。有此三虑，则珠惟患法之不远矣。况敢望其还哉。当此时，倘有能为民请命尽弛池与民共之。则诸害除，诸费省，其利于国也大矣。即宫闱簪珮之饰，难云尽□，何至患于无珠也？投抵之风，无禁之政。上追圣轨，而雷地受福盖无量也。

（康熙《雷州府志卷之二·地理志》）

从以上所引述的文字我们能够看出明清地方官员对采珠之事持负面态度主要有以下几方面原因：一是采珠本身具备一定风险，在潜水技术不甚发达的明清两代，人们为了采珠往往要冒着生命危险潜入深海进行作业；二是珍珠在当时价值不菲，为了牟取巨额的利润，海盗、强盗会趁势作乱，扰乱当地人民的正常生产生活；三是珍珠并非生活必需之物，作为只能被特定阶级消费的奢侈之物，花费巨大的人力物力去开采、管理意义不大。

此外，笔者推测当地官员对采珠业持反对态度的一个隐蔽的原因是反对珠池太监对地方政务的干预。曾有学者指出："珠池太监在皇权的保护伞下胡作非为，违法越制，营私舞弊，不顾老百姓的疾苦，任意鱼肉百姓，并干涉老百姓的事务。"① 我们可以推测：作为地方官员的欧阳保，为了避免与珠池太监的直接冲突，因而对此避而不谈。然而这种对珠池太监不满的态度，也通过客观记述的方式在地方志中得以保存，如对于明代正德五年（1515）与正德十四年（1524）珠池太监的两次激变事件的记录，都说明了地方官员对于这种朝廷直接把控的采珠模式的不满。

如此看来，珍珠虽然作为雷州地区最负盛名的特产，本该是滋养雷州人民的珍宝，却间接地给雷州、雷民招来祸患，造成困扰，因此也不难理解为何明清地方志中对珍珠多为负面的评价。这种负面的心理追根溯源与人们对

① 杨泽平：《明清时期南珠、东珠初探》，广东省社会科学院硕士学位论文，2014 年。

海洋的畏惧与恐惧是分不开的：海洋虽盛产珍宝，但是这种珍宝背后却往往暗藏着凶险与危机；珍宝虽然寓意平安富贵，却往往能激起人心中的恶意与贪念，无法带给雷民真正的财富。因此从珍珠这种海洋产品的角度来看，我们仍可以发现明清地方志中人们的畏海心理。

（四）涉海人物

涉海人物，顾名思义便是与海洋关系密切的人。我们这里以海民、海寇、海神三条线索入手，去探寻明清地方志中人们对于涉海人物的态度。

广东地区的渔民在明清地方志中被称为“蛋户”。由于明清两朝均采取海禁政策，因此对渔业捕捞并不鼓励，远洋捕捞更是禁止。雷州虽三面环海，蛋户在总人口中所占比例却不高。我们可以从地方志中记载的天顺六年（1462）的户口情况看出：

> 天顺六年，府户三万四千三百一十六口，无考民户二万一千三百二十三，军户一万一千七十一，竈户一千九十五，校尉力士户五，道户一，医户二，蛋户二百九十一，弓兵铺兵防夫堠夫户一百八十，各色匠户三百三十九，坊都共二百一十九里。
>
> （康熙《雷州府志卷之四·户口》）

从事渔业采捕的人不但在雷州地区所占人口比例相对低，地方官员对于该类人群的评价也普遍低于务农人群。如《民俗志·习尚》中对于雷州遂溪地区人口构成进行描述：

> 遂溪风俗视海康尤朴，其地广而人稀，农竊于耕，其习尚有三，县西北猺民杂处。官路西鲜习弦诵，惟以渔猎采樵为事，人多狡悍……
>
> （康熙《雷州府志卷之二·民俗》）

地方官员对渔民蛋户评价较低的原因主要有如下两点：一是这些从事渔业采捕的人，他们的生产资料不再依赖于传统土地，从事渔业捕捞势必会造成可用耕地的不充分利用，导致“农窳于耕”的局面，这与中国封建社会传统的农本思想是相违背的。二是这些渔民常年生活在渔船之上，明清地方官员对于这部分人员的管理不可避免地存在含糊之处，致使明清两代政府所颁布的一系列渔政往往无法充分落实。渔民常怀有侥幸心理，去远洋进行采捕，[①] 更有甚者铤而走险成为海寇。此外，这也同样影响到了地方官员对于此类人群的人口统计与相关税费的缴纳，造成地方财政上的损失。

海寇也是与海洋关系密切的一类人物，明清两代雷州地区海寇肆虐，对当时当地人的生产生活危害甚大。根据我们的研究，这些海寇的来源可分为二类：一是如前文所提，由当地渔民组成的本土海寇；二是倭寇。此外，还有学者指出由安南（越南古名）而来的海寇也曾对雷州地区进行过劫掠。[②] 在明清雷州地区地方志中也多次记述了海寇登陆后对本土人民的烧杀劫掠；此外海寇还往往抢夺人口，劫掠逼迫本来务农的良民成为海寇，明清雷州地区地方志中多处曾有剿灭海寇释放被梏男妇数十之记述。

当雷民无法从海洋获得安全感却又无力摆脱濒海生活的现状时，他们便试图从民间信仰中寻求慰藉。在明清地方志记载中，雷州地区人民所信仰拜祭的神明也多与海洋有关，其中主要包括伏波将军与天妃。

伏波将军是汉代的著名将领路博德与马援，他们都曾平定岭南地区的叛乱，对国家的海防建设做出卓越贡献。因此，伏波将军作为雷州地区保护神一般的存在，在雷民心中的地位是不可撼动的。在明清雷州地方志中也多处记载雷民为了纪念伏波将军修建庙宇、祠堂，刻立碑文，以“伏波”命名水井、泉眼。历代文人如苏轼、李纲、袁潭、罗章、徐飞等流寓雷州时，都曾创作诗文纪念伏波将军。民间信仰常常将英雄人物神化，而雷民将伏波将军神化为庇佑雷民安全的神明，与雷州多海灾、雷民“畏海”不无关系。宋代苏轼就曾在其《伏波庙记》中记述了自己流寓雷州拜谒伏波庙的经历：

汉有两伏波，皆有功德于岭南之民。前伏波，邳离路侯也。后伏波，新息马侯也。南越自三代不能有，秦虽远通置吏，旋复为夷。

---

① 刘黎：《明清时期广东海洋渔业研究》，暨南大学硕士学位论文，2013 年。

② 郑维宽：《明清之际北部湾地区的“海寇”与海疆经略》，《广西师范大学学报》（哲学社会科学版）2017 年第 2 期，第 1－8 页。

> 邳离始伐灭其国，开九郡。然至东汉，二女子侧、贰反，岭南震动六十余城。时世祖初平天下，民劳厌兵，方闭玉关，谢西域，况南荒何足以辱王师，非新息苦战，则九郡左衽至今矣。由此论之，两伏波庙食于岭南者，均矣。古今所传，莫能定于一。自徐闻渡海，适珠崖，南望连山，若有若无，杳杳一发耳。舣舟得济，眩栗魂丧。海上有伏波祠，元丰中诏封忠显王，凡济海者必卜焉。曰："某日可济乎?"必吉而后敢济。使人信之如度量衡石，必不吾欺者。呜呼，非盛德其孰能然！自汉以来，珠崖、儋耳，或弃或否。扬雄有言："珠崖之弃，捐之之力也，否则介鳞易我衣冠。"此言施于当时可也。自汉末至五代，中原避乱之人，多家于此。今衣冠礼乐，盖斑斑然矣，其可复言弃乎！四州之人，以徐闻为咽喉。南北之济，以伏波为指南，事神其敢不恭？轼以罪谪儋耳三年，今乃获还海北，往返皆顺风，念无以答神贶者，乃碑而铭之。曰：至险莫测海与风，至幽不仁此鱼龙，至信可恃汉两公，寄命一叶万仞中。自此而南洗汝胸，抚循民夷必清通。自此而北端汝躬，屈伸穷达常正忠。生为人英殁愈雄，神虽无言意我同。
>
> （康熙《雷州府志卷之十·伏波庙记》）

可见伏波将军在当时民间信仰中所庇佑的不仅是当地的海防安全。从文中的“南北之济，以伏波为指南”，我们可以看出当时的雷民更将其职权扩展为对一切海上事务的庇佑。

天妃，中国民间祭祀的海神，亦称妈祖、天后、天上圣母、海神娘娘。自宋代以来，天妃便作为海上救难的女神受到沿海人民的供奉。雷州三面环海，在明清海禁之前，雷民出海航行捕鱼自然要寻求神明的庇佑，因此生活在雷州濒海地区的人民也存在对天妃的信仰。在雷州地区地方志中，我们可以发现不少对民间海神天妃的信仰痕迹，如雷州多地曾修筑天妃宫、天妃庙、天妃祠，雷州流寓文人如郑宗龄、王清等都曾为其创作诗文。

从地方志中雷民对伏波将军与天妃的信仰记载中，我们不难发现在雷民心中对于大海还是存在较深的畏惧。台风、风暴、咸潮、海寇……这些与海相关的负面事件在当时都有其不可预测性，同时其所带来的灾难与损失却是巨大的。因此，在濒海生存无法避免与海洋的接触时，人们便需要从民间信仰中寻求慰藉。

二、明清地方志中“畏海”心理的成因

依据上文所述，明清地方志中的确存在很多关于海洋的负面描写，雷民的“畏海”心理也在这些负面描写中有所体现。然而，为何在明清雷州地方志中会存在如此多关于海洋的负面描写？雷州人民“畏海”心理的成因又是什么呢？我们将从以下几点对明清雷州地方志中“畏海”心理的成因进行探讨。

首先，我们认为当时生产力水平低下，人们对海洋相关知识的相对匮乏是导致雷民畏惧大海的主要原因。现如今我们已经能够对台风进行预警，同时也能够采取一系列相关措施预防、治理风灾所带来的后续影响。然而，在明清时期，雷民并没有足够的能力准确预测、防范风灾，这导致大型台风入境后，所带来的破坏和损失是不可估量的。同理，当时雷民进行海上航行、采捕都面临着不可预测的巨大风险，海上突变的天气、海寇、巨鲸这些都可能对海上作业人员的生命财产安全造成巨大的威胁。因此，当人类的力量不足以让人类在海上安全生活时，人的畏惧心理便会自然产生。

其次，明清时期的海禁政策也是导致地方志中存在大量海洋负面描写的原因。出于海防的需要，明清两代都曾推行过海禁政策。然而，这种海禁政策对于一些世代以渔业采捕、海上贸易运输为业的雷民来说，打击是巨大的。一些海民为了生计与利益，不惜铤而走险出海作业。虽然当时明清两朝对于违反海禁政策的惩罚是严厉的，但在实际管理方面仍存在一些疏漏，海民私自出海捕鱼、贸易、沦为海寇的现象屡禁不止。为了加强对海禁政策的执行，让人们产生对海洋的畏惧心理便是贯彻、执行该政策的一个很好的手段。只有人们从心理上产生了对海洋的惧怕与厌恶，才能远离海洋，从而做一个不违反海禁的良民。

最后，我们从地方志中了解到，参与地方志纂修的地方官员多来自内地，如雷州知府吴盛藻为安徽历阳人，推官欧阳保为江西新建人，遂溪县知县宋灏为湖北汉阳人。这些来自内地的官员本身就可能因其籍贯而对海洋比较陌生，因此难免在撰写地方志的时候不自觉地表现出“畏海”心理。此外，封

建社会千百年来的农本思想也同样禁锢着地方官员的思维。在生产力有限的条件下，只有限制对海洋的开发，才能使生产力更加集中在农业生产上。因此，我们认为内陆官员思想的保守性以及中国自古以来的农本思想是在明清雷州地方志中存在大量“畏海”心理描写的原因之一。地方志撰写与编修的基础是当时地方现状与历史史实的客观描述，然而历史事件的选取以及纂修角度却不可避免地带有一定主观性色彩。如何从中提取准确客观的史实，还原历史本来的面貌，这些问题都为我们当下的研究留有一定的空间。因此，在处理这些地方志资料时，我们要尽可能地考虑到地方志撰写者对于历史材料选取的偏向性。

如今，随着社会科技水平的日益提高，人们对海洋的了解与认识也逐渐加深，对海洋的畏惧也随之消减。海洋现已成为一种宝贵的资源，供人们开发使用。然而，我们仍有必要从历史的片段中挖掘、寻觅这种心理变化的过程。“畏海”心理不仅能够从另一个角度帮助我们窥测人与自然、人与环境之间关系的变化，也可以为我们提供一个全新的视角去观察拟测明清时期雷州地区沿海人民的心理面貌。

海洋小说中的时间语境系统及其作用①

张　伟②

修辞活动是人类在特定的时间和空间领域中进行的活动，要受到时空因素的制约。陈望道在《修辞学发凡》中提出修辞要适应“题旨情境”，其中“情境”所关涉的六个问题中，时间因素排在第五位，指的是“认清写说的当时是甚么时候，小之年月，大之时代”③。也就是说，时间语境是语境系统中的一个重要的组成部分。王希杰（1996）提出的四个世界的理论中，“物理世界的语境由‘主体’‘对象’‘时间’‘场景’和‘话题’五个因素构成”④。由此可见，在语境这个由诸多要素构成的复杂层级系统中，时间系统是不可缺少的一个环节。考察小说语篇的语境特点，必定会考察其时间语境的特点。

小说的时间语境是小说语境的一个子系统，是“作者根据需要在时间表达方面作出的修辞选择”⑤。小说中的时间语境可以是小说描写的时代背景，也可以是小说中描述的某一个具体的时段、时刻。小说中的时间语境特色可以通过相关的时间表达形式直接体现出来，也可以通过作品描述的内容含蓄地表达出来，即小说语言会呈现出显性或潜性的时间标记。

海洋题材类小说是与海洋主题相关的一类小说，这类小说主题可以是写人们为了生存远渡重洋去打拼的经历，也可以是写人们靠海谋生的事情，还可以是写振兴港口经济的奋斗历程等。总之，这些主题都与海洋有关，在此

---

① 本文系广东海洋大学2015年度人文社科项目“基于语境视域的广东当代海洋小说语言研究（C16119）”的研究成果。

② 作者简介：张伟，广东海洋大学文学与新闻传播学院讲师。

③ 陈望道：《修辞学发凡》，上海：上海教育出版社，1997年，第7－8页。

④ 王希杰：《修辞学通论》，南京：南京大学出版社，1996年，第329页。

⑤ 孟建安：《小说话语的时间表达系统》，《汉语学报》2010年第4期，第18－27页。

统称为海洋小说。海洋小说的代表作品有韩萌的《七洲洋上》《海外》、郭启宏的《潮人》、秦牧的《愤怒的海》等。本文的用例都取自广东籍作家的海洋题材类小说，以此为基础分析时间语境系统在小说中的表现特征及其作用。

一、多样化的时间表达形式

时间语境是小说创作的前提。任何一部小说都会涉及作者如何去处理和把握时间系统。时间语境在小说中最直接的表现就是表示时间的语言表达形式。小说文本中的时间表达要借助于常规的表达手段，这些表达手段因作家写作习惯不同会有不同的表现。下面将从时间词语、参照性词语、动态助词三个方面分析小说中的时间表达形式。

（一）时间词语

时间词语是最直观的时间表达形式，是带有显性时间意义的词语。时间词语中具有代表性的有时间名词、时间副词和带有时间意义的短语等。小说语篇中出现的记载秒、分、钟点、天、月、季节、年、时期、时代和朝代等表示时点和时段的语言表达形式都属此类。有表示钟点时间的，如早上四点钟左右、下午两点、七点钟左右等；有表示节气和时令时间的，如中秋前后、八月中旬、端阳节、三九天等；有表示时段时间的，如一会儿、半天等；有表示时频时间的，如每天、有时候（单用）、有时候……有时候……（搭配使用）、每逢……（的时候）、到（在）……的时候（时节）、当……的时候；有表示正在进行的时间的，如这时候、这时节等；还有表示过去的时间的，如当初、起初、最初、初等。

（二）参照性词语

参照性词语是以上下文中出现的事件为参照点的时间表达式。这些词语本身表示的是事件而不是时间，但根据上下文的语义，就成了确定时间的参照点。例如：出殡的那天、掌灯的时候、太阳偏西、天快亮的时候、老人的生日的前一天、辞职以后、叫骂了一大阵之后、出了潮州之后等。参照性词语是一种显性的时间表达形式，在海洋小说中出现的频率较高。

（三）动态助词

动态助词“着”“了”“过”不能单独使用，但能附着在别的词语后面表示一定的语法意义。“着”“了”“过”虽然没有明确表示时间，但可以表示事件、动作等过去完成、正在发生、过去经历等情状，而这些情状都带有时间意义。动态助词在句子中常常与时间名词、时间副词等搭配使用，表示较为准确的时间意义。例如“南浦人开始了挽救大榕树的努力”，动态助词“了”附着在动词“开始”后面，表示动作已经实现，带有很明确的时间意义。“着”“过”附着在动词后面，表示动作的进行和完成，没有明确地表示时间，但动作的发生有先后顺序，体现了时间意义。动态助词在句子中虽然没有直接表示时段、时长、时频等，但所表示的时间情状还是明确的，也可以算作是表达时间的常见手段。

小说话语中能表达时间意义的形式较为丰富，有时间名词、时间副词、带有时间意义的短语、带有参照点的短语、动态助词等。这些时间话语表达形式共同构成了小说中的时间系统，将小说连接成一个整体的语篇。

二、时间表达的原则

小说语篇中的时间语境系统是一个较为复杂的层级系统，可以从宏观和微观、显性和潜性、精确和模糊以及零度和偏离等不同的角度来分析其特征。

（一）以宏观时间为主线，以微观时间为节点

小说语篇的时间语境系统，也是一个较为复杂的层级系统，可以分为宏观时间系统和微观时间系统。宏观时间系统是就语篇的整体而言的，是构成作品的连续的总体时间框架，也就是作者在叙述故事时遵循的基本时间走向。微观时间系统是指在总体时间框架内某一个具体的时间点或时间段，或者说具体的时间环境里具体事件的时间表达情形。

语篇是一个层级系统，由小句、句子到段落再到语篇。宏观和微观时间系统对应于语篇的结构层次。宏观时间系统指的是整个语篇的时间系统，微观时间系统指的是小句之间（包括连续小句和非连续小句）和段落之间的时间系统。

1. 宏观时间

宏观时间是小说的时间总线，代表着小说的整体叙述框架。小说《愤怒的海》以“那时候正是1892年，光绪十八年的初秋”为叙述的时间起点，以同年劳工们被迫离开故土去古巴及1894年参加古巴独立战争为中间点，以“1898年古巴独立战争胜利”为叙述的终点。小说的叙事时间持续了六年，前面两年是劳工们去古巴谋生的起因经过，后面四年是劳工们参加古巴起义并取得胜利的经过和结果。宏观时间把控着整部小说的发展脉络，发挥着提纲挈领的作用。小说《潮人》前后持续了二十年的时间，从陈奇木十七岁辍学谋生、二十岁逃亡至香港、二十五岁在越南被捕继而流亡巴黎、二十八岁在巴黎创业成功、三十七岁回国投资，时间跨度从19世纪60年代末期至19世纪80年代末期。小说中的宏观时间展示了故事情节发展的宏观线索，能帮助读者理清整部小说的叙事思路。

2. 微观时间

微观时间是组成故事线索的各个具体事件在宏观时间表达序列上所处的具体时间点及其相互联系。微观时间在小说中主要用来具体陈述事件发生的时间节点。微观时间在小说中的表现形式非常多样化，上文中在论述时间表示形式时已有详细分类说明，在此简要补充一下。例如：

（1）“黑天鹅”号并没有停泊多久，天还没有透亮它就继续启碇。

（《愤怒的海》）

（2）在太阳升出海面不久，它已经一起一伏地，驶到四处都望不见大陆和岛屿，一片浩浩茫茫，无边无际的辽阔大洋之中了。

（《愤怒的海》）

（3）当天边泛着鱼肚白，逐渐又出现了玫瑰色、紫罗兰色以至于鱼鳞似的彩霞的时候，海水也给涂上了一层瑰丽的金色。

（《愤怒的海》）

例句中“天还没有透亮”“在太阳升出海面不久”“当天边泛着鱼肚白，逐渐又出现了玫瑰色、紫罗兰色以至于鱼鳞似的彩霞的时候”都表达了具体可感的时间，为陈述事件奠定了基础。微观时间表达形式在小说中能体现事件发生的时间节点，为小说的叙事过程和叙事策略提供直观可感的线索。

（二）显性时间和潜性时间交替出现

显性时间指的是有明确表示时间的词语出现的表达方式。潜性时间指的是没有明确表示时间的词语出现，但在语义上带有时间含义的表达方式。显性时间的标记性较强，读者很容易理解和接受。例如：

（4）几天后，陈奇木果然离开了碎石场，临走时候竟也有些依依不舍。

（《潮人》）

例句中“几天后”是表示时间的方位短语，直接表明了时间意义。“临走时候”是表示时间的参照性短语，也指出了时间意义。所以，显性时间在小说话语中的可辨识度高，易于让读者发现。

与显性时间相比较而言，潜性时间没有出现非常明确的时间表达式，主要有动作接续和空间转换两种方式来表现时间意义。戴浩一（Tai，James）曾经指出过一条汉语的“时间顺序原则”（The principle of temporal sequencn，简称 PTS），认为“两个句法单位的相对次序决定于它们所表示的概念领域里的状态的时间顺序”[①]。这一原则说明人们在编排句子的顺序时常常会按照事情发生的先后顺序来进行，而事情的先后顺序往往就对应时间的先后顺序。

小说中可以利用动作行为的先后顺序来表现时间意义。例如：

（5）阿金生呷了一口酒，想起日间的事，笑了起来。

（《潮人》）

（6）宋思惠怀着满腔怒气，狠狠地看了那朝奉一眼，也不答话，把画卷朝腋下一夹，抹一抹汗，又走出当铺来。

（《愤怒的海》）

---

① 戴浩一著，黄河译：《时间顺序和汉语的语序》，《国外语言学》1988 年第 1 期，第 10 - 20 页。

例（5）中动作发生的先后顺序体现了时间意义。先“呷了一口酒”，然后“想起日间的事情”，再“笑了起来”，三个动作接连发生，蕴含着时间上的先后顺序。“狠狠地看”“不答话”“画卷朝腋下一夹”“抹汗”“走出当铺”五个动作接连出现，直观地呈现了时间的先后意义。小说中可以利用动作发生的先后顺序来含蓄地表达时间意义，这是一种较为隐蔽的时间表示方法，属于潜性时间的一个类别。

空间转换也能表现出时间接续的意义。空间转换在小说中一般会持续多个句子、多个段落甚至多个章节，不局限于连续小句，也不局限于连续段落。这类空间上的变换与时间上的先后顺序相对应，体现出时间意义。例如：

（7）离开温哥华之后，它到了秘鲁的喀拉俄；然后又到了智利的圣地亚哥；接着又越过了麦哲伦海峡；到了巴西的累西菲，后来它就驶进了美丽的加勒比海。

（《愤怒的海》）

（8）轮船驶进了墨西哥湾，然后，它放低速度，驶进了哈瓦那港。

（《愤怒的海》）

例（7）船在海上行驶，经过了温哥华、秘鲁的喀拉俄、智利的圣地亚哥、麦哲伦海峡、巴西的累西菲和加勒比海，表面上看是空间位置的转换，实际上体现了轮船前进的时间链，隐含着时间上的先后顺序。例（8）轮船由墨西哥湾到哈瓦那港属于空间位移，与此同时，空间转换中也包含着时间上的先后顺序，轮船的行驶轨迹是先到墨西哥湾，再驶进哈瓦那港的。空间转换中同样体现了时间上的先后顺序，是潜性时间的一种表现形式。

小说中显性时间占绝大多数，潜性时间占比较低。显性时间在句子、段落、语篇中都会出现。潜性时间中由人物活动接续引起的时间变换一般出现在连续小句、句子中，由空间变换引起的时间变换一般出现在非连续的句子、段落中。

（三）精确时间和模糊时间相互补充

精确时间指的是确定、准确的时间，特指清晰表达出某年某月某天某时等的时间。模糊时间则是非准确的、表述较为含糊的时间。前者如“1937 年 5 月 28 日”“今天下午三时”，后者如“那一年秋天”“几个月”“刚点灯不久”“次日一早”。精确时间和模糊时间在小说中出现的频率都较高。精确时间可以用来表示准确的时间点和时间段，适用于需要准确表达的情景。模糊时间常用来表示含糊的时间点和时间段，适用于不需要准确表达的情景。小说时间语境系统中精确表达和模糊表达相互配合、相互补充。例如：

（9）十点钟，新地方。

（《潮人》）

（10）隔天早晨，在一座房子的大厅里，临时布置了一个庄严肃穆的灵堂。

（《愤怒的海》）

（11）一八九五年一月的一个下午，父亲贝拉格出门去了。

（《愤怒的海》）

例（9）“十点钟”是小说中男女双方约定的会面时间，这类场合对时间的准确性要求较高，适合采用精确的时间表达形式。例（10）“隔天”是精确的时间表达式，即相对于前文叙事时间的第二天；“早晨”也是精确表达，“隔天早晨”是精确表达式。这种时间表达形式恰恰是语言精确的一种体现。因为早上的时间不需要精确到分秒，用“早晨”来表达足以体现小说语言的准确性。例（11）“一八九五年一月的一个下午”是模糊时间表达形式。小说中以精确时间“一八九五年一月”修饰模糊时间“一个下午”的方式，来突出贝拉格所办事情的重要性，从而为下文情节的展开埋下伏笔。模糊时间使得小说能够暂时摆脱客观世界求真性的限制，为作者充分发挥想象力提供了空间，从而获得独立构建艺术空间的自由。

精确时间和模糊时间在小说语篇中同等重要。仅有精确时间或仅有模糊时间都不可能起到很好的交际效果。坚持精确时间和模糊时间的有机统一，实际上是小说语篇建构过程中对语境要求的适应与调配。作者常常会根据故事情节的发展，选用合理的时间表达形式，以建立时间语境系统。

（四）以零度时间为主，以偏离时间为辅

零度时间指的是小说叙事时间内的时间表达形式。偏离时间指的是突破小说叙事时间界限的时间表达形式。零度时间和偏离时间在小说中的地位有主次之分，零度时间占主要地位，偏离时间处于次要地位。作者在创作过程中一般是在设定的时间区域内按照顺序安排事件、人物、场景等的切换，读者也是按照正常的接受习惯去理解和鉴赏作品。绝大多数情形下，小说中故事情节的安排都是遵循自然时间的发展顺序的。也就是说，零度时间占据小说时间系统的主导地位。在小说中，作者出于刻画人物形象、描述事件的来龙去脉等目的，有时会突破零度时间的限制，使用一些偏离时间的表达方式。

《愤怒的海》把小说的叙事时间设定在太平天国运动失败后，劳工远渡重洋至古巴后参加古巴独立起义直至胜利的时间区域内，时间跨度为1892—1898年。这个区域内的时间表达形式是零度时间。但是在小说中，作者为了达到叙事的真实性和生动性，常常会突破零度时间的界限，将偏离时间补充进来。例如为了突出劳工们起义的决心，小说中回顾了天地会在太平天国运动中的壮举；为了让故事情节显得更曲折和圆满，在小说中作者叙述了龙北斗年轻时开武馆的情形。这些偏离时间内的事件可以成为零度时间的必要补充。《七洲洋上》以唐番仔在船上的几天时间为零度时间，以回忆家乡悲惨境况的时间为偏离时间，两条时间线索共同构成整部小说的框架系统。所以，在小说语篇中，零度时间是其叙述展开的主要时间区域，偏离时间是对零度时间的有益补充。

三、时间语境在小说中的作用

小说时间语境的功能是多方面的，不仅在修辞学意义上阐述了时间表达过程的系统性和完整性，让读者对小说的叙述过程有一个比较清晰的认识，更为重要的是对帮助读者感受和理解小说修辞文本以外的意义功不可没。研究时间语境的作用具体表现为：

第一，时间语境能反映事件发生的具体时间，让人物、事情等具体可感，增强小说的可读性。小说时间语境中有多种时间表示方法，比如时间名词、时间副词等，还有时间参照点、时间方向、时间量度等。各种不同的时间表

示方法交织成整个小说语篇的时间网络。在宏观时间语境下还有微观时间，微观时间标示了事件的具体发生、发展的时间，使得整个事件的发展过程清晰可见，具有很强的可感知性。作者在叙事过程中，能通过微观时间体现其视角和思路，明确全文的叙事顺序。读者在阅读过程中，能通过微观时间去了解事件的真相，感知事件发展的每一个环节在时间系统中的位置和时间距离的远近，从而判断该事件在小说中的作用。时间语境体现了整部小说的叙事脉络，将小说中复杂的人物和事件清晰地呈现在叙事链上，增强小说的可读性，帮助读者把握全文的内容。

第二，时间语境能够反映出叙述过程的逻辑关联度，能够将小说文本的上下文衔接成一个有机整体。时间语境中关于时间的话语表达方式具有很强的衔接作用，小到能将一个事件或故事连接起来，大到能将整部小说语篇连接起来。从这个意义上说，小说中有关时间的话语表达形式实际上也是一种重要的修辞建构方式，能够让读者看到小说叙述结构发展的脉络，体会小说叙述结构的逻辑关联性。《潮人》除了楔子外，在叙述过程中一直采用顺序的方式，按照宏观时间框架下事情的进展顺序进行叙述。从 20 世纪 50 年代末开始到 20 世纪 80 年代末结束，每一个事件的发生、每一个人物的变化都在时间纬度上有清晰的定位，主要人物陈奇木受家庭的牵连失去了考大学的机会、辗转省城打工受阻、偷渡到香港谋生、被发配到巴黎、发家后回国等事件在全书的时间链上都有明确反映。这些纵横交织的时间表达式将整部小说衔接成一个整体。《愤怒的海》采用顺叙的方式，将劳工们远渡重洋的原因、经过、结果以及参加古巴独立战争的过程进行了详细的叙述，每件事情在时间的纬度上都有较为准确的标示。宏观时间框架下的微观时间连接，反映在语言形式上就是由句子到句群，再到段落和篇章的连接，这些连接将整部小说文本建构为一个整体。时间表达方式在语篇中发挥着衔接语篇、体现语篇叙述逻辑性的作用。时间语境将小说语篇连成一个有机整体，小说内部的句子、段落等也各有其逻辑关联。时间语境在语篇中的衔接作用可见一斑。

第三，时间语境能反映小说故事发生的时代背景，增强小说的艺术性。时代背景是小说描绘内容所体现出的时代特色，有些小说的时代背景会用显性的时间词表现出来，有些小说的时代背景会通过小说内容表现出来。小说作为一种艺术表现形式，源于生活，又高于生活，不是现实生活的复制品，而是现实生活的艺术化。虽然其人物形象和故事情节多数是虚构的，但从某种意义上说，仍然是对社会现实生活的一种再现，是作者运用特定的艺术手段对现实生活的再创造。小说中无时无刻不渗透着作者对人生的态度、善恶的评价、事物的褒贬和作者自身的审美情趣及价值取向。因此，作者常常将故事置于较为宏大的时代背景中，设置宏观的时间表达形式，让读者可以根据真实的时代特征去体会和理解故事的内涵，去领悟作者的创作意图，达到与作者相同的情感体验。宏观时间和微观时间结合起来，精确时间和模糊时间相搭配，可以使小说叙事的真实性与虚构性相互搭配，从而显示出文学作品既与历史时间吻合、又有作者的艺术化创造的特性。《潮人》把叙事时间定在 19 世纪 50 年代中期至 19 世纪 80 年代末期，这一时间段的祖国大地正处于快速变革期，经历了“大跃进”“文化大革命”“平反冤假错案”“改革开放”等重大事件。小说人物的命运与特定的历史时期紧紧相连，可以说特定的年代造就了小说人物特定的人生际遇，也推动了小说情节的一步步发展。作者把对历史时期和历史事件、对人生的思考以及对人性的挖掘都融进作品中的人物身上，这也是小说中的宏观时间语境所提供的重要信息。同理，读者通过对小说时间语境的认知，可以对时代背景形成一个较为全面的认识。随着小说情节的发展，读者仿佛身临其境，与作品中的人物同喜同悲。这无疑能帮助读者加深对作品内涵的解读，并达到对作者创作意图的深刻理解和对作者审美情趣及价值取向的深度认同。

时间语境系统是小说框架的重要构成部分。如何根据语境的要求来选择合适的时间表达式是小说作者的一种有意识的修辞活动。通过研究小说中的时间表达式，可以把握小说的叙事过程、体会小说独特的艺术魅力。海洋小说在创作过程中能立足于特定的时代背景这一宏观语境因素，兼顾零度时间与偏离时间的协调一致，将过去、现在与将来的叙事视角统一起来，情节跌宕起伏，人物个性鲜明，成为小说世界里的一抹亮色。

粤西方志研究

宋国用知遂溪县事时期的事功与《遂溪县志》之修纂

蔡　平[①]

宋国用，满洲正白旗人，康熙二十二年（1683）知遂溪县。康熙《遂溪县志》卷七《宦迹》载其“洞悉地方利弊，尽心经理，详复东海禁地鱼盐之利，以饶民之贫，无力者助之牛种，俾垦艺有资。时辑白鸽寨土城，民苦征役，详请停之。修建学宫，设立义学，凡可为民兴利除害者，次第举行。遂人至今颂之”[②]。其在遂溪历任知县中政绩最著，试分述之。

一、修建学宫、设立义学

学宫、义学、书院等，皆学校设置之属。古时，国有国学，乡有乡学，名称虽不同，而明伦则是一致的，皆以尊师崇道为宗，以使邹鲁之风被于宇内。遂溪县学之置肇始宋世，其后历代屡经毁建，至清康熙朝而蔚然成观，知县宋国用居功至伟。

（一）学宫之修建

历来学校之建，以学宫为根本，学宫乃学校之灵魂。喻炳荣道光《遂溪县志》卷三《学校》云：“自古辟雍、泮宫、党庠、术序、学校之设，由来重矣。而学者入学，必释奠于先圣先师。孔子为斯道之宗，历朝久隆祀典。梁天监四年，诏立庙于京师。唐贞观四年，诏州县皆立庙。学者称孔子庙为

① 作者简介：蔡平，广东海洋大学文学与新闻传播学院副教授。

② 喻炳荣、朱德平修，蔡平点校：《遂溪县志》（清道光二十八年续修），北京：方志出版社，2017 年，第 155 页。

文庙，亦曰学宫。学宫者，学校根本之地也。”①

遂溪之县学始建于宋代，位于县之西郭。南宋孝宗乾道四年（1168），迁于县旁。理宗宝庆元年（1225），又迁于县西登俊坊。元仁宗皇庆元年（1312），县教谕周孔孙重修。明洪武三年（1370），知县王渊、县丞诸道宏仍其旧，创新了之前的戟门、棂星门，恢复明伦堂，并于明伦堂两侧设“日新”“时习”左右两斋。洪武十七年（1384），县丞邓义、教谕谢敬从迁县学于县之西北。洪武二十年（1387），教谕陶文实重修，改东西二斋名曰“尊德”“问学”，又于明伦堂后设射圃。成化间，知县杨彻、龚彝重修。弘治间，知县刘玉又加拓展，建两庑、两斋、棂星门、戟门。正德八年（1513），通判杨云重建仪门。正德十年（1515），提学副使章拯与知府王秉良相谋，重建大成殿及戟门、棂星门、明伦堂、斋房等。嘉靖四年（1525），知府杨榛移建明伦堂于殿后，并两斋耳门、仪门。嘉靖十六年（1537），知县邓恕重建会膳堂、号舍。嘉靖二十年（1541），知县班佩修葺。嘉靖二十四年（1545），知县张天叙重修。隆庆五年（1571），知县杜仲修整，建戟门。万历二十二年（1594），推官高维岳、知县袁时选重建殿庑及更新圣贤神像。崇祯九年（1636），郡守朱敬衡、遂溪县知县陈时瑞重修学宫。崇祯十二年（1639），因为飓风所毁，知县慎思永重建圣殿、明伦堂、东西庑及启圣乡贤祠。清顺治十七年（1660），知县马光远重修圣殿两庑及仪门。康熙十一年（1672），知县智如愚重修学宫、明伦堂，开南门墟，建新铺。

康熙二十一年（1682）秋，莫光斗调任遂溪儒学训导，其所见之状“圣像则垢尘，四配则露处，启圣、名宦、乡贤，则旧址无存，斋舍蔑如”②，便决意修建，然终因工程浩繁而未果。康熙二十三年（1684）孟秋，宋国用莅任遂溪知县，“首谒文庙，见其宫墙瓦砾，座位星移，慨然欲与更始，而适狃于时艰，暂为中止”③。至康熙二十三年冬，宋国用请命于上宪，受命“鸠工庀材，择人督理”，得邑之宿儒、吏员、绅士的鼎力相助。仪门、戟门、棂星

① 喻炳荣、朱德平修，蔡平点校：《遂溪县志》（清道光二十八年续修），北京：方志出版社，2017年，第67页。

② 广东省地方史志办公室辑：《广东历代方志集成·雷州府部六》，广州：岭南美术出版社，2009年，第55页。

③ 广东省地方史志办公室辑：《广东历代方志集成·雷州府部六》，广州：岭南美术出版社，2009年，第55页。

门，沿旧之格局而重加修葺；启圣祠两庑、名宦乡贤祠、斋舍等，则新创之。宋国用此番学宫之修建，始于康熙二十三年季冬，于康熙二十四年（1685）夏落成。莫光斗《修建文庙记》论其大功之成“不糜公帑，不伤民力”，并将其归于宋国用“诚心坚志”。宋国用却不居功，将功之成归于“上台之倡，同志之赞襄”。

（二）义学之设

康熙《遂溪县志》卷二《学校志》末有洪泮洙按语，其曰：“县令宋上体朝廷德意，建义学五处，集四方之俊秀而肄业之，教孝弟、明礼义，则人心以正，风俗以醇，邹鲁之文学再见于兹。”① 卷一《事纪》亦曰：“是年（康熙二十五年），奉建义学五处：县城内、东关外、湖光岩、城月城内、冯村社朴泽村。”② 卷二《学校志》将五处义学分列于“义学三”“社学九”中，名为“城内义学”“东关外义学”“湖光岩社学”“城月驿社学”“朴泽村社学”。

康熙《遂溪县志》卷二《学校志》：“义学三。……曰城内。知县宋国用奉建。延师即学，宫内设帐，岁给束脩银二十两，在城子弟便之。曰东关外。知县宋国用奉建。瓦屋一座，两廊，延师设帐，岁给束脩银二十两，附城子弟便之。”③ 此处未言及建义学之时间。嘉庆十六年（1811）刻本《雷州府志》于此系年，然版片字迹漫灭，无从辨识。其后，道光《遂溪县志》系二义学之建在康熙二十五年（1686）。

康熙二十五年，宋国用建湖光岩社学。康熙《遂溪县志》卷二《学校志》：“社学九。……曰湖光岩，知县宋国用奉建。瓦屋一座，两廊，延师设帐，岁给束脩银二十两，旧县、平乐二社以及东海子弟便之。”④《学校志》未系建湖光岩社学之年，嘉庆《雷州府志》系于康熙二十五年。卷六《学

---

① 广东省地方史志办公室辑：《广东历代方志集成·雷州府部六》，广州：岭南美术出版社，2009年，第59页。

② 广东省地方史志办公室辑：《广东历代方志集成·雷州府部六》，广州：岭南美术出版社，2009年，第13页。

③ 广东省地方史志办公室辑：《广东历代方志集成·雷州府部六》，广州：岭南美术出版社，2009年，第57页。

④ 广东省地方史志办公室辑：《广东历代方志集成·雷州府部六》，广州：岭南美术出版社，2009年，第58页。

校》："湖光岩社学，康熙二十五年，知县宋国用建。延师设帐，岁具束脩银二十两。旧县、平乐二社以及东海子弟便之。"① 道光《遂溪县志》卷三《学校》"湖光岩社学"同。又嘉庆《雷州府志》卷八《坛庙》"湖光岩寺"条："国朝康熙二十五年，知县宋国用于寺前建书室三间，翼以两廊，立为湖光岩社学，国用有记。"② 该记当为《重建湖光岩书室碑记》，见载于康熙《遂溪县志》卷四《艺文志》。然嘉庆《雷州府志》卷二《地理》又有宋国用于康熙二十年（1681）在湖光岩建先贤书室、设湖光岩义学之说，其曰："国朝康熙二十年，知县宋国用因忠定遗迹搆先贤书室，以莱公并祀之。又设义学，建屋一座两廊，延师设教。"③ 喻炳荣道光《遂溪县志》卷二《山川》同此说，不见于宋国用修康熙《遂溪县志》。康熙二十年，宋国用尚未出任遂溪知县，何言修建之事?《重建湖光岩书室碑记》又称："余来牧斯土……幸逢圣天子巡方临学，崇兴文教，无论穷谷僻陬，凡有先贤书室，悉令修葺。余随捐俸，卜期搆材缮舍。虽曰岩自天成，亦大资夫人力，更欲新创书室三间，光前休而启后学，以为讲诵憩息之所。"此所记，正同于前文嘉庆《雷州府志》所言宋国用于康熙二十五年建书室为湖光岩社学之事，而康熙二十年宋国用建先贤书室、设湖光岩义学也系指此。所谓"康熙二十年"乃"康熙二十五年"之误。

康熙二十五年，宋国用又建城月驿社学及朴泽村社学。康熙《遂溪县志》卷二《学校志》："社学九。……曰城月驿，知县宋国用奉建，瓦屋五间，延师设帐，岁给束脩银二十两，新安、西坡诸社子弟便之。曰朴泽村，知县宋国用奉建，瓦屋五间，延师设帐，岁给束脩银二十两，冯村、小山诸社子弟便之。"④ 仍旧未标明修建于哪一年。嘉庆《雷州府志》卷六《学校》："城月驿社学，康熙二十年，知县宋国用建。……朴泽社学，康熙二十年，知县宋

① 广东省地方史志办公室辑：《广东历代方志集成·雷州府部二》，广州：岭南美术出版社，2009年，第237页。

② 广东省地方史志办公室辑：《广东历代方志集成·雷州府部二》，广州：岭南美术出版社，2009年，第263页。

③ 广东省地方史志办公室辑：《广东历代方志集成·雷州府部二》，广州：岭南美术出版社，2009年，第72页。

④ 广东省地方史志办公室辑：《广东历代方志集成·雷州府部六》，广州：岭南美术出版社，2009年，第58页。

国用建。”[①] 道光《遂溪县志》卷三《学校》全同于嘉庆《雷州府志》。“二十年”之说，始于嘉庆《雷州府志》，道光《遂溪县志》袭之，仍为“康熙二十五年”之误。

二、修复城池、修建衙署、重修坛庙

宋国用康熙《遂溪县志·建置序》云：“城池以固国本，公署以出政治，坊表以旌善良，亭馆、驿铺、桥渡、堤岸诸事以利民生，皆守土者之急务也。”[②] 既是“守土者之急务”，宋国用知遂溪县事的数年里，无不悉心经理，在历任遂溪地方主事官员中，事功是最为突出的。

（一）修复城池与衙署

遂溪县治原在二十二都旧县村，宋绍兴二十年（1150）迁于今治，至此仍未有城池之建。明洪武七年（1374），知县元太初始筑土城。正统四年（1439），知县苏观以土墙易崩改筑石城，周围四百七十丈，高一丈五尺，城墩四十，窝铺十六，开东、南、北三门，建楼其上，浚以壕堑。成化初，因贼乱而塞城之东门，仅存南、北二门。嘉靖十年（1531），知县张惠兴工筑浚城池，复开东门，设立东门墟，招商建铺。嘉靖十九年（1540），石城因飓风倾圮，知县班佩修复如初。隆庆六年（1572），推官郑国宾署县临视，认为城墙卑矮，乃伐石陶砖，城墙增高三尺、增宽五尺。万历二十年（1592），知县陈廷诗创建月城，为城新创东、南、北三道重门，并于门上建“崇阳”“仁济”“朝天”三门楼，重门楼月城、门楼。万历二十五年（1597），知县罗继宗以北门风水不利而塞北门，开西门曰“金德”，致使城内文教渐兴。崇祯十二年（1639），知县慎思永又加重修。清康熙三年（1664），署县同知王宏志修筑，改南门“仁济”为“午安”。康熙二十一年（1682），知县朱光炳修城池，复开北门，并立北门墟。康熙二十五年，知县宋国用复修。

据康熙《遂溪县志》卷二《公署》，宋绍兴二十五年（1155），遂溪县治

① 广东省地方史志办公室辑：《广东历代方志集成·雷州府部二》，广州：岭南美术出版社，2009年，第237页。

② 广东省地方史志办公室辑：《广东历代方志集成·雷州府部六》，广州：岭南美术出版社，2009年，第30页。

迁于登云坊。道光《遂溪县志》卷三《衙署》则称“绍兴二十五年复置县，建县署于登云坊”①。县治迁于登云坊，当为宋绍兴年间遂溪复县后之事，然究竟何年复县，诸史志文献多未载录，唯道光《遂溪县志》明确为“绍兴二十五年复置县”，遂溪复置县，当至迟在绍兴二十五年。至宋乾道四年（1168），县治由登云坊迁至惠民坊，惠民坊即宋国用修志时县治之地。遂溪县署的位置，康熙《遂溪县志》和道光《遂溪县志》所载不同，前者称“在城内东北边正坐”，后者则曰“在城内东街，坐北朝南”。自明洪武二年（1369），知县王渊开创厅堂、幕厅、架阁库、宅舍、仪门、鼓楼、监房起，历经重修、增建。至康熙二十三年（1684），宋国用修建头门屋一座及吏书房舍；康熙二十五年，宋国用又重修堂厅、仓库房。至此，遂溪县署初具规模。

（二）新建墟市、造复港渡

康熙二十五年，宋国用于遂溪县东北三十里遂、石之界新建林东墟。康熙《遂溪县志》卷一《墟市》：“两家滩墟，遂、石接境地也。”两家滩在今廉江新华镇。《湛江市地名志》：“明末皇竹肖姓在其村南成墟，陈村陈姓也在其村东成墟，同以一、七日为墟期，因两墟相隔不远，利益冲突，诉之官府，判决陈姓以四、九日为墟期，名四九墟；肖姓仍以一、七日为墟期，名两家滩墟，取利益两家分摊之意，后写作两家滩。”② 明清之际，因朝廷迁海、开海之交替，此处石城居民与遂溪居民各设墟市也因之而盛衰有变。至康熙前期展界开海，石城所设新墟因道通海舶而渐聚人气，遂溪一方墟市则渐为萧条。康熙二十五年，知县宋国用为振起本县一侧之墟市，毅然创立林东墟。宋国用又考虑到石、遂两县睦邻关系，与石城县令达成协议，石城新墟以一、七为墟期，遂溪林东墟一逢四为墟期。民国《石城县志》卷三《墟市》：“两家滩墟，在城南五十里，以一、七日为墟期。”③

康熙二十三年，知县宋国用因展界招垦、舟楫往来之需，在东海岛复建

---

① 喻炳荣、朱德华修，蔡平点校：《遂溪县志》（清道光二十八年续修），北京：方志出版社，2017年，第64页。

② 广东省湛江市地名志编纂委员会编：《湛江市地名志》，广州：广东省地图出版社，1989年，第179页。

③ 广东省地方史志办公室辑：《广东历代方志集成·高州府部十四》，广州：岭南美术出版社，2009年，第626页。

麻参、禄遐二渡，至此，县之津渡增至十处。麻参渡位于遂溪县南七十里二十都，在今东海岛东山镇文参村，文参村初名即为麻参，北、西、南三面临海，为今东海岛跨海大桥之东端，是往来陆、岛之间的必经之处。康熙《遂溪县志》卷二《桥渡》："禄遐渡，县东南一百里二十都，官舟岁编夫□名，前废。康熙二十三年，知县宋国用详捐造复。"① 又《乡都》："禄遐村，县东南一百二十里，在东海。"② 道光《遂溪县志》卷四《乡都》："赇岈村，原志禄遐村，县东南一百二十里，何姓世居。"③ 禄遐渡在今东海岛西南角，地处民安镇那何村。《湛江市地名志》"那何村"条称："村西150米处有古渡码头，码头东24米处有一古井，古井之南有约5 000平方米的古村落遗址。"④ 由东海赴雷州，经由禄遐渡；由东海赴遂溪，经由麻参渡。二渡前代已有，因前界而废弃，今宋国用实为在原址上重造新渡。洪泮洙对宋国用此举的意义大加赞赏，其曰："康熙二十三年，展界，流离之民，始有室家。一水所隔，宽阔计有□里，小舟往还，万一风波陡发，巨浪冲舟，民其鱼矣。宋邑侯详请捐复渡船，以利济涉，则畏途无非乐土矣，岂但曰乘舆济人已乎。"⑤

（三）修建坛庙

城隍，又称城隍爷，是古代中国宗教文化中普遍崇祀的重要神之一，大多由有功于地方民众的名臣英雄充当，是民间和道教信奉的守护城池之神，故中国古代城市之建置，城隍庙都是必不可少的设施。遂溪县城隍庙，在县治西北。明洪武二年（1369），知县王渊创建。正德二年（1507），县丞陈澄修葺。万历三十七年（1609），知县罗继宗重建。康熙二十五年（1686），知县宋国用重修，并作有《重修城隍庙序》。文曰："乃登其堂，茂草郁然，马渤牛溲累累然，断垣破牖，穴豕鼠而藏蛇蚁，不可胜述。迺冀神为式凭，其

---

① 广东省地方史志办公室辑：《广东历代方志集成·雷州府部六》，广州：岭南美术出版社，2009年，第36页。

② 广东省地方史志办公室辑：《广东历代方志集成·雷州府部六》，广州：岭南美术出版社，2009年，第26页。

③ 喻炳荣、朱德华修，蔡平点校：《遂溪县志》（清道光二十八年续修），北京：方志出版社，2017年，第99页。

④ 广东省湛江市地名志编纂委员会编：《湛江市地名志》，广州：广东省地图出版社，1989年，第50页。

⑤ 广东省地方史志办公室辑：《广东历代方志集成·雷州府部六》，广州：岭南美术出版社，2009年，第36页。

谁信之？且遂俗亦善事鬼神矣，鸣金吹角，不惜倾资以媚鬼，独于正神之庙，片瓦寸椽若或吝之，恐非都人士之本愿也。诚能不靳巨细，努力擎襄，行见栋隆宇奂，增一邑之赫濯。予虽贫吏也，敢不捐俸以从？”此为宋国用所见城隍庙的破败景象，作为一处正神之庙，不容任其长久荒废，捐俸重修亦是不可推脱之责任。

“康熙二十五年，宋国用重修关帝庙”，见载于道光《遂溪县志》卷四《坛庙》。康熙《遂溪县志》卷二《秩祀》称其为“汉寿亭侯庙”，《艺文志》有《知县宋国用重修关帝庙序》。遂溪县关帝庙有三处，一在县城南门内，原名南山寺。明万历四十三年（1615），知县欧阳豪所建。崇祯四年（1631），建后殿，祀三宝，改名护国寺。宋国用于康熙二十五年重修即此。另外两处，一在通明港，一在城月墟。宋国用眼中的南门内关帝庙是“颓焉自废，豕游秽积，荆榛瓦砾之茫茫然，俎豆无光”，足令当事者为之蒙羞。《序》文有号召募集重修资财之意，其曰：“自缙绅青衿以至胄士牧童，莫不景仰畏服，乃锱金黍米慷慨无闻，片瓦只椽构求不易，岂止当事者之羞哉！顾基址湫隘艰于扩大，予望同志者随愿具足，踵事而增华之。”①

康熙《遂溪县志》卷二《秩祀》：“名宦乡贤祠，在圣殿西启圣祠前，久废，康熙二十四年，知县宋国用建。启圣祠，在明伦堂西侧，久废，知县宋国用于康熙二十四年建。”② 旧志中通常以“启圣名宦乡贤祠”并列称之，实际上应该是“启圣祠”“名宦祠”“乡贤祠”三者。三祠均建在学宫，启圣祠在启圣殿后，名宦祠在戟门左，乡贤祠在戟门右。宋国用康熙《遂溪县志》卷三《名宦志序》曰：“遂邑旧有名宦祠，兵燹之后，鞠为茂草，今复建置以妥神灵。”遂溪知县前任王渊、张天叙、陈廷诗等均祀名宦祠。

三、为民请命，上言展界，复东海鱼盐之利、藩屏之固

清朝自建立之初至康熙朝前期，据守福建、浙江、台湾一带的郑成功集团是反清的最大力量。为巩固统治，这一时期清廷海防的核心任务是平定海

---

① 广东省地方史志办公室辑：《广东历代方志集成·雷州府部六》，广州：岭南美术出版社，2009年，第102页。

② 广东省地方史志办公室辑：《广东历代方志集成·雷州府部六》，广州：岭南美术出版社，2009年，第60页。

疆。在军事上对郑氏集团不断实施打击的同时，还从经济上加以封锁，力图切断东南沿海居民与郑氏集团的一切人员和物资往来。这个封锁政策就是实行“禁海”与“迁界”。时遂溪亦在迁界之列，且受害尤重，宋国用“不避嫌忌，恺切上陈”利害，并于展界之后招抚流民，劝谕复垦。

（一）康熙前期的“迁界”与“展界”

顺治十三年（1656），清廷在禁止沿海人民出海贸易和要求地方官员严查的同时，谕令地方官以土坝或木栅“处处严防，不许片帆入口，一贼登岸”①。顺治十六年（1659），清廷采纳两广总督调任闽浙总督的李率泰之奏议，下令“迁（福建）同安之排头、海澄之方田沿海居民八十八堡，及海澄内地安插”②。顺治十七年（1660），郑成功赶走荷兰人据守台湾，清廷于沿海之地全面推行迁界，强迫沿海居民内迁 50 里，严禁渔船、商船出海，田园荒芜不准耕种，并遣 4 名满族大臣赴江、浙、闽、粤四省监督执行。“由于奉派的使者施政存在差别，大体上看，迁界令的执行，江、浙稍宽，闽较严，而粤最苛。”③ 康熙元年（1662），满族监督科尔坤到达广东，正式推行迁界。屈大均《广东新语》卷二《迁海》中详尽记录了迁界给广东沿海居民所造成的苦难：

> 岁壬寅二月，忽有迁民之令。满洲科尔坤、介山二大人者，亲行边缴，令滨海民悉徙内地五十里，以绝接济台湾之患。于是麾兵折界，期三日尽夷其地，空其人民，弃资携累，仓卒奔逃，野处露栖，死亡载道者，以数十万计。明年癸卯，华大人来巡边界，再迁其民。其八月，伊、吕二大人复来巡界。明年甲辰三月，特大人又来巡界。遑遑然以海防为事，民未尽空为虑，皆以台湾未平故也。先是，人民被迁者以为不久即归，尚不忍舍离骨肉。至是飘零日久，养生无计，于是父子夫妻相弃，痛哭分携。斗粟一儿，百钱一女。豪民大贾，致有不损锱铢，不烦粒米，而得人全室以归者。其丁壮

---

① 《清世祖实录》卷一百二十。

② 蒋良骐：《东华录》，北京：中华书局，1980 年。

③ 罗欧：《广东海防史》，广州：中山大学出版社，2010 年，第 190 页。

者去为兵，老弱者展转沟壑。或合家饮毒，或尽帑投河。有司视如蝼蚁，无安插之恩。亲戚视如泥沙，无周全之谊。于是八郡之民，死者又以数十万计。民既尽迁，于是毁屋庐以作长城，掘坟茔而为深堑。五里一墩，十里一台。东起大虎门，西迄防城，地方三千余里，以为大界，民有阑出咫尺者，执而诛戮。而民之以误出墙外死者，又不知几何万矣。自有粤东以来，生灵之祸，莫惨于此。①

此次迁界，东起饶平、澄海、揭阳，西至遂溪、合浦、钦州，沿海 24 个州县和近海岛屿的居民都被迫迁移。康熙三年（1664），朝廷下令再行迁海，波及遂溪者最为严重。康熙《遂溪县志》卷一《事纪》："康熙三年，诏再迁海，移白鸽寨水师驻扎海安，严诘海禁。雷州东迁，自遂溪之石门至特侣塘，迄于徐闻之海安所。西迁自遂溪之横山路达于徐闻，惟遂溪迁之太甚，仅存粮六百石。"康熙八年（1669），广东巡抚王来任看到沿海地区人民颠沛流离，建议招民复业。此后，又历经反复，直到康熙二十三年，才真正开禁。

（二）上言东海"展界"之利

明清时期，遂溪县地含半岛北部及半岛东部大部分岛屿。道光《广东通志》卷八十七《舆地略五》有《雷州府图》，图上标明最大一岛为"东海岛"②。同卷《遂溪县图》则在东海岛之上标有"东海上""东海中""东海下"及"硇洲岭"，为遂溪县所属。康熙《遂溪县志》卷一《地里志》："遂溪之东海五图，自五图之外为洋海，在五图之内为内海。"③ 康熙《遂溪县志》卷一《乡都》："康熙二十六年，复东海三社：东海上社、东海中社、东海下社。"④ 此即东海岛"五图三社"之说。旧志文字所书"硇洲岭"，即指东海岛。穆彰阿、潘锡恩等撰《大清一统志》卷四五一《雷州府》载："硇洲岭，在遂溪县东南一百四十里海中，一名东海岛。广四十里，长七十里。

---

① 屈大均：《广东新语》，北京：中华书局，1985 年，第 57－58 页。

② 广东省地方史志办公室辑：《广东历代方志集成·省部十六·广东通志》（道光），广州：岭南美术出版社，2006 年，第 1473 页。

③ 广东省地方史志办公室辑：《广东历代方志集成·雷州府部六》，广州：岭南美术出版社，2009 年，第 16 页。

④ 广东省地方史志办公室辑：《广东历代方志集成·雷州府部六》，广州：岭南美术出版社，2009 年，第 25 页。

包出白鸽寨之外。中有居民五图，以渔盐为业，为东方巨镇。”①

遂溪之境腹地多半山硗砂浮，只有东海土地平衍而肥沃，人烟稠密，既有粮米之富，又有鱼盐之利，一县赋税盐课亦多出于此，实为雷州之富庶之地。又因其特殊的地理位置，以其海防要地成为雷州外海的屏障。然而，经过顺、康间的数次迁界，不只土地荒芜，百姓流离失所，且为雷州左臂外藩之功能不再。宋国用于康熙二十二年（1683）到任遂溪知县，可谓受命于危难之际。莅任伊始，清廷尚未行展界之令，便详陈“迁界”“展界”之利害，提出“东海未复之不便于民”：

遂邑腹地大半山硗砂浮，惟东海一隅土厚地衍，鱼盐鳞集，诚一邑之沃壤也。迁界以来，遂为弃土，毋论界外东海不敢越津飞渡，即已展之界内，犹恐巡逻谨密，误罹法纲，樵牧者束手，耕种者裹足。而沿海灶丁无敢庐舍聚居，间有煎晒，势必朝去夕还，以致风雨飘荡。即有内港采捕，悉畏防弁搜求，小民有望洋之叹，客人多闻风之惧，是东海未复之不便于民者也。②

又提出“兵之困于东海未复”：

东海横亘数十里外洋，石峭涛汹，舟莫敢近，且上有芷䒗、硇洲相峙门户，下与锦囊联为声援，洵为雷郡之左臂外藩也。今白鸽寨虽设水师，新复哨船，而对面空虚不敢出汛巡查，保无有奸宄伏莽巢穴，其土岂非弃地以资盗粮乎？况大洋飞艅，往来无定，及至申请策应，而贼船已经远遁，是未获剿贼之功，先受妄报之罪，是兵之困于东海未复者此也。③

要使民得便利、兵解困扰，其根本就在于力行展界，“若令复还故土，则

① 穆彰阿：《大清一统志》，上海：上海古籍出版社，2008 年，第 673 页。

② 广东省地方史志办公室辑：《广东历代方志集成·雷州府部六》，广州：岭南美术出版社，2009 年，第 6 页。

③ 广东省地方史志办公室辑：《广东历代方志集成·雷州府部六》，广州：岭南美术出版社，2009 年，第 6 页。

飞鸿来集，鱼盐之利懋迁化居，而兵声远震，似犄角相援之势矣”[①]。作为身怀守土之责的宋国用，不能听任十有八九良田之荒芜，更不能听任“牧斯土而成虚设”。朝廷未行展界之令便有此论，实属不易，洪泮洙称他是“不避嫌忌，恺切上陈”[②]。

（三）招抚劝垦，捐给牛种，详捐渡船，以通东海

宋国用上陈言展界之事不久，康熙二十三年春正月，钦差会同督抚巡海开禁，恢复东海地方。展界之后，亟待解决的问题有二：一是招抚流民归还东海故土以事农耕；二是东海与内陆由一水所隔断，百姓往来仍需船渡。

招抚流民回乡复业并非易事。康熙之初迁界、展界的反复，使百姓心存疑虑，迁界所造成的田园荒芜、缺耕少种，更使百姓望而却步。所谓“鸿飞兔逸之氓，莫不踊跃来归”，只是复界之初百姓可得归家园的欣喜，现实是严峻的。宋国用所要做的是如何使流民回东海故土能安居乐业。洪泮洙记曰：“嗣奉皇恩，开复东海，宋邑侯招抚流民，捐给牛种，多方劝谕，以家人父子之情慰苍生霖雨之望。”[③] 宋国用不但以家人父子之情劝谕流民，而且捐与耕牛和种子，为民众提供恢复农业生产的基本条件。

东海与内陆仅一水之隔，然在当时实为天堑，人员往来必须有渡口和船只。先前麻参、禄遐两渡长久废弃，康熙二十三年展界之初，宋国用即修复二渡，取禄遐渡以方便东海、府城之往来，以麻参渡便于东海、县邑之沟通。渡口已完修，又要解决渡船的问题，迁界期间被迁民众无力私造，朝廷又要展界三年起征赋税，就此宋国用又上陈曰：“舟楫不济，观望莫前，则瞬息三年开征，届期赔累包荒之弊，咎将谁诿。第思久迁，残黎尽已皮焦髓竭，岂有余资以供刳木击楫之需，间有一二小艇，不过自运农具，而往来杂沓，焉得人人而济，则望洋裹足不发，负展界之鸿恩乎？”情势不容拖延，于是捐复渡船五只，以利济涉，使畏途成为乐土。

---

① 广东省地方史志办公室辑：《广东历代方志集成·雷州府部六》，广州：岭南美术出版社，2009 年，第 6 页。

② 广东省地方史志办公室辑：《广东历代方志集成·雷州府部六》，广州：岭南美术出版社，2009 年，第 12 页。

③ 广东省地方史志办公室辑：《广东历代方志集成·雷州府部六》，广州：岭南美术出版社，2009 年，第 46 页。

自明以来，东南沿海倭寇、流贼蜂起，东海渐为海防重地，并行军户、军屯之制。然自清初以来，军户多为盗贼所残，军屯废弃，而康熙之初的历次迁界，裁撤卫官，东海防御已形同虚设。康熙二十三年展界，重设卫所，回复官职，令行招垦。至康熙二十六年（1687），便得见复垦屯政之效果，“甫四载，复垦税二百五十四顷有奇，上不悮公，下可足民，十年生聚，于此见其大端”①。“东海既复，藩屏已固，户口财赋生聚殷繁，小丑不敢为患，遂邑可无南顾之忧矣。”②

四、修纂邑志，诗咏邑胜

宋国用任遂溪知县之初，即逢朝廷开海展界。展界之初，遂邑百废待兴。自康熙二十三年至二十五年，宋国用集中精力于经理政事。其间，也于康熙二十四年着手修纂县志。朱德华《续修遂溪县志序》云：“国朝康熙二十四年，宋县尹与邑绅洪垂万始为纂辑，至今几二百年。”③ 宋国用康熙《遂溪县志序》则云“越三旬而告成”，此“三旬”指三年，自康熙二十四年至二十六年正为三年。宋国用知遂溪县事期间，写下了不少歌咏遂溪胜景的诗篇，以艺术的形式为遂溪山川增色添彩。

（一）邑志之修

康熙之初，玄烨“逾淮涉江，观风问俗”，足迹所达范围之广，为历朝帝王所不多见。清代至康熙时疆域之广大，亦为前朝所不及。帝王的巡幸总是有限度的，对于“遐谷穷檐”之地的山川、地里、风俗、建置、赋役、宦迹等，君上对其的了解，除凭借勤于政务的地方官员上呈的理政奏章外，仍需依靠可以通览全国的总志。于是自康熙十一年（1654）冬十一月，朝廷广搜群籍，用昭一统，下令各省、郡、县增修志乘，以备才择。故仅从李默《广东方志要录》看，几乎今广东的每一府县均有成于康熙前期的志书。就今湛

---

① 广东省地方史志办公室辑：《广东历代方志集成·雷州府部六》，广州：岭南美术出版社，2009 年，第 46 页。

② 广东省地方史志办公室辑：《广东历代方志集成·雷州府部六》，广州：岭南美术出版社，2009 年，第 6 页。

③ 喻炳荣、朱德华修，蔡平点校：《遂溪县志》（清道光二十八年续修），北京：方志出版社，2017 年，第 8 页。

江五县市而言，徐闻有修成于康熙二十六年（1687）的《徐闻县志》不分卷，海康有修成于康熙二十六年的《海康县志》三卷，遂溪有修成于康熙二十六年的《遂溪县志》四卷，吴川有康熙十二年（1673）增订康熙八年（1669）黄若香修《吴川县志》四卷，石城（今廉江）有康熙十一年李琰增订康熙六年（1667）梁之栋修《石城县志》十一卷。《一统志》之修，起于康熙二十五年。《清史稿》卷七《圣祖本纪二》："二十五年三月己未，命纂修《一统志》。"① 至此，朝廷征集各省、府、县志书并为完结，部分志书在《一统志》编修之时仍在修纂，然该志于康熙六十一年（1722）玄烨去世时仍未修成。从《一统志》修纂自身看，主要是因为工程浩大，地图的绘制、资料的收集，均非朝夕之功可以成就。此举在很大程度上于举国之内启动了废坠旧志的整理续补及填补一地旧志修纂之空白，客观上成为古代文献编纂中方志门的一大盛事。康熙《遂溪县志》的创修，便是直接得力于此。邑人洪泮洙康熙《遂溪县志跋》云："岁在丁卯春，圣天子丕敷声教，特谕仪部通行直省修举志书，俾郡县各为分辑，勿令阙漏。"

康熙之前，遂溪无县志之修，故遂溪邑人洪泮洙康熙《遂溪县志跋》有"县志从未举行，故遂之地之人之事仅识其略，概未悉其周详，不无九阍万里之恨矣"的感叹。宋国用此番修志实是首创。宋国用于康熙二十二年知遂溪县事之初，即欲续编县志，《新修遂溪县志序》称其"叨牧斯土，有意续貂"。所谓"续貂"，并非指此前县志之修，而是指续"前简"所载录的遂溪"形势程途"，以及《府志》所记本县丁徭赋税、城市署宫、文绩武防、风谣习尚等。只因其莅任之初，适逢朝廷行展界之令，官府簿书丛杂，政事缠身，而未能付诸实施。直至康熙二十四年之初，方开馆会辑，仅历时"三旬"（三年）始告成，并于康熙二十六年季春之月为之作序。邑志的编修过程是严谨客观，《序》曰："予奉行唯谨，广集外翰绅衿，开馆会辑，且遴耆儒名髦，朝夕校雠。府志所偶误者，亲为厘正，时事所应入者，互相订确，不敢稍为假借。越三旬而告成。"洪泮洙《跋》亦云："纲举目张，录近及远，无摭华而失实，无举一而废百。"参与修纂者除知县宋国用外，仍有洪泮洙及陈、莫两先生，并邑之诸生。

① 赵尔巽：《清史稿》，北京：中华书局，1977 年，第 219 页。

康熙《遂溪县志》总四卷，以元、亨、利、贞相别。卷之一“元集”含《舆图志》《星候志》《地里志》《民俗志》；卷之二“亨集”含《建置志》《户役志》《学校志》《秩祀志》；卷之三“利集”含《秩官志》《名宦志》《兵防志》《屯田志》《勋烈志》；卷之四“贞集”含《选举志》《乡贤志》《贞女志》《艺文志》《外志》。每一志之下又分若干门，分志之首均有《志序》。四卷之末有洪泮洙之《志论》，志首仅宋国用序文一篇，志末缀以洪泮洙跋文一篇，部分分门内容间有宋国用按语及洪泮洙志语。

（二）诗咏八景

一邑有一邑之胜境。古人总将一地特出的景观提取为八种，是为“八景”。遂溪“八景”为“湖光镜月”“陆泉冰心”“百丈通津”“鹿潴莲洲”“蓬莱花仙”“七星拱秀”“石门双峙”“东海波恬”。康熙《遂溪县志》中分别采录邑令宋国用、教谕陈继度、广文莫光斗、邑进士洪泮洙、邑庠生郑王尹五人的遂溪八景诗及邑庠生陈一言的《八景联咏》诗。遂溪八景中的“七星拱秀”“东海波恬”，亦入列雷阳八景。

八景诗均为同题而赋。第一景为“湖光镜月”，诗咏湖光岩。《康熙遂溪县志》中另有一组由不同人专写湖光岩的诗篇，足见湖光岩自古便是遂溪乃至整个雷州半岛最具影响力的景致。宋国用《湖光镜月》小序即云“县东南六十里，湖光岩前一邑胜境”。宋人李纲题三大字“湖光岩”，乃为湖光与湖水周围崖壁之结合，取湖光山色之意。乾隆元年遂溪知县邹双《湖光岩记》谓：“峭壁悬崖之下，停渊一泓，湾环约广百顷，天光潭影，上下相映。”① 据道光《遂溪县志》卷二《疆域志》载，“以水中皆黑沙石，至清无垢，没肩尚可数足指纹，故亦名净湖”。因湖光如镜，后又称“镜湖”。邑人陈其峨《湖光岩》诗即有“谁人凿破混沌初，剖向天南作镜湖”的句子。八景诗《湖光镜月》均取境于湖，邑明经王工《忆湖光岩》诗直书“湖光之水光如镜”，邹双《湖光岩》诗亦是同调之咏“湖光如镜野凫乡”，宋国用只称其为“纤埃不染的清湖”，似显平淡。

八景的第二景为“陆泉冰心”。陆泉，即陆公泉。宋国用诗小序曰：陆公

---

① 喻炳荣、朱德华修，蔡平点校：《遂溪县志》（清道光二十八年续修），北京：方志出版社，2017 年，第 363 页。

泉“在府城北二十里，宋太守陆瓒公泉”。嘉庆《雷州府志》卷十八《艺文》载雷琼道升湖南臬司程宪《陆公泉》诗，题下序曰：“陆公泉有亭，在郡北，离城十五里。明嘉靖时陆瓒知郡事，廉洁爱民，会覲行，士民攀辕，送之遮道，见斯泉涌出林间，味清而永，众以比公之德。亭久废，余过此犹深向往焉。俗传公疾时，百药不效，得斯泉，饮之辄愈，遂以名其亭。”[①] 该景只有一泉、一亭，且亭久废，实仅一泉而已，就自然景致而言，远不及他者。以其为遂溪八景之一，乃取嘉靖雷州知府陆瓒为政一方的清名与政绩，盖景以人名之例。

第三景为“百丈通津”。宋国用于题下序曰：“特侣塘有百丈桥，宋太守李仲光有记。”康熙《遂溪县志》卷二《桥渡》有“百丈桥”：“百丈桥，南一百八十里第三都特侣塘中。宋绍兴间，道人冯氏募缘，鸠工建立。寻废。绍兴二年，郡守俞冷、赵伯柽捐金命乡人陈师正重修。嘉定十六年，太守陈斌复命僧妙应募缘重修。李仲光记。正德丙子，郡守王秉良兴工重砌，叠石墩十五，通水道十四，梁以石板筑之，长阔如故。路南通郡城，北通本县。因其基长，故曰百丈。”[②] 此景仅为特侣塘上一桥，取其利民通行之意。历代毁坏重修，持之以恒心，因关民生，八景举之。

宋国用《七星拱秀》诗题下注曰：“即七星岭，宋苏东坡题其石。”康熙《遂溪县志》卷一《山川》：“三十五里曰七星岭，在迈龙村前。高五仞，周围十里，岭上又起小峰，拱列形如北斗，苏东坡题书其石，曰七星拱秀。”[③] 此当因名人留书而闻名。“鹿潴莲洲”，在东海岛上。“蓬莱花仙”，在县西南二百余里的涠洲岛上。“石门双峙”，在县东四十余里处。“东海波恬”，取海不扬波之意。

---

① 广东省地方史志办公室辑：《广东历代方志集成·雷州府部二》，广州：岭南美术出版社，2009年，第597页。

② 广东省地方史志办公室辑：《广东历代方志集成·雷州府部六》，广州：岭南美术出版社，2009年，第35页。

③ 广东省地方史志办公室辑：《广东历代方志集成·雷州府部六》，广州：岭南美术出版社，2009年，第18页。

明清《吴川县志》纂修概况及“道光本”吴川志之整理

董国华[①]

一、吴川建制沿革及明代《吴川县志》纂修概况

吴川，古名吴江，因地纳三川之水（鉴江、袂花江、梅江），故名。吴川地处三江汇合入海处，包含今湛江市坡头区、麻斜、特呈岛、南三岛、硇洲岛和调顺岛等地。吴川之地，唐虞时代属南交，禹贡属荆扬南裔，殷商、西周属南越，周末属百粤。秦征岭南，设桂林、象、南海三郡，吴川之地属象郡，秦末汉初属南越国。汉元鼎六年（公元前111），汉武帝平定南越国，置九郡，吴川之地属合浦郡高凉县；建安二十五年（220），立高兴郡，随属高兴郡；东汉时属交州。三国至南朝宋、齐时期，吴川之地属广州高凉郡高凉县。元嘉年间，宋置高凉郡平定县，为吴川前身。隋朝开皇九年（589）春，废平定县，改置吴川县，吴川之名始见于《隋书》。自此以降，史书中始有关于吴川县地理区域、建制沿革的零星记录。

唐武德五年（622），冯盎降唐，以其领地分设八州，吴川属八州之罗州招义郡。五代时，吴川属南汉罗州。宋开宝五年（972），废罗州，吴川改隶辩州。太平兴国五年（980），改辩州为化州，吴川隶化州。元仍旧制，属化州路。明洪武元年（1368），化州路改为化州府，吴川属之。洪武九年（1376），改属高州府。清沿明制，吴川仍属高州府。

吴川县之旧志，今见于文献载录者有七部，其中属明代者一部，属清代者六部。明本《吴川县志》乃明吴川县令周应鳌于万历庚子（明神宗万历二

① 作者简介：董国华，广东海洋大学文学与新闻传播学院讲师。

十八年，公元1600年）修成，今已散轶，仅留存二序一跋于清代诸本《吴川县志》中（周应鳌序、樊玉衡序与吴廷彦跋），三文均为万历庚子年所撰。道光本《吴川县志·周志原序》中，存留周序曰："电、茂、石、信各有志，而邑独无，间求之故府，佚久矣。于是不佞复志其榷……"① 可知周志实为《吴川县志》肇始之作。

关于周应鳌，《广东通志》中记载："知吴川县，有周应鳌，江西泰和人，进士，万历二十五年任。"② 周应鳌，字如春，别号章南，江西吉州泰和人，明万历丙戌年进士。初任丹阳知县，后升吏部稽勋司主事，明万历二十五年（1597）出宰吴川，察邑野，安社稷，访彦士，广泛接受邑民意见，以振兴吴川造福百姓为己任。据蔡平（2013）研究，其主要功绩有革弊政、兴教化、课农桑；启建双峰塔与江阳书院；启建与重修正疑书院及其他坊、亭、庙、桥等。③ 而主持纂修吴川县志，成为后代范本，亦是周应鳌的历史功绩。

周应鳌勤政爱民，功绩卓宏，德泽一方，故得列于《吴川县志·名宦》：

> 周应鳌，江西泰和人，万历丙戌进士。初任丹阳，调繁吴县，升吏部稽勋司主事论谪。万历二十五年补吴川，德器宏深，才识敏练。甫下车，即革弊政。建正疑书院，讲课文艺，建双峯塔于限门，收郡邑之水塔下。建江阳书院，置田租，资诸生膏火。复因旧址筑楼构亭，方欲启学宫县署为西向，以纳山水之秀。寻迁南京刑部主事，不果。邑人至今犹追思焉。

明本《吴川县志》已于雍正朝之前散轶。康熙八年本《吴川县志》序曰：

> 嗟乎吴川一志，虽肇自周侯，不几泯灭……（高州知府蒋应泰序）

---

① 本文所摘引县志原文（缩进二格以别），若无特殊注明，皆出自广东省地方史志办公室：《广东历代方志集成·高州府部十二·吴川县志》（道光影印本），广州：岭南美术出版社，2009年。下同，不赘。

② 见清郝玉麟纂修清雍正《广东通志·卷二十八·职官三·明·知州知县》第781页，广东省人民政府地方志办公室编，2007年11月影印。

③ 蔡平：《周应鳌为任吴川令时期的事功——以清代〈吴川县志〉为考察对象》，《湛江师院学报》2013年第5期，第189－173页。

雍正九年本《吴川县志》序曰：

> 吴之志，自明以前无征者，固可无论。相传昉于前令泰和周公章南，修之者阆中黄公碧生，然皆不可得而见。（吴川县令盛熙祚序）

今仅能从周序及其后诸本县志序跋所涉及之一二言中窥知其“始星野，终灾祥，凡十卷”。康熙《吴川县志》序曰：

> 志吴志者谁。庐陵周公应鳌也……凡吴之天经地纪，风俗山川，靡不周知，宜乎其考之详，而志之博已夫。（吴川县令黄若香序）

明本《吴川县志》于后代吴川县旧志之纂修实有开创之功，清代诸本《吴川县志》皆以此本为宗，无疑。

二、清代诸本《吴川县志》的纂修及绍承关系

清代所纂修的六部《吴川县志》，分别为康熙八年（1669）刻本《吴川县志》、康熙二十六年（1687）刻本、雍正九年（1731）刻本、乾隆五十五年（1790）刻本、道光二十五年（1825）刻本和光绪十四年（1897）刻本[①]，皆得传世。这六部县志流出同源，实承一脉。道光本序中已述明其承续：

> ……取其志乘而详阅之，始悉其创自前明泰和周君，至本朝康熙间阆中黄君重为修辑，自是洺州之李、嘉兴之盛、析津之沈数君子陆续纂修，至于今不废。（吴川县令李高魁序）

（一）康熙八年本

此本为黄若香修、吴士望纂。黄若香，号碧生，四川阆中人，康熙丁酉

① 为叙述之便，清代诸本《吴川县志》皆以帝号略称之，惟康熙本别之以年，分别称之为康熙八年本、康熙二十六年本、雍正本、乾隆本、道光本和光绪本。下同，不赘。

举人，康熙七年至十三年任吴川县令。其书始修于康熙戊申（1668）冬，“越春夏告竣”，即初成于康熙己酉（1669），形制上虽厘为四卷，但内容上仍依明本，分列十目：“天经、地纪、王制（卷之一），文教、官师、民事（卷之二），人物、武备（卷之三），艺文、杂志（卷之四）。”其书有三序三跋，以时间先后为序，其款识分别为：

> 序一、时康熙岁在己酉，仲夏上浣之吉，文林郎知吴川县事蜀阆黄若香碧生甫书于静山堂。
>
> 跋一、时康熙己酉仲夏之吉，邑举人吴士望拜手敬跋。
>
> 序二、时康熙八年己酉仲夏，中宪大夫知高州府事古燕蒋应泰撰。
>
> 跋二、时康熙癸丑春王正月，知吴州县事蜀阆黄若香书于静山堂。
>
> 序三、时康熙十二年，岁次癸丑仲春，知高州府事昆陵黄云史撰。
>
> 跋三、时康熙十八年，岁次己未三月，知吴川县事中都王如恒撰。

详考可知，康熙八年本实际上经历过两次修订。一次是黄若香于康熙十一年（1672）的增修重刻。另一次是县令王如恒在康熙十八年重刻。王跋曰：

> 若夫吴邑之志，创始则有庐陵周公，续编则有蜀阆中黄公。其书诠次有体，捃摭不遗细微，于事无挂漏，于词无浮夸，于义无偏驳，可谓备极三长，参酌允当，有裨治乱者也。然时日迁流，事有二公所不及见者，不能不俟之后人，以为续编，无少缓也……余之莅斯土者，盖两载于兹矣，于二公始有续编之责……

黄若香任吴川县令八年（1667—1674），两修邑志；王如恒在任三年（1677—1679），增修重刻。从中可见康熙朝对方志辑采工作的重视，黄云史序曰：

今上因辅臣请搜群籍，用昭一统，命各省郡县增修乘志采择令，犹惧前此之未尽周详不足以应也，重加校雠，略者补之，疑者阙之。嗟乎吴川一志，虽肇自周侯，不几泯灭，今博求闻见，广询都人，缘求鼎新，既昭文献于足征矣，而又自周侯以后，增缀其六七十年间事，岂易言哉。此令所以郑重而再三审易欤。

此本历经多次修订增补，既于体例继承明本优长，又于内容增补详赅，故成为后《吴川县志》之范本。

（二）康熙二十六年本

此本为李球随纂修。李球随，直隶广平府（今河北永年县）人，于康熙二十五年（1686）由难荫出任吴川县令，翌年即离任。因在任时短，此本纂修较之前本粗疏简略，书前也仅有李球随一序。其序中曰：

吴阳旧有志，弗传，传于前莅吴之泰和周侯。后六七十年，蜀阆黄君令兹土而重修之。是二公者，一以创始为功，一以增修为任，固彰彰哉。自今溯黄君所修目，尚未及黄与周相距年数之半，而其间时日递更，亦几二十载，讵无逸事。矧圣天子抚有万方，用昭一统，汇群志以备采择，而不可复为增缀耶。余奉命尹兹邦，览邑志，即以十九载之阙略为憾，作窃比黄君之想，而时以簿书未遑，付诸邑之贤绅士共成之。屈指计，客岁孟冬，迄今半载间，未敢云抚字心劳，而催科实拙，国赋攸关，焦思何限，未获片略，把笔手为编辑，不亦有愧黄君，即是用以为弁言。

据此序中所言，并详考编修者职名可知：

（1）吴川旧志，由周（应鳌）创始，为黄（若香）增修，已较为完备。周志与黄志相隔六七十年，距今不足二十载（1669—1687，凡 19 年。若以 1679 年王如恒刊刻计，仅相距 8 年）。

（2）因皇帝纂修《一统志》，诏令各州府郡县提供素材以备采择，故与前志虽间隔日短，仍奉命增缀（清代三次修《一统志》，都是由皇帝下诏通令各省，省再下檄各府、州、县修志①)。

(3) 此志始修于康熙二十五年孟冬，成于翌年初孟夏，成书仓促。纂校此本之邑贡生七人（林廼熠、林间挺、李孙虬、林震煜、梁挺秀、吴仲超、林震干）皆曾参与过康熙八年本的编纂工作。

另考，李志分卷与志目与黄志全同，详列如下：

卷之一：天经志·星野、气候；

地纪志·舆地、沿革、封域、形势、山川、物产、风俗；

王制志·建置、仓库、城池、都隅（附村落）、水利、坊表、桥梁、津渡、亭台（塔附）、铺舍、古迹（废址附）、恤政；

卷之二：文教志·学校、乡饮（附书院）、八景、社学、坛壝、庙祠（附复建庙祠）；

官师志·职官（合属附）、名宦；

民事志·版籍、户口、田赋、屯田、里甲、妇女、杂役、岁派杂赋、盐钞、岁办盐课；

卷之三：人物志·选举、乡举、征辟、岁贡、例贡、例官、封赠（附刊勑命）、吏员、武职、乡贤、贞节（附刻祭文）、寓贤（附孝子德行、附隐德乡宾）；

武备志·军政、营寨、墩台、废兴；

卷之四：艺文志·撰记、题咏；

杂　志·灾异。

由是可知，康熙朝两本《吴川县志》小异而大同，后者乃是在前者的基础上略加增补而作的。

（三）雍正本

此本为盛熙祚纂修。盛熙祚，浙江嘉兴人，贡生，荐举试用，雍正八年署任，翌年即授惠州府龙川县，在吴川县令任上仅一载。此本有盛熙祚雍正

① 马建和：《广东旧方志研究》，《中国地方志》2000 年第 2 期，第 60－72 页。

九年序，和章国录（章为江西瑞昌人，甲戌进士，雍正九年由广宁县调任吴川县，职官志有“居心仁爱，用法宽平”之评）雍正十年跋。盛熙序曰：

吴之志，自明以前无征者，固可无论。相传昉于前令泰和周公章南，修之者阆中黄公碧生，然皆不可得而见。犹幸序记缘起之文尚存，则今之传者洛州李君所纂辑者也，乃距今已四十余年，其简册之存者亦无几。石门吴君辅舟孝廉，试宰邑，慨然有志，修举废坠，爰属学博骆君、许君暨邑之名彦，依仿旧志所存，而差次损益之，汇萃搜讨，未克成书，会授乐昌去……

章国录跋曰：

迄今皇上御极之七年，石门吴君辅舟修举废坠，甫同邑彦搜讨，将次成编，未竟，厥绪会调，辄去。复得嘉兴盛君晴谷，以贤良继膺特简，兼擅雅才，实踵其事，遂复毅然取吴君之草创而厘订之。退食之余，一手裁定于其旧本之残讹芜杂而觉有未安者，更极苔碑蠹简之旁搜加，折衷于省郡通志之凿据，而悉为之补其残、辨其讹，并芟其芜杂，讨论修饰之功为已勤也，而润色又无遗力焉。……因即嘱予序其端，且曰此稿仍携赴会城，将付剞劂氏矣。

由序、跋中所述可知，雍正本纂修时，不仅明本《吴川县志》已散轶，康熙八年本县志亦不得见，而且康熙二十六年本业已残存无几。复详考之编校者职名可知，雍正本的纂修与三位吴川县令有关：先是雍正七年（1729）署理吴川县的浙江石门人吴用楫，带领儒学教谕骆兆龙、训导许绍中及邑诸生进行初步的编修工作。但时方一载，书未竟编，吴即调至乐昌县，于县志实有草创之功。次为盛熙祚接手编修工作，“实踵其事”。书甫成未刊刻，盛因政绩卓著，翌年调任龙川县，并嘱继任之吴川县令章国录作序。而后章不负所托，终将此本县志付梓。

盛熙祚删裁“残讹芜杂”，搜寻“苔碑蠹简”，更核校于省郡通志，去伪存真，修饰润色，倾注了大量心血，得以将湮没失传的吴川旧志重具规模，再为后范。雍正本一改前志四卷之体制，分为十卷：

卷之一·舆图、建置沿革、疆域、星野、气候；

卷之二·山川、城池、坊都（附墟市）、里甲、户口、赋役、屯田（附外额）、盐课、津梁、水利、邮传、恤政；

卷之三·学校、祀典、官署；

卷之四·坛庙、坊堤、古迹、茔墓、风俗、土产；

卷之五·职官、名宦；

卷之六·武备、武职；

卷之七·选举、貤封、流寓；

卷之八·人物、节妇；

卷之九·事迹纪年；

卷之十·艺文。

之后的乾隆本与道光本分卷志目皆仿此。

（四）乾隆本

此本为沈峻纂修。沈峻，直隶天津人，甲午副榜教习，乾隆五十二年至五十五年（1787—1790）任吴川县令。此本有沈峻序一，延续了盛志的体制，仍为十卷，卷目雷同，不一一赘述。

（五）道光本

此本为李高魁、叶载文修，林泰雯纂。李高魁，举人，云南嵩明州（今云南嵩明县）人，道光三年任。此本前有一序一跋，序为李高魁道光五年（1825）撰，述及历代县志延承概况，强调了自乾隆本纂修至今又已三十余年，“赋役、学校、职官、选举、人物、节孝、灾祥等类皆时有增损，日有变更”，故重加纂修，“以备采辑”。序文中还强调了邑前教谕林泰雯率领“郡中群彦”主持纂修工作的功劳。此本“一切义例，悉从旧本”，具体情况见下文整理情况报告，故此处不赘述。道光本之跋文，为吴川岁贡生林式中所撰。林跋曰：

考吴邑自明以前虽有志而弗传，传之自万历庐陵周侯始。越六十余年，修之者则国朝蜀阆黄侯。又越六十余年，洺州李侯、嘉兴盛侯相继纂辑。是二志者，承周黄之旧，诠次有体，掇拾无遗，义极详明，词归简要，诚足为一邑之龟鉴，大有裨于政教者也。乃距今又六十余年矣……幸际吾侯莅任兹土，才高学足，识见超群，于公余而览邑志，每以六十年之缺略为憾，爰属合邑绅士诸生，命中以续志之。

从跋中“六十余年”的时间间隔可知，林式中所谓“吾侯”即指县令沈峻。林式中参与乾隆本辑录，其跋虽列于此本，但其款识为“乾隆五十五年岁在庚戌季冬之吉”，故此跋应为乾隆本之跋，疑其何不存于乾隆本，而见录于道光本。

（六）光绪本

此本为毛昌善修、陈兰彬[①]纂。毛昌善，甘泉（今延安市甘泉县）人，光绪十二年（1886）出任吴川县令。此本有二序一跋，作者分别为三位吴川县令：毛昌善、启寿和贾培业。从三人序跋中可知，此本为陈兰彬主持，孝廉李小岩与明经吴存甫辅佐纂辑，书稿纂成于光绪十四年（1888）。由于陈兰彬曾纂修府志，故此本体制仿照阮元《广东通志》体例[②]而“略变通之”，分为六门（地舆、建置、经政、职官、人物、纪述），下辖子目三十八。六门中地舆、纪述分上下卷，人物分为上中下卷，故共十卷。具体卷目见下：

卷首：序、职名、图。

卷一地舆上：沿革、疆域、星野、山川、堤防、津梁、墟市、坊都。

① 陈兰彬（1816—1895），字荔秋，一字丽秋，吴川黄坡镇黄坡村人，晚清时期大臣、学者，首任中国驻美公使。咸丰三年（1853）进士，同治十一年（1872）以留学监督身份率领留学生赴美。光绪四年（1878）以太常寺卿身份出使美国、西班牙和秘鲁，后奉调回国，历任兵部、礼部侍郎等职。晚年归里，先后主编《高州府志》《吴川县志》《石城县志》，著有《使美纪略》《毛诗札记》《治河刍言》等书。

② 阮元主持的是《广东通志》的第六次纂修，始于嘉庆二十三年（1818），讫于道光二年（1822），凡三百三十四卷，分十九门六十八目。

卷二地舆下：气候、风俗、方名、物产。

卷三建置：城池、公署、坛庙、坊表、古迹、祠堂、茔墓。

卷四经政：学校、礼乐、贡赋、盐法、兵防。

卷五职官：表、传。

卷六人物上：选举、仕宦、封赠。

卷七人物中：列传。

卷八人物下：列女、耆寿、方技、流寓。

卷九纪述上：艺文、金石。

卷十纪述下：事略、杂录。

书成后，初由双江书院刊刻，后“徒以费绌未就刻”，而毛昌善“贫悴困郁以殁”，刊刻之事遂搁置数年，至县令启寿受陈兰彬之托，慷慨捐俸付梓，于光绪十八年刻成。后四年，孝廉李小岩因此本“参校乏人，不少鲁鱼亥豕，将疑以传疑，舛午尤甚”，“未经删定，遽付梓人，疵谬叠见”，故呈请县令贾培业“详加更正，以期尽善焉”。贾培业忙于平粜赈灾、补匪弭盗，无暇顾及文事，数月之后，方举邑绅名儒郑雪臣、吴吉五前往书局校订，终于光绪壬辰（1892）得以刊刻。

综上所述，清代六部《吴川县志》绍承关系十分明晰。其中康熙朝两部形制与明本相类；乾隆、道光二本又以雍正本为范本，形制类似，一脉相承；光绪本则效仿《通志》，形制大变，门类条目详赅。

三、道光《吴川县志》纂修概况及整理校录

道光《吴川县志》整理所据，系《广东历代方志集成·高州府部第十二》①，清道光五年（1825）刻本，道光本乃据上海图书馆藏本影印，题签“甲申年重修吴川县志，板藏吴川县署内”之字样。原书为蝴蝶装，版框高141毫米，宽109毫米，版心左右各九列，每列可排二十字。每页版心之鱼尾上方署有“吴川县志”四字，而卷次、目录与页码自上而下依次书于版心之象鼻处。

① 《广东历代方志集成》丛书由广东省地方史志办公室辑，岭南美术出版社出版。《高州府部》第十二册收有道光五年刻本和光绪十四年刻本两部吴川县志。

此本书前先有序、跋各一，其序为主持编修此书之吴川县知县李高魁所撰，其跋实为参编乾隆本吴川县志之岁贡生林式中所撰，可知道光本有序无跋，编修者将乾隆本跋置前为用。

次为编修者之职名。道光本由吴川县知县李高魁、儒学教谕欧阳礼与儒学训导叶载文总理，庚寅辛卯副榜东安学教谕林泰雯主笔，举人吴河光、李玉茗、吴家骏、吴懋基，贡生林德夫、陈国光、吴士奇纂修，廪生郑宇荣、莫比道、黄元律、吴挥猷、李昌泗、陈秉文、林昌裘，生员黄伟光、黄峙、易河成、李伟光分辑，增生林居有督修，廪生黄华与生员林蔚林校阅。其中道光本主笔林泰雯曾参与纂修乾隆本。

次为辑录历代县志之序跋，凡十三篇。明代已轶本有明吴川知县周应鳌序一、前监察御史编管雷阳樊玉衡序一与邑举人吴廷彦跋一。康熙八年本三序三跋，其中知县黄若香序跋各一、高州知府蒋应泰序一、高州知府事黄云史序一、邑举人吴士望跋一与知县王如恒跋一。康熙二十六年本仅知县李球随序一。雍正本有知县盛熙祚序一与知县章国录跋一。乾隆本有知县沈峻序一与贡生林式中跋一。

次为此本之凡例：

志之为书，不越山川人物，制度文为。然其间撰述体裁，不无先后分合之异。旧志以天经地志王制，迄于杂志，区为十卷，各以类从，未免繁简悬殊，今依盛志，仍旧志条目，而差次其先后，庶卷秩停匀，便于观览。

作志通弊，每存自多之见，必欲窜易前人之旧，以示更新。每一纂辑，渐亡其故，数易之后，新者日增，故者日削，遂至湮没不传，偶有所见，尝为扼腕，今于旧志所载，即有可疑，而考通志郡志相符，悉皆存而不论。

古今作志者，例于条目之下，缀以小引，其初非不综核典要，铿锵可诵，沿习既久，不啻陈言相袭于于千手雷同，今概从李盛二志，类多直纪巅末，即间有加引者，亦不敢接摭拾浮词，致乖史体。

志一邑之事，似乎无取博征，然而上下数千百载，亦有资于考据。海滨僻陋，苦于无书可检，或遇一事抵牾，往往引端而不能竟其绪，每为怏然，学殖荒落，深用自愧，惟博雅君子谅之。

志载人物节妇，以表德行、彰名教，考自宋以迄雍正间，数百年来前志所采录者，每项不过数十人。近今数十年间，德教益以昌明，风俗更加淳美。虽海隅士女，咸知重德行、崇名教，不妨广为搜采。占小善者，悉以录，乃君子善善从长之意，非为滥也。

志载古今艺文，以表风尚、存文献，亦君子善善从长之义。然必有关于一邑之典故者，则收之，惟恐不备。若夫题咏序记，越在他境，铭志诔词，载之家集，非一国之书，即其文可传正，恐不胜纪载故，从其略云。

仕宦诰敕类，不载于志乘，盖恩荣褒美，用光存殁，固朝廷之极典，子孙所当保守。前志止录有明萧、林、吴三公诰敕，不敢删却，今后则止录其姓名，诰章一概不录矣。

旧志志祥异，一则例用编年，而附以兴废之故，意诚善也，然取舍详略犹有未备，因其所纪少为增辑，更之曰事迹纪年。

由凡例中所述，并览前代各本可考知：

其一，旧志分十卷，依次为天经、地纪、王制、文教、官师、民事、人物、武备、艺文与杂志，各卷规模不一，繁简悬殊。道光本为求各卷停匀，便于观览，调整了旧志卷目次序，详见下文，于此不赘。

其二，不以己见窜易前人，对于旧志所载，即便有疑，若其与通志郡志所纪相符，悉不与更易，亦不滥加注，悉为保存旧志原貌。

其三，为表德行、彰名教，广为搜采近今数十年间吴川之人物、节妇，即便其善行微小，悉以收录，故此卷较之旧志颇有增扩。

其四，有关于吴川一邑典故之诗文，皆录入艺文志。而邑人关于他邑之题咏序记，以及载入家集之铭志诔词，则从略不收。

其五，本朝仕宦诰敕止录其姓名，诰章一概不录，仅存留明代萧、林、吴三公诰敕未删却。

其六，旧志中以编年体例将“灾异”收于“杂志卷”，道光本对其进行了增补，并更名为事迹纪年。

次为目录，可知道光本凡十卷。卷一为舆图、建制沿革、疆域、星野、气候，卷二为山川、城池、坊都附墟市、里甲、户口、赋役、屯田附外额、盐课、津梁、水利、邮传、恤政，卷三为学校、祀典、官署，卷四为坛庙、坊表、古迹、茔墓、风俗、土产，卷五为职官、名宦，卷六为武备、武职，卷七为选举、貤封、流寓，卷八为人物、节妇，卷九为事迹纪年，卷十为艺文。

乱之：道光本吴川志十卷，凡十四万九千一百八十一字，另有插图十一页。整理所据岭南美术出版社影印本脱漏凡十五页，其中卷一舆图缺第十一、十二两页。卷四茔墓缺第二十四至二十六页，土产缺第三十四、三十五两页。卷七选举缺第十一下、二十五上、二十六上三页，貤封缺第十一、十二两页，流寓缺第一、二两页。卷八人物缺第三十二页。卷九事迹纪年缺第二页。以上所缺之页，均已据哈佛燕京图书馆藏影印本补。岭南美术出版社影印本之卷四土产与卷七选举、貤封之章多有漫漶难辨，而哈佛燕京图书馆藏本则于版心处多有脱印，以致整列缺漏。两本参校补正，补苴罅漏，仍余八十字未能辨识者，皆暂以“口”志之，以存其原貌。

古代《化州志》的纂修

彭洁莹[①]

一、化州之沿革

秦始皇三十三年（公元前214）平定南越，置桂林、南海、象三郡，化州与茂名、吴川、石城同属象郡。汉武帝元鼎六年（公元前111），置南康、苍梧、郁林、合浦、交趾、九真、日南七郡，化州属合浦郡，而合浦郡又开徐闻、高凉、合浦、临允、朱庐五县，化州属高凉县。汉建安二十五年（220），吴分汉高凉县，立高凉郡、又立高兴郡，俱属广州，化州属高兴郡。晋太康元年（280），设高凉、高兴郡，仍吴制，属广州。晋太康中，撤高兴郡并入高凉郡，化州属高凉郡高凉县。南朝宋元嘉九年（432），在高兴郡旧地立宋康郡，又筑石城于陵罗江口，名罗州县，置县令，属高凉郡，化州属广州高凉郡罗州县，此为化州建县之始。齐于宋康郡之西置高兴郡，治宋和县，属越州，宋和故县在化州境内。但齐之高兴郡已非复晋之高兴郡。化州历梁、陈至隋，为石龙县。梁大通二年（528），置石龙郡、石龙县，又升罗州县为罗州，州、郡治所均在今化州城东北旧城岭，置刺史，领石龙、高兴二郡。隋开皇十年（590），隋灭陈，废高兴、石龙二郡，以州统县。罗州领石龙、吴川、茂名三县。隋大业二年（606），废高州、罗州，立高凉郡，石龙县属高凉郡。唐武德四年（621），废高凉郡。武德五年（622），复置罗州，领石龙、吴川、陵罗、龙化、罗辩、南河、石城、招义、零绿、慈廉、罗肥十一县，治所石龙县，今化州城。武德六年（623），罗州徙治所石城，另置南石州，领石龙、陵罗、龙化、罗辩、慈廉、罗肥六县，治所石龙县，

---

① 作者简介：彭洁莹，广东海洋大学文学与新闻传播学院副教授。

今化州城。贞观元年（631），省慈廉、罗肥入石龙县。贞观九年（635），南石州更名辩州，领石龙、陵罗、罗辩、龙化四县。乾封二年（667），罗辩县属禺州。天宝元年（742），辩州更名陵水郡。乾元元年（758），复称辩州。大历八年（773），龙化县属顺州，辩州只领石龙、陵罗二县，属岭南道。天佑元年（904），朱全忠以“辩”“汴”声近，表更名勋州，后复名辩州。五代，后汉沿唐制，辩州领石龙、陵罗二县。宋开宝五年（972），废罗州入辩州，以吴川来属，省陵罗入石龙，辩州领石龙、吴川两县。宋太平兴国五年（980），辩州改称化州，此乃化州命名之始，领石龙、吴川二县。南宋乾道三年（1167），析吴川西乡为石城县，化州领石龙、吴川、石城三县，属广南西路。元至元十五年（1278），置化州路安抚司，至元十七年（1427）改化州路总管府，领石龙、吴川、石城三县，隶广西。明洪武元年（1421），改化州路为化州府，属广东。洪武七年（1427），降化州府为州，并附郭县石龙入化州，石龙县从此撤销。化州领吴川、石城二县。洪武九年（1429），化州降为县，属高州府。洪武十四年（1434），县复改为州，化州仍领吴川、石城二县，仍属高州府。清沿明制，化州领吴川、石城二县，属高州府。

二、历代《化州志》之纂修

明以前的《化州志》无存。与化州相关的著述，唐以前未有专书，南宋王象之的《舆地纪胜》载有唐刘奕序《陵水志》，宋人著有《化州图经》，未详姓氏，零散篇章见于北宋乐史的《太平寰宇记》，元之纪述无闻。明陈鉴辑有《州志拾遗》，散佚。明万历二十七年（1599），知州沈水曾修州志，即万历己亥《化州志》，惜已失传。

清代统治者对地方志的纂修非常重视，认为各省、府、州、县志的记载，合一方之风土人物，罗括靡遗，可以备《一统志》之采择，于国史之修纂大有裨益。因此，《化州志》的纂修在清代相对完备，共修纂了五部。

康熙时期一共纂修了两部。一部是康熙九年（1670）吕兆璜、朱廷植、陈济、赵丁、黄铨等修的康熙庚戌《化州志》。吕兆璜在自序中感叹，国史之修，有专职之史臣，因此，“簪笔而备掌故者，代不乏人，举而修之甚易”，而方志之修，“遐荒僻壤，文献无征，或缺焉而弗传，或传之而非”，沿袭多讹，即便裒成一书，而欲“取信当世，不亦难哉”！然而州志废而弗传，“是亦守土者之责”，故“承乏是邦”后，与诸公搜罗轶事，编修成《化州志》，除可以于国史之补外，“尤冀后之居是位者，审土俗之从违，考古今之兴革。师其所以得，监其所以失”，以利于化州之治理。另一部是康熙二十五年（1686）化州知州杨于宸与州举人李履祥、贡生黄铨、陈思概等进行修订的康熙丙寅《化州志》。杨于宸于自序中认为，化州虽偏居荒壤，然“于中州礼义之俗，庶几近之”，故“予之董是役也，上稽天文，下察地理，中参人事，不敢杂以臆见”，务求简约明备。《州志》之修订，“固一时之一邑乘，实万世之信史”，日后化州得以土俗舆情入贡，有一二轶事可传可闻，“以昭大一统之鸿规”，实在是纂辑者之成劳。康熙庚戌《化州志》、康熙丙寅《化州志》两序载于光绪《化州志卷十一·艺文志》。

《化州志》在清代的第三次修订是乾隆十三年（1748），化州牧杨芬等重订，是为乾隆戊辰《化州志》。杨芬与学正林玉叶有序，均载于光绪《化州志卷十一·艺文志》。杨芬于自序中认为，《州志》自前州牧杨于宸于康熙丙寅重订后，至今已六十年，旧《志》已虫蚀页脱，模糊莫辨，而六十年间事亦沦落无传，“设一旦有轩輶之采，不且重守土者之咎欤”！于是积数月经营，才与州人士执笔从事，“阅八月告成”。对于是志，杨芬格外谨慎：“参之旧《志》，以为之本；考之《府省志》，以为之证；征之茂、电、信、吴、石诸邻之书，以为之辅；酌之世族谱牒、故家藏书、鸿儒宝秘，以为之订讹补遗。”即便如此，“敢自谓为信史乎”！学正林玉叶则认为该《志》“简而该，典而则，复肆而多风，灿然大雅之林”，“能使天人、上下、古今、是非、得失，一展卷而不啻燎若观火”，具有龙门扶风之遗。乾隆戊辰《化州志》共十卷，分别是：地舆、建置、官师、赋役、秩礼、戒备、选举、人物、纪事、艺文，其详尽目录，载于光绪《化州志卷十一·艺文志》。2001年，海南出版社出版《故宫珍本丛刊》，其中有乾隆戊辰《化州志》。值得一提的是主持修订的杨芬，广西临桂人，举人，乾隆十一年（1747）任化州知州，主政期间，助弱锄强，事无不断，所在皆有声：修建亲民堂、苏泽堂，捐建谯楼、志远楼，迁建文庙、四贤祠，乾隆十二年丁卯九月化州城南街失火，杨芬又捐银谷以赈之。杨芬博学洽闻，除纂修《州志》，光绪《化州志卷十一·艺文志》录有其文《李氏庭示要言序》，诗歌《来安山》，光绪《化州志卷三·建置志》载其《迁建学宫记》，修建四贤祠及亲民堂，杨芬都有《记》。

道光七年（1827），化州牧黄锡宝认为杨芬修订的州志，虽板片犹存，却又霉烂漫漶，又恐乾隆十三年之后的事渐即遗忘，“兼恐上自汉晋，下迄元明，所仅存什一于百者，亦将模糊”，则修订州志，守土者别无旁贷，故道光丁亥《化州志》成。该《志》由黄锡宝辑录，参与纂修的，有李世升、程臻，协修者萧常青、汪锡麟、叚成玉，分纂黄均辕、李曾裕、李日昌、李乘云、陈侣璇、袁象璋、李步鳌、罗国伦，由林中麟绘图。黄锡宝于书中自序云：“虽不自信其详且覆，而八十年来文献，亦庶几可考见矣。”道光丁亥《化州志》十一卷，分别是舆地、建置、田赋、学校、秩官、典礼、兵防、选举、人物、艺文、杂志，其详尽目录及黄锡宝之序，载于光绪《化州志卷十一·艺文志》。黄锡宝，江苏太仓州镇洋人，戊辰联捷进士，道光四年（1824）任化州知州，道光八年卸任，复回任。黄锡宝主政化州期间，敬修万寿宫、捐修化州城东南两门、川堂一座三间，卷蓬一间，重建玉光亭，重修养济院、骊珠台，迁建范祖禹墓，“凡祠宇之在祀典者，饬新之，院舍之，资乐育者振兴之”，化州“熙熙然有岁丰民和气象”。黄锡宝除纂修《化州志》外，尚作有《重修范公墓碑记》，为《叚烈妇郑孺人墓铭》作序，两文载于光绪《化州志卷十二·杂志》。建化州试院及临江阁，州牧黄锡宝均作《记》。道光五年，林鸿猷捐文武新进凑用田租二百五十二石以作新生田产，黄锡宝亦为之作《记》。三《记》均载于光绪《化州志卷四·建置志》。

三、光绪《化州志》之纂修及特点

清代修订的第五部亦是最后一部《化州志》，即光绪《化州志》，光绪十四年（1888）彭贻荪、章毓桂、彭步瀛等纂修。

光绪《化州志》的刊刻，开始于光绪丁亥孟春，即光绪十三年（1887），于次年即光绪己丑年竣工。1974 年，台湾成文出版社有限公司出版《中国方志丛书》，其中《化州志》即据清光绪十四年重修刻本影印①。2003 年，上海书店出版社出版《中国地方志集成》，光绪《化州志》在其中的第 38 册，则

① 1974 年（台湾）成文出版社有限公司出版《中国方志丛书·广东省化州志》，上面所书“据清彭贻荪、彭步瀛纂，清道光十四年修影印”，考光绪《化州志·艺文志》，《化州志》在道光年间的修订只有黄锡宝于道光七年修订的《化州道光丁亥志》，道光十四年并无《化州志》修订。另据彭贻荪等人为光绪《化州志》所作之序言，可知该书刻于光绪十四年。故成文出版社的“道光十四年”应为“光绪十四年”之误。

是据清光绪十六年（1890）刻本影印，该版本仅就光绪十四年（1888）刻本模糊漫漶的地方加以查漏补遗，故文字更清晰。光绪《化州志》的总纂官为彭贻荪、章毓桂，总纂订官魏邦翰、杜绍唐，协纂官卢彤光、李夑、谢撷芳，监刊戴华珪，纂修彭步瀛、李士周、陈家庆、李凤文，协纂陈寿庚、马龙图、陈畴，分纂黄鹤仪、温春黼、叶方生、李士林、杨智锡、彭兆鲲，另有李玉龙等三人校理，黄国英等二十三人负责采访，由林景熙誊录。作为清代亦是中国古代封建社会最后一部《化州志》，光绪《化州志》的特点主要体现在以下几个方面：

（一）纂修者思想正统，认识一致

光绪《化州志》完成之后，化州前后几任知州彭贻荪、章毓桂、魏邦翰、杜绍唐均为该志作序。根据这些序，可知众人对光绪《化州志》修订的认识是一致的：首先，修志，固守土者之责，可以为国史取材，具“经世致用”功能。杜绍唐认为“予忝授斯土，而不为之补偏救弊，端士习，厚民风，将来輶轩所采，其何以信今而传后”，彭贻荪则相信“洵足信今而传后，即以备统志之采择，为国史之要删”。其次，《化州志》自道光丁亥重修之后，距今已六十二年，“微特旧帙不完，而阅时久远，世故日新，欲就数十年中征文考献，其何道之，从居无何”（彭贻荪《重修〈州志〉序》），“其间节义、科第诸人振兴不少，学校、积储诸建置尤多”，“经诸君子博访周咨，详加考核，一一而载诸简编，俾后之览者，了如指掌”（章毓桂《拟重修〈化州志〉序》）。其三，志者，记事之书，实资治之书也，于治术大有裨益。“治天下者以史为鉴，治郡国者以志为鉴。”彭贻荪认为作为一方州牧，“必洞悉一方之疆域、风俗、人事、土宜，顺机利导，始克昭德，塞违风，流令行，否则无所考镜”。章毓桂认为“志也者，合一方之风土人物，而罗括靡遗者也。官斯土者，必熟察乎此，顺其机以利导之，斯措置裕如，政可不劳而理。倘非斟今酌古，因地制宜，虽汲汲于求治，而治不可得”，“建置、经政、人物、艺文、杂志，足以佐政治而备采择”（魏邦翰）。因此，彭贻荪希望《州志》修成之后，“后之膺斯土者”，“观《舆地》诸编，山川愈思奠定；观《经政》诸编，政教愈思修明；观《选举》《人物》诸编，风俗愈思茂美，人材愈思奋兴”，那么“释抚百里之地，举而措之，裕如也”。而继任者杜绍唐则表示

“因是以变其俗，因是以修其政，更因是以课士训农为己任”。因此，《州志》之修，对州牧熟悉并治理本州、改善风俗教化有莫大帮助。

（二）内容丰富翔实，信而有征，具存史价值

光绪《化州志》全书共十二卷，分别是舆地志卷一、卷二，建置志卷三、卷四，经政志卷五、卷六，职官志卷七，选举志卷八，人物志卷九、卷十，艺文志卷十一，杂志卷十二。全书三十五万多字，一百多幅图画，作为清代亦是中国古代封建社会最后一部《化州志》，是研究古代、近代化州历史和文化最详备的文献资料。一卷在手，可尽览化州由古至清光绪年间的历史风貌，包括自唐虞以来化州的历史沿革，化州的形势山川、疆域的变化，历代的职官设置、选举仕宦、礼乐兵防、户口田赋、学校学田、著述艺文、古迹金石。举凡化州的乡都市集、气候风物、方言风俗、陂塘物产、城池廨署、坛庙书院、宗祠坊巷、义渡桥梁、寺观台榭、宦迹流寓，甚至仙释冢墓，林林总总，详细备至，信而有征，实彭贻荪所言“举有州以来数千年间，其疆域、风俗、人事、土宜，皆历历可考”（《重修〈州志〉序》），为今人研究化州提供了丰富而翔实的史料。

如《化州舆地志》记载化州方言，有白话、哎话两种。化州地处岭南，百越之地，唐宋以前，獞猺杂处，语多难辨。“州人多宋南渡后自中州来者，语音明白易晓，故名‘白话’”，而谓“我”曰“哎”，故名曰哎话。“说白话者十之六，居东南北三方，居西南有语音类东莞者，与白话微异。说哎话者十之三，居西、北两方，语音类嘉应州。”化州方言中保留了很多中州古音。比如：“童子戏物曰‘戏挼’，东坡诗云：‘戏挼乱掷输儿女。’成人游玩曰‘荡’，《陈风》云：‘子之荡兮。’子之少者曰‘侬’，最小者曰‘细侬’，语本乐府《懊侬歌》，韩昌黎诗：‘鳄鱼大于船，牙眼布杀侬。’”又如谓平人之妻曰“夫娘”，谓媳妇曰“心抱”等。彭贻荪记载的这些土俗俚语，既可了解化州方音基本特征，又为研究岭南方言的种类、来源、词语释义、地理分布及其历史演变提供参考材料。

岭南自唐宋以来，就成为中原朝廷“死囚流放之地”，光绪《化州志》佐证：化州“唐宋以还，虽置专官，又仅为贬谪之所”（《化州舆地志》），仅宋代被贬到化州的名臣就有洪湛、苏辙、范祖禹、梁焘、刘安世、龚夬、莫

伋、邵大受、陈君瑞等。由于化州“炎气所蒸，易成瘴疠”“山岚蒸湿，恒易成疾”，洪湛、梁焘、范祖禹最终病卒于化州。

光绪《化州志》虽为地方志书，但彭贻荪等编者治学严谨，博考群书，援引典籍，既使方志材料丰富充实，信而有征，又保存了大量文献资料。狼猺兵，极富岭南区域特色的兵种，在明清及近代战争史上都产生过重要影响。《化州志》之《兵防》，详尽记载狼猺兵的演变及在化州的分布情况，其中就援引了顾炎武《天下郡国利病书》、顾祖禹《方舆纪要》的相关材料，可信度高。又如《物产》，引用的典籍则有《岭表录异》《广雅》《橘谱》《南方草木状》《太平御览》《广东通志》等，譬如“番薯”条后注释“《广雅》所谓甘薯，剥去皮，肉肥白，南方以当米谷宾客，亦设之出交趾是也”。如《化州舆地志》卷一援引的典籍，除了《汉书》《宋史》等正史外，还有《春秋伪书》《文献通考》《舆地纪胜》《太平寰宇记》《采访册》《北流志》等，如“畲禾岭，在州西北一百五十里，猺人耕种其上。《方舆纪要》云：成化二年，贼梁定屯此，寻降”。化州偏居一隅，图书资料十分有限，但光绪《化州志》尽量做到博集群书，征引相关文献集而成章，对文献典籍的保存具有积极意义。

彭贻荪，江西庐陵人，优廪生，光绪十一年（1885）同知衔署理化州知州。据彭步瀛《阖州公祝彭子谷州牧寿序》，彭贻荪“历任新兴、龙川、惠来、番禺、博罗等县，罔不循声懋著，廉问优长”，颇得民心。知化州期间，除主持纂修光绪《化州志》外，组织乡绅修缮龙王庙，筹建印金公产，以建祠及现科代新进生送贽见印金及开局解运、助乡会试等一切费用，深获民意。在彭步瀛笔下，彭贻荪重学：“复振兴学校，慎选经师，厘定章程，用神鼓舞，簿书劳毕，时诣学宫，呵殿声希。”彭贻荪悯恤民生之艰：“今春谷价踊滕，方忧艰食；入夏雨旸愆候，又恐歉收”而“饥溺由己，休戚同民”，彭贻荪为官清廉：“赢粮述职，酌水励清。”总而言之，彭贻荪在化州知州任内，为造福一方是尽心尽力的。

章毓桂，浙江会稽人，监生，光绪十三年任补用直隶州署理化州知州，其事迹不详。

彭步瀛，广东化州人，咸丰辛酉科拔贡，以军功保举知县加同知，衔赏戴花翎。化州人彭步瀛，是纂修《州志》的三人中资料稍详者：求学期间，就得道光甲辰举人、咸丰元年任化州学训导南海人谭莹的赞语：“余门下无多士，惟番禺高学瀛、化州彭步瀛耳。”谭莹以“髦而好学，澹于荣利”、对学生要求严厉著称。咸丰间，西匪谢三大、朱十四、王十一等，迭次扰害地方；同治初，陈金釭陷信宜，窜踞州境，剽掠焚杀，化州城亦岌岌不可终日，拔贡彭步瀛唯与岁贡陈撍凤、州人黄位中等艰难共济，顽强抵抗，转危为安。彭步瀛终以军功保举知县加同知，衔赏戴花翎。光绪六年（1880），彭步瀛与举人李鸿文、廪生陈畴、增生李士林等尽力协助州守彭贻荪促成有益众贫士的印金公产，自兵燹后十余年负债累累的化州宾兴，得以重新润滋众士子。其文章，光绪《化州志·艺文志》有载《阖州公饯叶准平州侯序》《阖州公祝彭子谷州牧寿序》。

嘉庆《海康县志》修纂综述

钟嘉芳①

一

嘉庆《海康县志》由清嘉庆海康知县刘邦柄主修，知名文士陈昌齐总纂，多位府县诸生共同参与并完成县志的资料搜集和编纂工作。

刘邦柄的生平行迹，道光《广东通志》卷五十四《职官表》、同治九年《重修涪州志》卷七《选举志》、嘉庆《海康县志》卷三《职官志》等文献略有记载。刘邦柄，字寅谷，四川涪州（今重庆市涪陵）人，嘉庆戊辰十三年（1808）吴信中榜进士，著有《海上吟》一卷，卒葬白里尖子山。其官任海康知县的时间，据道光《广东通志》和嘉庆《海康县志》记录为嘉庆十六年（1811）四月，“刘邦柄，四川涪州人，进士。十六年四月任”②。

县志总纂者陈昌齐，字宾臣，号观楼，又署“瞰荔居士”，雷州海康县人（今湛江市雷州市调风镇南田村）。其传见于《清史稿·循吏传》《国朝耆献类征》等。私人著述也有录其事迹，吴应逵《雁山文集》、曾钊《面城楼文存》均有传记。陈在谦《岭南文钞》有小传，张维屏《登云山房文稿》亦录事实数则。其中，以民国《海康县志》卷二十《人物志·陈昌齐传》的记述尤为详细。他自小天资聪颖，被乡人誉为“神童”，于乾隆辛卯三十六年（1770）考中进士，先后任翰林院编修、湖北主考。乾隆年间，掌河南道监察御史。嘉庆初年，依次任兵科、刑科给事中，尔后调任浙江温处兵备道。嘉庆十五年（1810），陈昌齐从浙江辞官返雷，告老还乡。

---

① 作者简介：钟嘉芳，广东海洋大学文学与新闻传播学院讲师。

② 陈昌齐纂：《海康县志卷三·职官志》（嘉庆），载《中国地方志集成·广东府县志辑（44）》，上海：上海书店出版社，2003 年，第 79 页。

嘉庆十六年暮秋，县里的乡绅拟重修县志，遂向知县请示。刘邦柄也是同年夏天走马上任的海康知县，莅任方刚，欲在地方上有所作为。修志乃为考核地方官员政绩的一项重要指标，是流芳百世、彪炳千古之事，他欣然同意，并积极地推进此项工作。他盛情聘请了修史经验丰富的专家陈昌齐担任总编辑。陈昌齐是乾隆、嘉庆时期著名的历史学家和朴学大师。他学富五车，著述丰硕，精于修志。陈昌齐是海康人，对修撰海康县志颇有热情。嘉庆十五年八月，陈昌齐在雷州知府雷学海的延请下主持续修了《雷州府志》，“嘉庆岁在庚午秋八月，郡伯以续修府志见属，不敢以不敏辞也”①。次年十二月，府志的编纂大功告成，“庚午孟秋，郡人以旧编残缺，议请重修……激三县咨庶司采碑碣，收图籍，于次年十二月编次告成”②。嘉庆《雷州府志》的修纂仅用了十七个月。海康县隶属雷州府，有了续修《雷州府志》的积累，嘉庆《海康县志》的编纂进度很快。从嘉庆十六年九月开始筹划，在诸位参编者的共同努力下，数月之后便告完成。嘉庆十七年（1812）初，该志付梓，“秋杪，适绅耆以重修《县志》请，余闻喜甚……乃延观察陈观楼先生总纂，分延诸绅宿同校，雷分八门。都为八卷。阅几月而告成”③。

二

具体而言，嘉庆《海康县志》资料丰富，内容详实，特点鲜明。

（一）体例创新

按惯例，地方志的编纂总要参考前志或者已有的志书体例。比如，康熙二十六年（1687）《海康县志》的编纂体例基本照搬明代欧阳保万历《雷州府志》，“乃会集学师绅士取郡志采辑之”④。这里的“郡志”，是指欧阳保纂修的《雷州府志》。作为一本县志，康熙《海康县志》一共十八志，体例繁

① 广东省地方史志办公室辑：《广东历代方志集成·雷州府部二》，广州：岭南美术出版社，2009 年，第 4 页。

② 广东省地方史志办公室辑：《广东历代方志集成·雷州府部二》，广州：岭南美术出版社，2009 年，第 2－3 页。

③ 刘邦柄：《海康县志·刘邦柄序》（嘉庆），载《中国地方志集成·广东府县志辑（44）》，上海：上海书店出版社，2003 年，第 1 页。

④ 广东省地方史志办公室辑：《广东历代方志集成·雷州府部三》，广州：岭南美术出版社，2009 年，第 5 页。

多，分类太细，显得纷繁错杂。陈昌齐所辑的《海康县志》，在综合参考现存志书体例的前提下，大刀阔斧，删繁就简，在编纂体例上进行创新。全书仅设八志，分别为疆域志、建置志、职官志、名宦志、选举志、人物志、烈女志和艺文志。“疆域志”下面又分舆图、形胜、沿革、事纪、里至、山川、乡都、社村、市、埠、水利、河渠、陂塘、堰闸、户口、杂役、积贮、籍田、风土、物产二十条细目。体例简洁，逻辑明晰。

陈昌齐先修嘉庆《雷州府志》，共有二十志，紧接着再修嘉庆《海康县志》，县志在体例的设定上有参照府志，但绝不雷同。甚至，他创造性地将府志的多项志归纳为县志的某一志，如前者“舆图卷、地理卷、沿革卷”归为县志“疆域志”一卷，再作为细目出现，甚为简洁，这不得不归功于编辑者较强的归纳能力。因此，嘉庆《海康县志》“条理清晰，推为善本”①。

（二）自成体系

嘉庆《海康县志》主要根据嘉庆《雷州府志》“海康县”的内容进行采录，许多内容大致无异。但县志不是府志的影子，而是自成体系。

第一，它在体例上自成一体。县志共分八志，虽然简洁，但是已经囊括政治、经济、历史、地理、文化、风俗、物产、军事方面的记述，内容完备。

第二，增补历史，查缺补漏。《嘉庆海康县志》的记述上继康熙《海康县志》，下至嘉庆十六年（1811），增补了一百二十多年的历史。陈昌齐生平精通考据之学，参订经籍，多所辨正，辑有《经典释文附录》《历代音韵流变考》《楚辞音辨》《大戴礼记》，对《淮南子》《荀子》《管子》《吕氏春秋》等书进行正误考辨；还擅长于天文算法，著有《天学脞说》《测天约术》二书。自从进士入仕以来，他先后参与了《永乐大典》的勘校和《四库全书》的编校。他擅长修史，“直省地志繁富，稽核详审。故生平最精地理之学”②。修志最基本的原则是实录，尊重历史，以史料为依据。他秉笔直书，刚正不阿。在嘉庆《雷州府志》尚未刊印期间，雷州府因为在嘉庆十年间错判一桩冤案，雷州守备多次恳请陈昌齐修正案情结果，最终还是被拒绝了，“昌齐

---

① 陈谦：《明清两代广东修志概况》，《岭南文史》1983 年第 2 期，第 17－32 页。

② 广东省地方史志办公室辑：《广东历代方志集成·雷州府部》，广州：岭南美术出版社，2009 年，第 822 页。

曰：‘据事直书，史法之良。余今日宁受人非不受鬼责也。’卒不改。冬，续修《海康县志》”①。可以推知，他在纂修嘉庆《海康县志》时也会秉持这一原则。对待史料，他无分巨细，经过稽查考证，甄别正误后才使用。如果史料有误，他会用“旧志”“旧郡志”“通志”等语说明，再列出个人的考辨结果。他纠正了康熙《海康县志》错漏之处，也在嘉庆《雷州府志》“海康县”内容的基础之上查遗补缺，进行了增补和扩充。因此，嘉庆《海康县志》纪事翔实，考据详明，信实可靠，错漏较少。

第三，语言精练，富有章法。陈昌齐学识渊博，学问精深，精于著述。他曾说过：“吾学各有根底，古文一道尤所自信，如近作《雷州府志》《海康县志》各小序，寥寥数十言，古今因革损益之故，无不融会其中。至于承接段落，起讫分际，各有章法。虽累千万言，不外此矩也。”② 可见，他注重行文简洁，用语精练，寥寥数语则把历史中的因革损益之事概述精当。他讲究章法，条理明晰，又善于谋篇布局，叙述有条不紊。每志前皆自撰小序统领该卷，通过小序概述全卷，或是发表评论。富有章法的修撰，使县志自成一体。刘邦柄《海康县志序》评价此书“自《疆域》至《艺文》，或委或源，不支不漏，事以汇聚，义以例该”③，可谓中肯。

（三）思想正统

清政府一直重视地方志的修纂。康熙、雍正、乾隆和嘉庆皇帝都曾颁下圣谕，要求各督抚将本省通志重新修辑，以备修国史采择。由上至下，督抚则檄令各县修志，呈于知府，由知府上报。县志和府志用于编纂省通志的取材。康熙时期海康县令郑俊在康熙《海康县志序》中明确说明修纂县志的用途：“县志也，由县而上之郡，汇属县之志而纂辑之有郡志焉。由郡而上之省，汇属郡之志而纂辑之有省志焉。由省而上之朝廷，汇直省之志而纂辑之，然后一统之志以成矣。是县者，郡之积。而郡者，省之汇也。省者，又统志

① 广东省地方史志办公室辑：《广东历代方志集成·雷州府部五》，广州：岭南美术出版社，2009年，第827页。

② 广东省地方史志办公室辑：《广东历代方志集成·雷州府部五》，广州：岭南美术出版社，2009年，第829页。

③ 嘉庆《海康县志》刘邦柄序。

之所裁成，而修史者之所参考也。”[①]又云：“补苴草创，以成一邑之志。非所云不刊之成式也，亦聊以被统志之采择耳。”[②] 可见，县志、府志、省志的纂辑是为了修国史而用。嘉庆《海康县志》也应如是。此外，方志记录着地方疆域、建置、典章的沿革，政令的兴废，赋税的征收，官员的升迁，民风民俗等情况。“国无史无以明治乱，县无志无以明兴革”（陈日新道光《新安县志序》），方志可用于彰往察来，观风施教。陈昌齐仕宦多年，深谙方志的纂写精神要与清政府的统治思想保持一致。嘉庆《海康县志》中的“名宦志”着重描写官员为公为民的形象，“人物志”重点突出自唐以来海康籍人物对地方的贡献、业绩以及高尚的品德。“烈女志”书写贞洁烈妇的事迹，旨在宣扬封建礼教思想。

嘉庆《海康县志》因以上特点而被后人推为善本。民国《海康县续志编纂凡例》尊此志为经典之作，申明续志的编写不需要对嘉庆志的内容进行修订，遵照即可：“一志以续名，尊前志也。前志修于嘉庆十六年，为邑先辈陈观楼先生所手先定。先生海内通人，广东省《通志》《雷州府志》皆膺总纂，于此道致力尤深，非后学所能企项背。故县前志无庸更张，只修自嘉庆十七年以来者。”[③] 可见嘉庆《海康县志》的纂写之严谨、规范。

三

海康县志的修纂历史由来已久，但长久以来都不是作为独本存在，而是作为《雷州府志》中“海康县”的内容出现，是府志的一部分。海康县志明朝以前无考。据郑俊康熙《海康县志序》载：“仅得《雷阳郡志》十卷取而阅知，知其创于明正德之丁丑岁，而修之者三，一在嘉靖之甲辰，一在万历之乙卯。而今康熙十一年壬子岁历阳吴明府重修之者也。”[④] 其中，“明府”指知府，清代官场中客气时称官衔，不直接称正式官衔，而用代称。“吴明府”指雷州知府吴盛藻。康熙二十五年（1686），为了筹备纂写康熙《海康县志》，郑俊广泛地搜寻资料，阅读康熙十一年雷州知府吴盛藻主修的《雷州

---

① 康熙《海康县志》郑俊序。

② 康熙《海康县志》郑俊序。

③ 广东省地方史志办公室辑：《广东历代方志集成·雷州府部五》，广州：岭南美术出版社，2009 年，第 354 页。

④ 康熙《海康县志》郑俊序。

府志》，得知明代先后进行过三次雷州府志的纂修。海康县有史以来一直属于雷州府，即海康县志也有过三次的编纂。第一次为明正德丁丑十二年（1517），由雷州知府赵文奎主修，有湛若水《雷州府志序》①。第二次为嘉靖甲辰二十三年（1544），叶尚文修，冯彬辑。冯彬为雷州嘉靖进士文林郎，也作了《雷州府志序》②。第三次为万历乙卯四十三年（1615），由欧阳保修，徐应强纂，韩上桂辑，有董肇胤《雷州府志序》。清代，康熙十一年（1672）雷州知府吴盛藻主导修订《雷州府志》，也涵盖了海康县志。前二本府志已亡佚，后二本今存世。综上所述，有记载以来，海康县志作为《雷州府志》的主要部分有过四次修订及增补，未能独立成书。

真正独立的海康县修志始于清代。据《中国地方志联合目录》，现存《海康县志》共三种，现已全部收入《中国地方志集成》和《广东历代方志集成》丛书。第一次为康熙二十六年（1687），由海康知县郑俊、教谕黄濂、教导林昌煜、海康县人宋绍启和候选贡生吴马期等撰写，称为康熙《海康县志》，分为上中下三卷，共十八志。有康熙二十六年刻本，民国十八年（1929）铅印本。此后，海康县志不断重修。第二次为嘉庆十七年（1812）陈昌齐纂《海康县志》，共八卷八志。第三次为民国《海康县续志》四十六卷，记事上至嘉庆《海康县志》，下至宣统三年，梁成久纂修、陈景棻续修，此志据民国二十七年（1938）铅印本影印。到了中华人民共和国成立后，雷州海康在政治、经济、文化等领域都发生了翻天覆地的变化，修编一部全面反映海康近百年来发展状况的新志书势在必行。1984 年，海康县委县政府组织力量开展修志工作，历时十余个春秋。经过全体修志人员的通力合作、数易其稿，新编《海康县志》终于 2005 年成书出版。

陈昌齐在辞官回雷州期间，除了主持编修《雷州府志》和《海康县志》，还致力于发展家乡的教育事业。据民国《海康县续志·陈昌齐传》，从嘉庆十六年三月始，他掌教雷阳书院讲席，教书育人，以《戒雷阳书院诸生书》《与雷阳书院诸生论实学书》《与雷阳书院诸生论时艺书》和《临池琐记》之文教育诸生。他捐银修建雷城贡院，院内号板坐凳加宽，均用石板以防年久塌坏，一劳永逸。他出资倡导修建了西湖上的平湖书院，并易名为濬元书院。

① 湛若水：《雷州府志序》，见《嘉庆雷州府志·古叙》。
② 欧阳保：《雷州府志序》，见《嘉庆雷州府志·古叙》。

嘉庆二十三年七月，他又被总督阮元聘请到广州，讲学于越秀书院，兼修《广东通志》。

嘉庆《海康县志》由举人陈宗绪、增生陈丕显、议叙县丞陈君典三人分校，誊录有廪生官男、附生梁竦、附生欧廷弼、附生吴良翰四人，采访由岁贡萧天培等四十一人进行。参与者皆为雷州海康人，有官员，有府县诸生，有名宦后裔。如负责分校工作的陈宗绪，海康县雷城苏楼巷人，廪贡生，嘉庆六年恩科举人，试用训导。采访者陈源关，是清官陈瑸后裔。他们是监生、附生、增生、廪生、贡生、举人，甚至是官员，普遍文化素质较高。当中还有部分人参与了刚告成的嘉庆《雷州府志》的纂修工作，如举人陈宗绪做分校，增生吴腾万做誊录，廪生官男做收掌，廪生邓作霖、廪生官元勋、附生林寔胜做采访工作。在陈昌齐的领导下，他们分工合作，各司其职，配合默契，高效率、高质量地完成了嘉庆《海康县志》的纂修工作，这也是该志成为名志的主要原因之一。诸人当中，有一人身兼两任。陈丕显是海康县足荣村人，增生，雷祖后裔。他既承担分校，又做了采访工作。附生欧廷弼，土角村人，分别做了誊录和采访工作。还有父子二人也参与了编纂。分校者陈君典，海康县南田村人，附贡生，议叙即用县丞。其父陈昌祐为授职县丞，参加了采访工作。

嘉庆《海康县志》现有版本皆据嘉庆十七年刻本。铅印本有三，分别为民国道南印书馆、雷阳印书馆、赤坎华文印务局。[①] 还有誊印本。1984 年，出于纂修新编《海康县志》的需要，由海康县志办委托有关部门誊印，数量近千本。影印本有三，一为 2001 年 6 月，由故宫博物院编，海南出版社出版《故宫珍本丛刊·广东府州县志·海康县志》；二为 2003 年，上海书店、巴蜀书社和江苏古籍出版社联合刊发的《中国地方志集成·广东府县志辑 44·嘉庆海康县志》；三为 2006 年 10 月，由广东省地方史志办公室编的《广东历代方志集成·雷州府部·海康县志》。

---

① 李龙：《清代、民国海康县志考略》，http：//blog. sina. com. cn/s/blog_506f67820102xal3. html。

粤地民俗研究

市民社会、市井文化与闲适生活[①]

——论广府平民文化的生成因素

李海燕[②]

关于广府平民文化，有许多学者进行过相关方面的研究与著述。如李权时等人认为“物质生活的实用性是广府文化异常突出的特征”“平民性与市民意识也是广府民系最显著的文化特征之一”[③]。而物质生活的实用性很明显源于广府人的平民精神与市民意识。张磊等人认为岭南文化“很大程度上属于平民倾向的世俗文化、市民文化、商品文化”[④]。章以武指出，“岭南文化是一种平民文化、商本位文化，其特点是灵动飘逸，求是进取，呈现出开放与多元的格局”[⑤]。很显然，岭南文化尤其广府文化是一种平民文化的观念早已深入人心。那么，广府平民文化的形成因素主要有哪些呢？学界一般认为，平民文化的生成首先归因于广府既边缘又开放的地理位置。岭南偏处一隅，自古便被视为蛮荒之地，是众多官宦和文人的贬谪、流放和迁徙之所，亦是中原人远祸避乱之所，岭南的被放逐处境与包容心态造就其自由随和、乐天务实的平民化心态。其次，人们普遍认为岭南的重商传统影响了广府文化的平民化倾向。中原文化重官重农抑商，而广府人对从商却趋之若鹜，商人地位亦与士工农相等，甚至赶超工农，惟实惟用的平民文化便成为广府商贸之地的主要流行文化。笔者认为，广府平民文化的生成除上述因素外，在很大程度上还得益于广府市民社会的生成和市井文化的兴盛，而闲适生活的普遍

① 本文系广东省哲学社会科学“十二五”规划项目“文学地理学视阈下的广东新时期女性文学研究”（GD15XZW04）阶段性成果之一。

② 作者简介：李海燕，广东海洋大学文学与新闻传播学院教授。

③ 李权时等编：《岭南文化》，广州：广东人民出版社，2010 年，第 64 - 65 页。

④ 张磊、张苹：《岭南文化的特点：新、实、活、变》，载李明华、司徒尚纪主编：《广州：岭南文化中心地》，香港：中国评论学术出版社，2007 年，第 111 页。

⑤ 转引自于爱成：《四重变奏》，昆明：云南人民出版社，2009 年，第 220 页。

化更彰显其平民化风格。

一、广府市民社会的生成

“市民社会”是一个源自西方的语词，最初的“市民社会”主要指政治共同体。如亚里士多德认为，市民社会是“自由和平等的公民在一个合法界定的法律体系之下结成的伦理——政治共同体”①。近代的“市民社会”从国家中分离了出来，是独立于国家的社会生活领域，它包含私人产权、市场机制和独立于政治国家的私人社团三大要素。对于中国是否存在过现代意义上的市民社会，学者们看法不一。以萧邦齐、罗威廉为代表的西方汉学家首次使用“市民社会”理论对近代中国的部分区域进行个案研究。他们认为，清末民初的中国在许多地方已出现类似的市民社会。国内学者朱英等人亦认同中国近代社会出现市民社会的说法，他们以苏州为例指出近代中国已产生“以商会为核心的在野市政权力网络”②，即市民社会的雏形。但萧功秦等人则认为中国从来不存在严格意义上的市民阶级和市民社会。其实严格意义的市民社会在西方也是一个乌托邦理想，诚如约翰·基恩所说：“当我使用‘市民社会’一词的时候，指的是一种理想的、典型的社会形式，描述、展望了受到合法保护的、既复杂又生机勃勃的非政府机构。它们倾向于非暴力、自治、自省，并与‘陷害’、压制、左右他们活动的国家机构关系紧张。”③ 从高度自由自治这一特征来看，市民社会在中国确未出现。但据查尔斯·泰勒的说法，只要存在不受国家权力支配的一定数量的社团组织，就可说市民社会出现雏形。按照这一说法，有学者提出宋代时中国市民社会便现雏形的看法，“中国历史上，市民社会的形成与市民阶层的兴起，应当是在北宋的初期，即公元十一世纪之初”④。“我国市民阶层的兴起是以公元1019年（北宋天禧三年）坊郭户单独列籍定等为标志的，这在世界历史进程上恰恰与欧洲市民的出现基本是同时的”⑤。西方有关“市民社会”的界定本身便模糊多变，我们在吸收西方理论的同时还应结合中国实际加以考虑。正如赵园所说：

① 亚里士多德著，吴寿彭译：《政治学》，北京：商务印书馆，1965年，第126页。
② 马敏、朱英：《传统与近代的二重变奏》，成都：巴蜀书社，1993年，第233页。
③ 约翰·基恩著，王令愉、魏国琳译：《市民社会》，上海：上海远东出版社，2006年，第3页。
④ 谢桃坊：《中国市民文学史》，成都：四川人民出版社，1997年，第2页。
⑤ 谢桃坊：《中国市民文学史》，成都：四川人民出版社，1997年，第14页。

"中国的市民阶层，其形成的历史，以及在社会结构中的位置与欧洲资本主义国家有显著的不同。"① 中国城市最初是"城""市"分离的，"市"是"城"之中的商品买卖之所，因市场呈"井"字形，故俗称"市井"。"市井"的范围在春秋战国时便已扩大为整个平民住宅区，汉晋时期"市井"常被作为城市的代称，唐时"市井"更是大规模膨胀，宋代坊市制的破坏使"市井"之指彻底扩大到整个城市，明清之际的"市井"则开始出现早期资本主义的萌芽。很明显，中国城市由市井发展而来，它带有强烈的市井气息，在此基础上形成的市民社会便充溢着浓郁的市井特色。

马克思指出："市民社会包括各个个人在生产力发展的一定阶段上的一切物质交往。它包括该阶段上的整个商业生活和工业生活。"② 市民社会形成的基本条件便是繁荣的城市经济。与其他地域在宋代才开始迈入商业社会不同，唐代珠三角的市民社会已初现端倪。从城市经济来看，传统的市场形态如坊市制、市由官设、限制交易时间和地点等已被打破，主要街道成为营业自由、邸铺行肆林立的商业服务业经营场所，经商更成为当时重要的社会职业。从城市格局来看，广州城是全国著名的工商都会与海贸港口，有"州城三重"的格局。其中，旧城为行政中心，新城是新兴商业区，西城则是外国商民居住区，而新城及蕃城区街道纵横、商店林立、城市商业颇为兴盛，就连夜市也有"蛮声喧夜市"③ 之说。从货币流通来看，唐时珠三角表现出领先一步的姿态。元稹在《钱货议状》中提到："自岭已南，以金银为货币，自巴已外，以盐帛为交易，黔巫溪峡，大抵用水银朱砂缯帛巾帽以相市。"④ 与其他地区多用铜钱和物物交换进行商品流通不同，珠三角主要采用波斯、大食等国商人通用的金银为货币，在流通手段上显现出国际化倾向。另外，珠三角城市经济的近代转型还表现在私商和行会组织的兴盛上。唐代珠三角民间贸易繁盛，许多商户财力雄厚，外商亦大量涌入，有"广人与夷人杂处，地征

① 赵园：《老舍——北京市民社会的表现者与批判者》，载王晓明主编：《二十世纪中国文学史论》（下卷），上海：东方出版中心，1997 年，第 320 页。

② 中央编译局马恩列斯著作编译部编：《马克思恩格斯选集》（第 1 卷），北京：人民出版社，1972 年，第 41 – 42 页。

③ 张籍：《送郑尚书出镇南海》，载曹寅主编：《全唐诗》，上海：上海古籍出版社，1986 年，第 958 页。

④ 董诰等编：《全唐文》，北京：中华书局，1982 年，第 6622 页。

薄，多牟利于市”[①] 之称。伴随着民间贸易繁盛的是行会制度的健全。唐代珠三角行会已不再是单纯的贸易之所，它建立了相对完整的组织机构，亦参与过一定的社会事物，如举行宗教活动，商议事项，反对横征暴敛等。唐代珠三角的城市商业经济无疑走在全国前列。

宋代是一个颇为矛盾复杂的时期，一方面人们认为其有积弱之弊，“斯其所以为弱宋也欤”[②]，“始终摆脱不掉贫弱的命运”[③]；另一方面人们又将其视为大变革时代，“其制世定俗，盖有汉、唐之所不能臻者”[④]。日本学者内藤湖南在其《概括的唐宋时代观》中首先提出唐代是中世的结束，而宋代则是近世开端这一命题。其学生宫崎市定则认为：“中国的文化……到了宋代便超过西亚而居于世界最前列。”[⑤] 欧美学者更是把宋代呈现的种种新气象比拟为近世的文艺复兴，称之为“新世界”。宋代近世说认为，政治上宋代君主制取代了贵族统治，平民的某些私有权得到承认，平民势力抬头；经济上宋代出现了高度发达的交换经济，城市得到了大规模发展；文化上则由贵族文化向世俗文化与平民文化转型，“理性”哲学代兴。[⑥] 对于珠三角而言，领先一步的它在宋代更是迎来了城市发展的高峰，而地域文化的平民化与宋代俗世文化的契合则使珠三角的市民文化大为鼎盛，市民阶层的地位日益凸显。如广州城市规模在宋代有三城八镇之说，唐时的三城在此时大大拓展，以广州为中心的城市网络也逐渐形成。在社会文化上，追求世俗享乐的市民文化成为宋代的普遍共识，诚如王夫之在慨叹弱宋时所说：“士戏于伍，将戏于幕，主戏于国，相率以嬉而已。”[⑦] 珠三角的饮食业、娱乐业亦颇为发达。以饮酒为例，宋代大部分地区对酒业实行禁榷制度，但珠三角却是弛酒曲禁，“粤地故多灵泉甘液，终年花果鲜美芬芳，而当时人民饶裕，户户为酒，争以奇异相高，故名贤迁谪至此，多好嗜之”（屈大均《广东新语·食语》）。在其他饮

---

① 《新唐书》卷一〇七《王锷传》，转引自汪廷奎等编：《广东通史》（古代上册），广州：广东高等教育出版社，2010 年，第 530 页。

② 王夫之：《宋论·神宗》，北京：中华书局，1995 年，第 119 页。

③ 李裕民：《宋代“积贫积弱”说商榷》，《陕西师范大学学报》（哲学社会科学版）2004 年第 5 期。

④ 陈邦瞻：《宋史纪事本末·叙》，北京：中华书局，1977 年，第 1191 页。

⑤ 宫崎市定：《宋代的煤与铁》，《东方学》（第 13 辑），1957 年 3 月。

⑥ 参见张广达：《内藤湖南的唐宋变革说及其影响》，《唐研究》2005 年第 11 卷。

⑦ 王夫之：《宋论·神宗》，北京：中华书局，1995 年，第 119 页。

食上，珠三角亦表现出“食在广东”的特色，“计天下所有之食货，东粤几尽有之；东粤之所有食货，天下未必尽有之也”（屈大均《广东新语·事语》）。

明中叶后，广东商品经济有了新发展，商业化渗透到农业、手工业等各个领域，海外贸易空前发展，大量人流、物流、资金不断涌入广东市场，新的市场组织和流通网络逐渐建立。如广州在万历八年（1580）后举办一年两季的“交易会”，与世界市场建立贸易联系。澳门作为新兴的国际贸易中心，在海外市场开拓方面令人意外。发达的商贸经济使市场经济日益繁荣，商人地位提升，财雄势大，他们自发集资建立各种会馆，鼎盛时期光马来西亚就有潮州会馆40多个。而省内，则建立了众多的业缘组织——行会或公所。行会或公所具有聚集联络、商讨业务、提供公益服务、参与社会管理等功能。如清末广东各行业的联合体“七十二行”不仅起着协调各行商人利益纠纷、缴税等作用，而且参与了相当多的政治和社会事务，初步具备了市民社会对官方的制衡功能。

二、广府市井文化的兴盛

发达的对外贸易促进了珠三角城市经济的繁荣，亦刺激了珠三角市民社会的萌芽，有着中国市井特色的市民文化便在市民阶层的壮大与市民社会的萌芽中孕育而生。与寻求阳春白雪的高雅贵族文化不同，诞生于大街小巷、酒肆茶楼等市井之地的市民文化通俗浅近，以市井小民的日常生活和喜怒哀乐为最大宗旨，通俗性和娱乐性是市民文化的两大标志性特征。而中国传统城市在手工业方面的欠缺更使商人成为市民文化的主体，随商逐利亦成为市民文化的基本形态之一，戏曲歌舞、小说杂艺等消遣娱乐性市井文化载体纷纷走上商业化的道路。

市民文化在商业发达的江南和岭南等地极为兴盛，但江南与岭南在地域文化上的差异又决定了两地不同的文化形态。于江南而言，诗性文化是该区域文化的核心与精髓。与同为富庶之地的岭南相比，江南多了份令人仰慕的浓郁诗书氛围，“超越实用性的物质文明与精神文明的审美创造与诗性气质，是江南文化在中国区域文化中最独特的内容”①。诗性文化驱使着江南市民们

① 刘士林等：《江南文化读本》，沈阳：辽宁人民出版社，2008年，第7页。

努力提升自己的生活情趣与文化品位，明清之际的江南更是士商互融，商人们附庸风雅、饮酒作诗、把玩书画，以儒商自居。士大夫们也离开乡野，云集扬州、苏州、杭州等商业都会，享受世俗的奢华。[①] 江南的市民文化因而具有雅俗兼容之特征，呈现在日常生活中，便是既讲究物质生活之满足，又追求精神世界之安慰，注重日常生活的审美化和诗意化倾向。

相比江南而言，广府地区在恶劣的自然与人文环境下形成了重商求利的务实作风，“穿在上海，食在广东”一语便鲜明反映了两地的不同文化风格。上海人总是衣冠楚楚、温文尔雅，“上海人注重形象，注重包装，注重外在的那层气质、品位和格调”[②]；广东人却衣着随意，注重舒适与物有所值。“食在广东”形象地传达了广东人惟实惟用的市民文化心态：身外之物可以将就，而“口腹之欲”必须满足。广东人的吃不在意高端、精细和繁复，他们更讲究食的美味、丰富与方便，“抵食”“打包”两词的流行颇能说明广东的务实心理。

李权时曾说：“岭南文化本质上是一种世俗文化。”[③] 以酒吧和酒吧文化为例，高档奢华颇具异域风的情调酒吧为大排档式样的广州酒吧所代替，新锐前卫的摇滚乐与典雅柔美的西方乐曲亦被广州大众化、狂欢化的迪斯科与通俗歌曲所取代。岭南人似乎总具有化传奇为凡俗的手段，许多高层次的生活方式在这里常常变得平民和日常。如影视文化上，广府人更为偏爱《外地媳妇本地郎》之类为大众喜闻乐见的通俗市民剧，而《新闻日日睇》则以平等视角、大众生活和通俗语言风靡广府地区，《羊城晚报》等南方报业亦以平民视角与大众话语为自己的建设姿态。总之，广府文化无疑是通俗市民文化的典型呈现。

三、广府的闲适生活

孙蕡在其诗作《广州歌》中曾详尽介绍了广州的富庶繁华与歌舞升平，诗中写道：“少年行乐随处佳，城南濠畔更繁华。朱帘十里映杨柳，帘栊上下

---

① 许纪霖等：《城市的记忆——上海文化的多元历史传统》，上海：上海书店出版社，2011年，第12页。

② 许纪霖等：《城市的记忆——上海文化的多元历史传统》，上海：上海书店出版社，2011年，第25页。

③ 李权时等编：《岭南文化》，广州：广东人民出版社，2010年，第19页。

开户牖。闽姬越女颜如花，蛮歌野曲声咿哑……乱鸣鼍鼓竞龙舟，争睹金钗斗百草。游冶留连望所归，千门灯火烂相辉。游人过处锦成阵，公子醉时花满堤。”笙歌夜宴、灯红酒绿、龙舟竞渡等广府地区的市民娱乐生活被孙蕡形象地呈现了出来。作为通俗市民文化典范的广府文化，注重娱乐与享受是其突出特征。“从道德类型来看，岭南文化不属于禁欲主义，而表现出享乐的倾向。”[①] 岭南享乐文化的形成与市民阶层队伍的壮大、市民文化的兴盛休戚相关。但岭南的享受并不是豪奢，“广东人精明，善于享受，却追求朴素的生活”，这种朴素并不是节俭，而是休闲与随性。老子曾说“见素抱朴”（《老子·十九章》），“恒德乃足，复归于朴”（《老子·二十八章》）。庄子亦认为“素朴而民性得矣”（《庄子·马蹄》）。老庄所谓素朴即是对自然人性的提倡，广东人的朴素生活便是这种顺情适意的闲适型享乐生活。

所谓闲适，即闲暇和适意，《辞源》谓之“清闲安逸”[②]。闲适文化起源于老庄的“性随自然”，中国传统知识分子对顺情适性、从容安逸的闲适生活颇为青睐，陶渊明清贫随性的田园生活是文人闲适生活的典范。在传统文人的观念中，“闲适”是对超然境界的向往，是安静平和、追求优雅趣味的文人精神的表现，是独立的、隐士式境界的体验。[③] 但通俗市民文化影响下的广府闲适文化更注重人性世俗欲望的满足，更为肯定安逸享受的世俗人生。

与北京闲适文化的超然独立、上海闲适文化的雅致诗意不同，广府闲适文化则是随性务实的。行事上，广府人同样不拘一格、随意自然、不讲虚荣、不摆花架。“工作不拘贵贱不忌陌生行当，生活中能够得闲就享受，交友时不拘小节、合分自如。”[④] 饮食上，广府人耗费的时间与精力远超其他各地。与普通的一日三餐相比，广府人的饮食类别众多，早茶、午饭、下午茶、晚餐、夜茶、宵夜，茶楼等饮食场所似乎二十四小时都充斥着悠闲享受的人群。早茶文化更是广府人随性务实的一种表现。广府人常有“一盅两件，人生一乐”的说法，在上工之前或节假日，广府人悠然地与朋友家人到茶楼饮茶、聊天、吃美味精致的早点，无疑是美妙的人生感受。虽然现代生活节奏加快，但广

---

① 李权时等编：《岭南文化》，广州：广东人民出版社，2010 年，第 26 页。
② 《辞源》（第 4 卷），北京：商务印书馆，1983 年，第 3241 页。
③ 张颐武：《闲适文化潮批判——从周作人到贾平凹》，《文艺争鸣》1993 年第 5 期。
④ 刘权：《乐天务实：广东广府人的天性》，广州：广东人民出版社，2005 年，第 105 页。

府人仍保留了这一“叹早茶”[①] 的生活习俗。上茶楼不仅意味着美食，还代表着一种悠闲适意的生活方式与交际方式。与上海人聚会多采用正经高雅的聚会不同，广府人聚会多上茶楼，沏上一壶好茶、点上几份早点，在轻松闲适的环境中谈生意、谈工作、谈人生，既经济又享受还能使剑拔弩张的商业谈判变得轻松和谐，真是一举多得。广府人的闲适文化很明显是对市民趣味与平民文化的迎合与认同，它追求身心的彻底放松，倡导闲散舒适的快意人生。20世纪90年代以来，消费主义影响下的高雅闲适文化亦逐渐向注重务实与享受的俗世市民文化靠拢，广府型闲适文化日益成为市民大众的普遍性需求。

广东作家对岭南民众的不拘也有强烈感受。张欣认为：“广州人的气质就是‘淡定’，它影响着所在的人群对金钱、情感等方方面面的价值观。”[②] 张梅觉得自己是一个典型的广州女人，“讲究生活的细节和质量，喜欢闲适的生活。而我也喜欢广州女人的朴素，我自己也是朴素的，那种淡淡地、细细的朴素”[③]。黄茵对买衣的要求仅“舒服”两字，黄咏梅笔下的广府民众淡定自适，张梅笔下的广州小民热衷于饮茶吃饭，黄爱东西在作品中详尽地展示自己的闲适物质生活……闲适作为一种消费时代下的享乐世俗文化，已渗透到广府民众的日常生活和行为方式中，并经由新时期文学的闲适话语呈现了出来。

“岭南尤其是广东，在中国是相当典型的平民社会，粤人以平民化风范而自豪。”[④] 广府地区市民社会的形成、市井文化的兴盛、闲适生活的普遍化推动其平民化风格的形成，而平民化特征又反过来促进市民社会与市民文化的繁荣，广府闲适生活更是在平民文化的影响下表现出与众不同的面貌。

---

① “叹”：享受之意。

② 周豫：《张欣：为什么女性作者与广州特别有缘》，《南方日报》，2017年3月16日。

③ 黄茵：《以南方的标准生活，以北方的标准写作》，《作品》2002年第10期。

④ 李权时等编：《岭南文化》，广州：广东人民出版社，2010年，第55页。

粤方言饮茶用语探究

张蔚虹　顾紫玲①

语言是文化的重要载体。粤方言把“喝茶”称为“饮茶”。饮茶用语蕴含着丰富的文化意义。饮茶文化既是民俗文化，又是饮食文化。饮茶在中国有悠久的历史，在广州更体现了“食在广州”的一大特色。毛泽东的“饮茶粤海未能忘”诗句，就赞美了广州的饮茶，诗句中的“粤海”即指广州。从古至今，饮茶不仅是广州饮食文化的重要内容，也是岭南文化的一个缩影。本文从汉语词汇入手，探究粤方言中的饮茶用语，以揭示其承载的文化内涵。

一、粤方言与饮茶文化

粤方言传统上叫“广府话”，一般通称“粤语”，本地人又称为“白话”，外地人习惯叫作“广东话”。② 粤方言是中国七大方言之一，分布在广东、广西和香港、澳门特别行政区以及海外华人社区。粤方言是广东省最主要的通行语言，尤其是在普通话没有普及的年代，粤方言用语在人们的日常生活中普遍使用，与人们饮食文化相关的饮茶用语成为人们语言生活中必不可缺的一部分。

饮茶用语体现的是一种文化，也就是我们通常所说的茶文化。茶最初并不是作为饮品问世的。据文献资料记载，早在神农时期，茶是被当作药物使用，用于解毒。春秋时期人们用茶树鲜叶做饭菜，因味苦涩，故称之“苦菜”。东汉时期，人们已经开始注重和研究茶的药用价值。据文献记载，自秦

---

① 作者简介：张蔚虹，广东海洋大学文学与新闻传播学院副教授；顾紫玲，广东海洋大学文学与新闻传播学院学生。

② 詹伯慧：《广东粤方言概要》，广州：暨南大学出版社，2001 年，第 1 页。

人取蜀之后，始有茗饮之事。顾炎武认为茶作为茗饮，发源于战国时期的蜀地，而后向南、向北流行开来。[①] 相传岭南茶饮文化源于南越王赵佗。虽然早在南越王时期岭南已经出现“茗饮之事”，但是在此后很长一段时间里，岭南的饮茶之风尚未盛行。

饮茶文化在广州的发展时间并不长，从清代开始才逐渐形成了现在的广府饮茶文化。因为清朝时期实行闭关锁国，只留广州的“十三行”作为唯一的对外贸易窗口，以茶叶、丝绸等为主要出口货物。随着广州商贸的繁荣以及茶叶贸易的盛行，广府饮茶风俗才逐渐兴起，出现了“一厘馆”“二厘馆”等最早的茶楼雏形，广府茶楼文化由此发端。再加上广府人的饮食以水产类为主，而茶叶内含咖啡因、矿物质、茶多酚等物质，具有消滞和祛除口腔异味的功能，正好与广东人的饮食习俗相迎合，因此饮茶备受广东人青睐，饮茶文化也日益兴盛起来。

二、粤方言中的饮茶用语

粤方言饮茶用语自饮茶的产生就已经开始使用了。从最早出现的“一厘馆”“二厘馆”等饮茶处所用语，发展到与饮食有关的许多用语，饮茶用语已经非常普遍。饮茶文化深深烙在每一个广东人民的心中。饮茶对广东人来说非常重要，影响着人们的日常生活，因此粤方言中有属于自己独特的一套饮茶文化用语。我们主要从饮茶处所、茶水、茶点等方面探究饮茶用语，以发现粤方言饮茶用语所体现的文化价值。

（一）饮茶处所用语

饮茶处所用语大致经历了三个阶段：二厘馆、茶居、茶楼，这三个表示饮茶处所的用语在粤方言中曾被广泛使用。

1. 二厘馆

广州的饮茶之风可以追溯到南越王时期，但是广州最早出现真正意义上的茶楼却是在清朝，咸丰、同治年间的“二厘馆”便是早期的饮茶处所。“二厘馆”是“在清代后期广州市场出现的一种廉价茶馆，因茶资只收二厘钱而

① 顾炎武：《日知录》，长沙：岳麓书社，2011 年，第 347 页。

得名”[①]。早期的“二厘馆”十分简陋，仅仅提供几张四方桌和几条长凳子，所售的也不过是芋头糕之类的点心，价格相当低廉。“二厘馆”的特色主要有两点：一是选址多在鱼栏、码头、街市等穷苦大众的聚集地，其目的是服务和方便下层人民，因此提供的食物并不讲究，价格低廉；二是“二厘馆”多是简陋平房等一类建筑，不追求装饰，有些甚至用竹木搭建起屋身，盖以树皮作顶，里面再摆放上几张简单的桌凳，这就是茶楼的萌芽。[②]

由此可以看出，“二厘馆”作为最早的饮茶处所，功能十分单一，仅为食客提供一个落脚之处。其所提供的食物和服务亦不大讲究，以充饥为主要目的，与现代茶楼的休闲、社交功能相去甚远。因此，“二厘馆”这个名词，恰恰体现了早期茶楼廉价、简陋的特点，此时期的饮茶文化还处于起步阶段。

2. *茶居*

在清朝后期，随着广州商业经济的发展以及对外贸易的扩展，商贾阶层崛起。商贾的经济实力有了大幅的提升，这就促使他们不再单纯追求果腹，而是有了精神享受等方面的追求，“二厘馆”这种低矮简陋、茶质普通、茶点廉价的处所已经无法满足他们的需求。为了迎合商贾阶层的消费需求，这时候出现了一些以“居”命名的茶楼，如著名的陶陶居、陆羽居、怡香居等。广府人把这些带有“居”的茶楼统称为“茶居”[③]，用以区别、取代原来的“二厘馆”。

与“二厘馆”相比，这些茶居装饰富丽堂皇，环境典雅清幽，提供精美丰富的茶饮与茶点。在建筑方面，不同于单层的“二厘馆”，茶居开始形成了两层结构，装修也更为注重。在饮茶方面也开始有所讲究，出现“一盅两件”这样的饮茶方式。光绪中期的一些比较有名的茶居，如“一品陞”等已经有了“一盅两件”这种饮茶方式。“一盅”指的就是一人一盅茶，而“两件”指的是一盅茶搭配两件茶点。时至今天，“一盅两件”仍然是许多老广州人饮茶时必点的东西。

“茶居”中的“居”，并非“居住”意义，应该解释为处所，指停留、休息的地方。李秀松《茶楼絮语》认为“居是居住，但这里解作停留，与‘岁

① 李秀松：《广州又见“二厘馆”》，《商业经济文荟》1994年第4期，第52页。
② 余欢：《广州传统茶楼建筑文化研究》，华南理工大学硕士学位论文，2016年，第12－16页。
③ 莫露：《广府方言与茶文化》，暨南大学硕士学位论文，2015年，第15页。

月不居，时节如流’（孔融《与曹公论盛孝章书》）意同”①。从“茶居”一词，我们可以看出饮茶处所无论在规模还是功能上，都比“二厘馆”更胜一筹，从中也折射出广府人饮茶心理的变化，饮茶开始受到广府人的重视。

3．茶楼

随着商业经济的不断发展，人们对于饮茶处所的要求也随之提高。在这种消费的内需推动下，出现了更加高大气派的饮茶处所，那就是茶楼。在光绪中期，部分精明商人看到了广州地区饮茶风气背后的巨大商机，纷纷选取环境优美的商业繁荣区作为茶楼的地址。这些茶楼一开始是由佛山七堡乡人投资兴建的，比如光绪中期的金华、利南、祥珍、其昌等著名茶楼就是由七堡乡人经营而出名的。② 现在普遍认为当时位于广州的商业中心十三行里的“三元楼”是第一座在广州出现的茶楼，此后怡香楼、品南楼、莲香楼相继诞生。

茶楼的出现，既能反映当时广州商业经济的繁荣，同时也折射出广府人饮茶文化心理的进一步变化。从最初的“二厘馆”，到茶楼的频繁出现，饮茶处所名字的变迁，可以看出饮茶在广东人的日常生活中越来越重要。时至今天，茶楼已经成为饮茶文化的处所象征。

（二）饮茶食物用语

饮茶用语是一种饮食文化，与人们的饮食密切相关。在饮茶过程中，少不了喝茶水和吃点心，所以饮茶用语主要有茶水、茶点方面的用语。

1．茶水用语

广府人饮茶，讲究“一盅两件”，即茶一盅，点心两件。广府人对茶的要求虽然没有潮州功夫茶那么严格，茶叶也大多是乌龙、普洱、铁观音、龙井等市面上常见的茶，但是广府人对于饮茶的茶水却有不少独特的讲究，从茶水方面的用语可以窥得一二。

茶水用语主要有冲茶、焗茶、斟茶、揭盖、水滚茶靓、酒满茶半等。该类茶水用语在粤方言中经常使用。例如：

---

① 李秀松：《广州又见“三厘馆”》，《商业经济文荟》1994年第4期，第57页。

② 蒋建国：《晚清广州茶楼消费的社会话语》，《大经贸》2004年第5期，第92－94页。

（1）冲茶：用开水泡茶。

（2）焗茶：沏茶。

“冲茶”和“焗茶”都是粤语中对于泡茶、沏茶的说法。“冲”，从水中声，《说文解字》：“冲，涌摇也。”“冲”本义为冲洗、冲刷、冲凉，“冲茶”中的“冲”，取其引申义“用水或酒浇注，水撞击”。“焗”，从火局声，《广州方言词典》解释为：“微火焖煮或开水泡，不使透气。”[①] 在现代汉语普通话中，“冲茶”已经逐渐被“泡茶”“沏茶”所取代，但是粤方言中仍然保留着“冲茶”这种说法。而“焗”是一个方言词汇，“焗茶”可以看作是粤方言中特有的饮茶文化用语，例如：唔该帮我焗壶茶（请你帮我泡一壶茶）。

（3）斟茶：倒茶。

斟，《说文解字》：“勺也。从斗甚声。”《广雅》：“斟，酌也。”“斟”有“用壶倒酒或茶水”之意。粤方言保留了该义项，一直沿用“斟茶”至今。在广东饮茶，大家不说“倒茶”，而是说“斟茶”，这也是粤方言保留古语词的一个用例。

（4）揭盖：掀起茶盖。

“揭盖”是广府饮茶中特有的一种文化现象。当茶壶里面的茶水喝光了，不需要客人吆喝服务员倒水，只需要把壶盖掀起，架在壶口和壶把间，服务员便会心领神会地往茶壶倒入滚烫的开水。[②] 揭盖据说与清朝的一桩茶楼纠纷有关，自此揭盖续茶便成为广府饮茶文化的独特习俗。

（5）水滚茶靓、酒满茶半。

“水滚茶靓”体现了广府人对饮茶的讲究。“滚”有“水煮开，沸腾”之意，在粤方言中指的是“水开了”。因此，粤方言会把“开水”称为“滚水”。广府人认为水的温度越高，冲出来的茶色就越是清透，茶也更加清香扑鼻、沁人心脾。因为广府人讲究“水滚茶靓”，受此限制，给人斟茶时，讲究“酒满茶半”。由于水温高，如果倒茶时太满，会造成茶杯杯壁过热，导致饮用不便，这在广府人看来是一种不敬的行为，因此又衍生了一句俗话：“酒多敬人，茶多欺人。”

---

① 李荣主编，白宛如编纂：《广州方言词典》，南京：江苏教育出版社，2003 年，第 505 页。

② 王思维：《早茶民俗的嬗变与广府文化的传承》，《广州广播电视大学学报》2009 年第 4 期，第 71 – 75 页。

2. 茶点用语

广州的饮茶，除消遣之外，吃点小食也必不可少。茶食似乎是比单纯饮茶更重要的项目，“食在广州”之称绝对名副其实。广东的饮茶多数是一边饮茶水一边吃东西，所吃食物多以非常精致的点心为主。广府茶楼的点心种类众多，独具广府特色。

茶点方面用语主要有点心、糕点、细蓉、艇仔粥等。在粤方言中，“点心”一词并不单指某一类茶点，更多是对众多茶点的合称。“点心”一词最早记载出自唐代，从孙思邈的《千金翼方》中我们可以推断出“点心”最初是指早晨的晨馔、早饭。[①]“点心”与小食关系密切，是由小食演变而来的词。早茶中的点心，与点心的最初本义有众多相似之处，类似小吃类的食品。

“糕点”并非广府早茶的专属点心，与北方的糕点相比，广府糕点主要以米粉为原料，出名的有黄金糕、芋头糕、马蹄糕等。广府人喜欢用糕点配茶，“糕”在粤方言中与“高”同音，取“糕点”谐音，暗喻“步步高升”之意，寄托着广府人美好的愿望。

“细蓉”在粤方言中指的是云吞面。云吞煮熟时宛如盛开的芙蓉花，根据这一特点云吞面就有了“细蓉”一说。“细蓉”一词在广州地区已不常用，但是在港澳地区卖的云吞面依照大小的不同仍然分为“大用”和“细用”两种。“细”在粤方言中有“小”的意思，习惯用“细”指代“小”，如“细仔”，意为“小孩子”。

“艇仔粥”这道茶点，涉及广州的水上文化——疍家文化。“艇仔粥”最初是广州的水上游民——疍家人用新鲜的鱼虾蚬螺等河鲜放在一起熬制成粥，美味异常。由于该粥是在船（粤方言称为“艇仔”）上制作的，因此取名为“艇仔粥”。

（三）其他相关用语

粤方言的饮茶用语不仅用于饮食类词语，也用于与饮茶相关的词语。如对茶楼职员或服务员的称呼为“企堂”，结账为“埋单”等。

“企堂”指招待员、服务员。在茶楼中，少不了“企堂”。《广州话词典》

---

① 李宁：《释古代“点心”》，《语文学刊》2015 年第 1 期，第 41 – 42 页。

里“企堂”解释为“旧时称茶楼的招待员”①。该称呼一直沿用至今，所以广府人在茶楼习惯把招待员或服务员称为“企堂”。

“埋单”意为结账。“埋单”是粤方言特有的用词，《广州话方言词典》释义为“开单，结账”②。关于“埋单”一词的说法有两种：一种说“埋单”一词源于香港，香港人请客人吃饭，为了不让客人看到这顿饭的具体价格是多少，请客主人在结账时都会对服务员说一句“埋单”，这样服务员就会把账单盖上递给请客的主人，不让客人看到花费；另一种说法是广州茶楼为了区别点心的价格，不同价格的点心装在不同颜色的碟子里，根据碟子颜色辨别点心价格，等需要结账时，服务员通过数碟子的数量算账。而“埋”在粤语中有“靠拢、合拢”之意，因此“埋”有“收集”的含义，“埋单”就是指“收集碟子算账”③。这与当时珠江三角洲一带的茶楼均实行“先吃不付款”的做法有关系。但不管是何种说法，“埋单”一词指的都是结账付款的意思。“埋单”这种用法是广府文化的缩影，包含了广府人对生活的一种感悟。

三、粤方言饮茶用语的演变

随着社会的发展，人们饮食的需求也在不断变化。饮茶在粤方言中已经超出了“饮早茶”的本义，也有一些指代性的意义，这种指代性意义正是饮茶文化在粤方言中的演变。受饮茶文化的影响，广府人日常生活离不开茶，“三茶两饭”正是广府人生活的写照。这得益于浓厚的饮茶风尚，饮茶文化渗透到广府人日常生活的各个方面，“饮茶”从一种饮食行为演变成一种打招呼的日常行为，具有了招呼语的作用。例如：

与熟人见面说：“饮咗茶未（你喝茶了吗）?”这与普通话中“吃了吗?”的意义等同，并不是为了得知对方究竟有没有去饮茶，只是单纯作为招呼语使用。

与别人道别时说：“得闲出嚟饮茶（有空出来喝茶）。”作为道别时的结束语。

---

① 饶秉才：《广州话词典》，广州：广东人民出版社，1997 年，第 42 页。

② 李荣主编，白宛如编纂：《广州方言词典》，南京：江苏教育出版社，2003 年，第 181 页。

③ 江蓝生：《语词探源的路径——以“埋单”为例》，《中国语文》2010 年第 4 期，第 291－298 页。

向别人表示酬谢、道歉时说："多谢帮手，得闲请你饮茶（多谢你的帮忙，有空请你喝茶）。"或者"下次请你饮茶补番数（下次请你喝茶当作补偿）"作为感谢用语。

饮茶用语有时候还具有特殊的指代意义，如"饮啖茶"有时候指的并不是茶，而是水。"斟杯茶"也不仅仅指茶，同样可以指代水，相当于"倒杯水"。在吃饭场合，许多广府人为健康着想，在别人劝酒时，会用"以茶代酒"这个说法来应付劝酒。在这里"茶"也是一种指代意义，该处的"茶"可以是水，也可以是汽水等饮品。在粤方言中，值得注意的是，虽然"茶"可以指代水，但是不能用"开水"指代"茶水"，二者并不等同。

四、饮茶用语对粤方言文化的影响

粤方言作为饮茶文化的语言载体，其饮茶用语体现了广府饮茶文化的发展历史、核心内容以及文化意蕴。饮茶文化的灿烂繁荣也影响了人们的语言文化生活，由饮茶文化衍生出很多方言俗语，包括成语、谚语、惯用语和歇后语等有关饮茶用语。可以将这些俗语分为两大类：一类是依照饮茶的本义衍生出来的俗语，一类是由饮茶的引申义衍生而来的俗语。

由饮茶的本义衍生出来的俗语有：三茶两饭；晨早一杯茶，唔使揾医家；酒多敬人，茶多欺人；酒满茶半等。例如：

（1）三茶两饭。

《广州话方言词典》解释为："广州茶楼每日早、中午、晚有三次茶市，嗜好饮茶的人可以去三次茶市饮茶吃饭，用来指日常饮食。"

广府人大多用该俗语代替日常生活饮食，例如："每日三茶两饭小小地都要三十文啦（每天的生活开销最少也要三十块钱吧）。"

（2）晨早一杯茶，唔使揾医家。

莫露解释为："每天早上喝一杯茶，就能保持身体健康，这样就不需要找医生看病了。广府民间认为茶有保健防病的作用。"①

（3）酒多敬人，茶多欺人。

给别人倒酒时，倒满酒是对别人的一种尊重。但是，给别人倒茶时，倒

① 莫露：《广府方言与茶文化》，暨南大学硕士学位论文，2015年，第39页。

满茶却是对别人的一种不敬和欺负，体现了广府人的待客之礼。与“酒满茶半”意思类似。

（4）酒满茶半。

这是广府地区给客人倒茶的规矩，广府人认为倒酒时倒满酒杯是对客人尊敬，但在倒茶时倒至七分满即可，否则就是对客人的不敬。在别的方言区也有此说法。

涉及饮茶本义的俗语比较少，大多数是由饮茶的引申义衍生而来的。例如：

（1）烂茶渣。

广府人注重茶的新鲜度，把已经泡过茶的茶叶称为“茶渣”，茶渣不能再次泡茶，否则会索然无味。《广州话方言词典》把“烂茶渣”解释为“比喻没有用的东西”①。粤方言有句俗语：“男人四十一枝花，女人四十烂茶渣。”意思是四十岁的男人正值壮年，而四十岁的女人已经到了人老珠黄的年纪。

（2）好茶不怕细品。

这个俗语是用来比喻事物经得起时间的考验，与“真金不怕火炼”意思相似。

（3）口水多过茶。

这个俗语是指说话时喷出来的口水比喝的茶水还多，形容人废话多。如：咁简单嘅问题你讲咗咁耐，真系口水多过茶（这么简单的问题你说了大半天，真是废话一大堆）。

（4）安乐茶饭。

“茶饭”在旧时指的就是宴会上丰盛的食物。“安乐茶饭”指稳定的生活、安乐的生活。安乐茶饭是大多数广府人追求的生活，如：到老嗰阵有啖安乐茶饭食就得喇（到老的时候能过上安稳的生活就满足了）。

（5）人在人情在，人走茶就凉。

这是用来形容人情淡薄。

（6）冻水冲茶——冇味。

冻水：冷水，冲茶：泡茶，意为用冷水泡出来的茶，没有茶味，不好喝。

① 李荣主编，白宛如编纂：《广州方言词典》，南京：江苏教育出版社，2003 年，第 132 页。

多用来指事情乏味。如：过节搞呢啲活动直程系冻水冲茶——冇味啦（过节搞这些活动一点意思都没有）。

粤语中由饮茶引申义衍生出来的俗语有很多，在这里我们不再一一列举，只选取部分俗语加以解释说明。

饮茶文化是广东饮食文化的一个缩影，我们通过对粤方言饮茶用语的研究，发现从“二厘馆”到茶楼这一系列饮茶处所用语的变迁，恰恰体现了广东人文化心理的一系列变化过程，从而也说明了饮茶在人们日常生活中的地位越来越重要。对粤方言饮茶用语的粗略探究，我们发现粤方言中保留了不少古汉语词汇的现象，从这些语言现象中可以看出广东特有的饮茶习俗，以及由此折射出的饮茶文化。饮茶文化既是民俗文化，又是饮食文化。有些饮茶用语远远超出其饮食本义，具有了日常招呼语以及指代词的作用。受饮茶用语影响，粤方言中也衍生了大量与饮茶相关的俗语，这些俗语蕴含着更加丰富的文化内涵，同时也促进了广东饮食文化的发展。

广州市仙村镇下境村七夕节习俗调研

朱欣文　列祖儿[①]

下境村，紧邻繁华大都市和工业园区，西距广州市中心 45 公里，南距东莞 18 公里，东北距增城区 22 公里，连接广州至东莞的广园快速路从旁边经过，交通十分便利。下境村附近工业园林立，紧挨国内最大的牛仔服生产基地——新塘工业区，村周围东江北支流密布。这样一个“繁华地带”却保存着古老的七夕祭拜习俗。我们通过长期观察和实地调研，揭示其传承原因。

一、从星宿到传说中的七夕节

七夕节是中国七大传统节日之一，七夕乞巧、牛郎织女相会，这些岁时风俗流传两千多年了，大家耳熟能详，并传到了日本、朝鲜、越南等国家。但是，牛郎织女为什么在七夕相会？最早七夕节俗记录于何处？七夕习俗是如何一点点丰富的？这些问题许多人就不是很清楚了，特别是年轻一代，知之不深，或知其然而不知其所以然。故弘扬传统民俗文化，梳理七夕节的历史就变得非常重要了。

七夕节俗，来源于星宿崇拜而不是爱情传说。古人为观测日月星辰天象、占卜吉凶，将天空按东北西南四个方位划分为四组，每组七宿，共二十八星宿。二十八星宿名称为角、亢、氐、房、心、尾、箕、斗、牛、女、虚、危、室、壁、奎、娄、胃、昴、毕、觜、参、井、鬼、柳、星、张、翼、轸，是以市井生活物件和种类命名的，牛（郎）与（织）女最早是星宿名称。星宿起源，专家们推测最迟产生于西周。若以文物考查论，湖北随州出土的战国

① 作者简介：朱欣文，广东海洋大学文学与新闻传播学院副教授；列祖儿，广东海洋大学大学文学与新闻传播学院学生。

早期曾侯乙墓漆箱，上面首次记录了完整的二十八宿的名称。《诗经·小雅·大东》里最先提到“织女”和“牵牛”：“维天有汉，监亦有光。跂彼织女，终日七襄。虽则七襄，不成报章。睆彼牵牛，不以服箱。东有启明，西有长庚。”①《诗经》为先秦时代的诗歌总汇，这首诗所描写的，是天上的织女、牵牛二星的辛勤劳作。此时的织女、牵牛仅仅是星辰的名称，还未产生相关的传说，也没有产生爱情纠葛。

到了汉代，星宿和传说一起丰富起来了。成书于西汉的《史记》，记载了上至上古传说中的黄帝时代、下至西汉武帝时期共3 000多年的历史。《史记》在介绍各国国运及地理分布时，总要提到星宿分野，这种写法沿用至后世正史记载。史学界公认二十八宿最早用于天文，它在天文学史上的地位非常重要，到了唐代，二十八宿代表二十八个天区主体并基本固定下来。与此同时，牛郎织女的故事也始见于汉代文献与诗歌。《史记卷二十七·天宫书第五》载：“织女，天女孙也。”② 织女，是天帝的孙女，即是仙女。织女神的形象隐现其中，这表明天女下凡爱恨纠葛的神话，至迟在战国中后期便已成型了。先秦《诗经》中的织女和牵牛，还只是天上的织女星和牵牛星，到了汉代《古诗十九首》之“迢迢牵牛星”，两颗星就幻化成传说了。

迢迢牵牛星，皎皎河汉女。
纤纤擢素手，札札弄机杼。
终日不成章，泣涕零如雨。
河汉清且浅，相去复几许？
盈盈一水间，脉脉不得语。③

此诗借神话传说中牛郎、织女被银河阻隔不得会面的悲剧，抒发了女子与丈夫离别的相思之情，写出了人间夫妻不得团聚的悲哀。《诗经》说织女徒有虚名，不会织布，而《迢迢牵牛星》则说织女因相思而无心织布，隔河落泪，对水兴叹。到了曹丕的《燕歌行》、曹植的《洛神赋》和《九咏》里，

---

① 陈节注译：《诗经》，广州：花城出版社，2002 年，第 307 页。
② 司马迁：《史记》，长沙：岳麓书社，2001 年，第 150 页。
③ 郧国平选注：《汉魏六朝诗选》，上海：上海古籍出版社，2005 年，第 66 页。

牵牛和织女已成为夫妇了。曹植《九咏》注曰："牵牛为夫，织女为妇。织女、牵牛之星，各处河鼓之旁。七月七日，乃得一会。"这是那个时代最明确的记载。据此推测，汉代，牛郎织女悲欢离合的爱情故事轮廓已经基本定型，并常常用于比喻人间夫妻聚少离多的生活情境，后世诗文常常以此书写天上人间的爱情。

《淮南子》载："乌鹊填河而渡织女。"① 指的是每逢七夕，乌鹊便相连成桥，使织女与牛郎相会，故至今牛郎织女的七夕相会又被称为"鹊桥会"。在南阳出土的汉画像石中，右上方是牵牛、织女星辰，下面部分左边是挽着高高的发髻端坐的少女，右边是牵着牛、手持牛鞭子的男子，② 此时，牛郎织女的故事已经被用作绘画或者雕刻的题材，被人们广泛接纳。

汉代以后，牛郎织女的神话传说不断丰富，在许多典籍、传记、志怪小说、诗歌等作品中都有相关的描述和记载。至唐宋，七夕爱情的主题在诗词中越来越丰富，超过了乞巧内容：或者热情讴歌牛郎织女的纯洁爱情，提出真挚的情感可以跨越时空，或者表达耳鬓厮磨的缠绵爱情，或者质疑天上爱情的真实性可靠性。最著名的当属秦观的《鹊桥仙》，简直是跨越时空的爱情宣言：

> 纤云弄巧，飞星传恨，银汉迢迢暗度。金风玉露一相逢，便胜却、人间无数。
>
> 柔情似水，佳期如梦，忍顾鹊桥归路。两情若是久长时，又岂在、朝朝暮暮。③

宋代苏轼《鹊桥仙·七夕送陈令举》，提出对天上爱情的质疑：

> 缑山仙子，高情云渺，不学痴牛騃女。凤箫声断月明中，举手谢、时人欲去。
>
> 客槎曾犯，银河波浪，尚带天风海雨。相逢一醉是前缘，风雨

① 陈元靓撰：《岁时广记》卷二六，上海：商务印书馆，1934 年，第 297 页。
② 周到：《南阳汉画像石中的几幅星象图》，《考古》1975 年第 1 期。
③ 高建中选注：《唐宋词》，广州：广东人民出版社，2001 年，第 323 页。

散、飘然何处。①

宋代李清照《行香子》：

草际鸣蛩，惊落梧桐。正人间、天上愁浓。云阶月地，关锁千重，纵浮槎来，浮槎去，不相逢。

星桥鹊驾，经年才见，想离情、别恨难穷。牵牛织女，莫是离中。甚霎儿晴，霎儿雨，霎儿风。②

秋天，蟋蟀在草丛中幽凄地鸣叫，梢头的梧桐叶似被这幽凄之声惊落。此情此景，在词人看来，正是人间天上离愁别怨最浓最重的时候。通过“天上愁浓”的联想，作者把自己的心境与牛郎织女的离愁紧紧地编织在一起。

唐宋以后，七夕传说，以爱情故事见长，七夕的星宿起源渐渐被人们淡忘。但思念、相会、鹊桥等常在诗文中出现。

从全国范围来看，牛郎织女传说的主要内容是织女下凡，河边沐浴，牛郎收起其衣裳，二人结为夫妇，诞下儿女，最后被天帝和王母娘娘知晓，罚其每年七月初七才能通过喜鹊搭桥相会一次。部分细节，各地稍有不同。牛郎织女是我国几千年农业社会中“男耕女织”小农经济的形象化身，不能把这个传说故事的产生看作是一个偶然事件，而应该是社会生活的必然产物。牛郎、织女这两个人物标志性的身份特征代表着传统农耕社会的社会分工和家庭角色，牛郎织女传说本身就反映着农民的生活与愿望。

七夕节如何由传说故事而形成节俗？牛郎织女相会为何定在七月初七？“七”在《周易》的卦爻辞中有“反复”“归来”的意思。《周易·复卦》：“反复其道，七日来复。”《既济卦》中又说：“妇丧，其茀，勿逐，七日得。”意思是失去妇，指隐藏起来见不到，不要追寻，经七日可以得到。《周易》经文的形成，学者们一般认为在商末周初，与牛郎织女传说情节初步形成时间大致相当，故认为牛郎织女在七月七日相会应与此有关。

牛郎织女相会这一天，东汉中期以前只说是“七月七日”，至应劭《风俗

① 邹同庆、王宗堂：《苏轼词编年校注》（上册），北京：中华书局，2016 年，第 65 页。

② 李清照著，李月、张敏鹏编校：《李清照词集》，北京：民族出版社，2004 年，第 36－37 页。

通义》始简称作“七夕”。从此，“七夕”也就成了流传广泛的节日名称。晋周处《风土记》记载：“七月初七日，俗重此日，其夜洒扫中庭。然则中庭乞愿，其旧俗乎?”又说：“魏时人或问董勋云：‘七月七日为良日，饮食不同于古，何也?’勋云：‘七月黍熟，七日为阳数，故以糜为珍。今北人唯设汤饼，无复有糜矣。’”七月七日成牛郎织女相会之日，一是因为这一天为阳日；二是此时秋粮初收，农民情绪欢欣之故[①]；三是农历七月，中原大部分地区秋高气爽，丰收时候达旦欢愉，是观星望月的最好季节，故望月萌生许多传说故事，许多节日习俗。农耕社会早期，人们对星神的祭祀活动主要是尝新和荐庙两项仪式，周代以前即有以新黄之穗荐田祖“尝新”之礼。农历七月七日向织女“乞巧”，也包含祈求丰收之意。这最早是秦人的风俗，随着秦帝国的壮大，先至中原，后至全国。随着“牛郎织女”的神话传说日渐丰满，其神性在织女星神上迁移，逐渐在整个中国范围内形成了传统的七夕节。到了汉代，由于王室贵族推崇，民间盛行七夕节祭月和乞巧。这种确定的信仰仪式，又进一步巩固了神话传说在人们心中的可靠性。于是，一个以农历七月初七为节期，以织女为祈祭对象的节日便产生了。七夕作为中国传统的节俗，与中国其他的传统节俗一样，同农时生活节奏一致。

关于七夕节日的记载，最早见于晋葛洪《西京杂记》卷三中：“西汉宫人至七月七日，临百子池，作于阗乐。乐毕，以五色缕相羁，谓为相连爱。”[②]这是有关七夕节俗的最早的记载。说明那时已经产生七夕节，并且形成了乞巧的风俗。诗文也有记载相关习俗，如唐代孟浩然的《他乡七夕》：

他乡逢七夕，旅馆益羁愁。
不见穿针妇，空怀故国楼。
绪风初减热，新月始临秋。
谁忍窥河汉，迢迢问斗牛。[③]

① 赵逵夫：《七夕节的历史与七夕文化的乞巧内容》，《民俗研究》2011 年第 3 期，第 33－34 页。

② 葛洪：《西京杂记》，重庆：重庆出版社，2000 年，第 121 页。

③ 彭定求等编：《全唐诗》（上），郑州：中州古籍出版社，1996 年，第 898 页。

元代卢挚《【双调】沉醉东风·七夕》：

> 银烛冷秋光画屏，碧天晴夜静闲亭。蛛丝度绣针，龙麝焚金鼎。度人间佳令。卧看牵牛织女星，月转过梧桐树影。①

七夕乞巧，卧看星际，或羁旅愁容，或恬谧感受，妇女穿针、蛛丝度绣针等风俗在此词中都有描述。

《宋史》卷六十二记载：“居前，宣祖至祖宗诸帝居中殿，元天大圣后与祖宗诸后居后。掌宫内侍七人，道士十人，吏卒二百七十六人。上元结灯楼，寒食设秋千，七夕设摩睺罗。”② 宫廷也庆贺七夕，设摩睺罗（小玩偶）。《西京杂记》卷一：“汉彩女常以七月七日穿七孔针于开襟楼，俱以习之。”③《荆楚岁时记》记载：“七月七日，为牵牛织女聚会之夜。”“织女则主瓜果。”“是夕，人家妇女结彩缕，穿七孔针。或以金银鍮石为针。陈几筵酒脯瓜果于庭中以乞巧。有喜子网于瓜上，则以为符应。”④ 南朝宋孝武帝《七夕诗》云：“迎风披彩缕，向月贯玄针。”又云“言此二星神当会，守夜者咸怀私愿。或云，见天汉中有奕奕白气。或光辉五色。以为征应，便拜得福。然则中庭祈愿，其旧俗乎。”守夜，祭拜牛郎织女二星；许愿，若天空有“奕奕白气或光辉五色”，则得愿。穿七孔针于开襟楼，蜘蛛结网等七夕节日民俗事项，在古人文章中都有详细记载。

粤地虽然偏安一隅，但是广东旧时风俗与中原同，即使是偏远的粤西地区，七夕习俗也大同小异。“七夕乞巧，女子以蜘蛛一对，鲜果一枚，插针其上，并以碗覆之，早次视蛛丝穿过孔者为得巧。”⑤ 有童谣云：“七月初七冚蜘蛛，七支香、七盅茶，七个娘子跪平平；蜘蛛公，蜘蛛母，穿过针鼻结个茧，三个嫁官四作奶。”此种风俗，城乡都广为流传。

梳理七夕节的历史，我们发现：中国传统七夕节的形成，与西周时期织

---

① 刘刚：《中华节令风俗文化·秋》，沈阳：沈阳出版社，2013 年版，第 50 页。

② 脱脱：《宋史》志第四十七，北京：中华书局，1985 年，第 2093 – 2419 页。

③ 葛洪：《西京杂记》，重庆：重庆出版社，2000 年，第 121 页。

④ 张华：《荆楚岁时记》，上海：上海古籍出版社，2012 年，第 163 页。

⑤ 雷学海修，陈昌齐等纂：《中国地方志集成·广东府县志辑·雷州府志》，上海：上海书店出版社，2003 年，第 167 – 169 页。

女、牵牛二星的发现有关。牛郎与织女最初源于原始信仰中的星辰崇拜，是星宿的神化与人格化，后来才产生对织女星神的信奉和祭拜。汉代以后，民间神话传说附会，逐渐定型了“牛郎织女”的爱情故事。随着平民百姓的口耳相传和相关文学作品的广泛流传，这个爱情故事内容、情节、人物也不断得到充实与丰满。随着织女神性的扩大，后世逐步形成了以祈求婚配、生子、农事丰收为主题的多元文化含义的七夕节俗。从现有材料看，星宿发现在前，牛郎织女的神话传说在后，七夕节俗形成更晚。

二、下境村七夕节活动流程

下境村位于广州市增城区仙村镇的南面，东江北岸，广园东路延长线地段仙村出口，有一千余年的建村历史和文化积淀。全村总面积约 3 平方公里，现有耕地面积2 000亩，鱼塘 400 亩。改革开放后，村里大部分的劳动力外出打工，人均年收入达 6 千元。如今的下境村人丁兴旺，现有1 063户，常住人口4 400人，由 6 条自然村组成，共 18 个生产合作社。

据下境村的列氏宗谱记载：列氏先祖——宋朝驸马列之杰（955—1031）于北宋咸平元年（998）从陕西地区举家南迁，在仙村镇下境村建村定居，从而将中原文化带入岭南的下境村；其妻赵永安（956—1024）为宋朝公主，这种特殊的身份也将皇家的传统信仰及仪式带到了南方，渗透在后人的生活之中。现在，村里还保留着多座大小不等的祖宗祠堂以及列氏大宗祠、四帅古庙。祖宗祠堂主要是供村民按照血缘远近、亲疏关系拜祭祖先的场所，一般在春节、清明节、重阳节进祠堂拜祭祖先，生育了儿子的村民于次年进祠堂举行“起灯”仪式。列氏大宗祠主要用于商讨宗族的重大事件，后改作学堂，现被改造为政府办公用地。紧邻的四帅古庙建于明朝天启年间，列氏村民全部信奉道教、佛教，全部祭祀活动都在四帅古庙进行。四帅古庙最热闹的节日便是七夕节中的“七夕旦”，本地人称“七姐诞”，拜祭“七姐”（即织女、七仙女）进行乞巧。村里至今仍保留着传统的七夕风俗。

（一）节前的手工制作

七夕节前，四帅古庙的阿姐们（庙里的女性长者）会提前几个月准备七月初六晚上的庆典用品。用传统的手工制作各种花卉、果蔬、树木、房屋、人偶等，形态十分逼真。也会做传统的女红，做出一双双精美小巧的绣花鞋，一件件美丽的花衣裳。这些纯手工制作的工艺品，涵盖了珠绣、广绣、压花等民间工艺。

图1　七夕节的四帅古庙正面外观图，摄于2017年8月27日（农历七月初六）傍晚

笔者近三四年实地观察和采访村民，得知一个特别有趣的现象：每逢农历七月初，就有大批喜鹊不请自来，停站在下境村大塘面牌坊前的电线上。空中电线纵横交错，上面密密麻麻地站满喜鹊，大约有几百只，地上全是白花花的鸟粪。七夕过后，电线上的喜鹊便不见踪影，可谓神奇至极！东汉应劭的《风俗通义》中载：“织女七夕当渡河，使鹊为桥，相传七日鹊首为髡，因为梁以渡织女故也。”① 下境村的喜鹊在七月初群集，恰恰与传说中的“鹊桥相会”相吻合，当中缘由，暂无科学解释，但村民认为应和恰似神现，欢喜雀跃。

（二）欢庆的七夕活动

1. 精美的手工作品展示

农历七月初六晚上，心灵手巧的阿姐们把七夕庆典场地早早地布置妥当。下午至傍晚七点多，古庙提供斋饭，供村民和远道而来的信徒免费食用。常常有广州、东莞的市民来四帅古庙游玩。傍晚六点左右，村民和从四面八方赶来的人陆续进入古庙，欣赏庆典的摆设。在古庙的正中心，用十余张八仙桌，拼接成三大板块，上面全部是阿姐们精心制作的花卉、果蔬、树木、高楼、房屋、农田、小桥等造型的手工艺品，墙上挂着仙女们穿的新衣服，它们用彩纸制成，与正常成年人的尺寸相近。

进入古庙，正前方是“塘面坊”（下境村大塘面的牌坊），用泡沫、木板

① 张君：《神秘的节俗》，南宁：广西人民出版社，2004年，第148页。

制成底板，再由谷粒、米粒、珠花、彩粉等材料一粒粒粘贴而成。牌坊前是“出入平安”的字样，两边摆上手工做的小巧玲珑的八大仙姑穿的绣花鞋。正中间是各位仙女和三对佳偶——牛郎织女、下境村列氏先祖列之杰和公主、爱国名将杨宗保和穆桂英的塑像。牌坊后面也是用谷物、珠花等拼成的“七夕旦”和“七巧夕”等字样。其他的宝塔均是用红枣、谷粒等一粒粒粘贴而成。

在其他部分摆满新鲜的各种贡品。展台左边是纸做的洋房、花园、喷泉，右边是用稻草和藤条树枝制成的传统的农田茅舍（牛郎织女的家），并且有“牛郎织女相会”的场景再现。展厅的四周摆满了手工制作的纸花，再用铁丝一朵朵串起来挂在盆栽的树枝上，恰似“千树万树梨花开”的场景。各种亭、台、楼、阁之上都布满小彩灯以及仿真的小型喷泉，展厅的半空中悬挂着各色彩带。

人们入庙观赏展品前，先击鼓、进香，在庙前祭拜、祈福（庙里有阿姐专门负责给每位添香油钱的村民念祝祷词，并逐一敲鼓禀告神明）、烧经文、挂塔香。晚七点左右，整个古庙里里外外都挤满了人，香火缭绕。每年七夕，四帅古庙接待进香人数高达千人。过去，参加七夕会的仅限女性，她们三五成群在古庙集会、参与祭拜，男性很少与会。现在，男女老少均可参加七夕会。近年，有少数的青年男子会和女伴一同观赏展厅，但是，烧香后会早早回家，一般不作更多的逗留。妇女们会在古庙前坐着或者铺上凉席一起休息，等着深夜的重头戏——“仙女下凡”和“神仙附体”。阿姐们高兴的时候也会载歌载舞、自娱自乐、唱和对答。

图2　牌坊前“出入平安”字样

图3　“七夕旦”及三对佳偶的塑像

图 4　手工制作的绣花鞋

图 5　用谷粒、红枣、香烛粘贴而成的宝塔

图 6　供桌上的瓜果

图 7　牛郎织女相会的场景模拟

2. 仙女下凡及神仙附体

“仙女下凡”是在七月初六深夜 11 点至次日凌晨 1 点左右。人们把仙女穿的衣服串在杆子上，子时一到，经常会有阵风在庙前掠过，衣服往往随风舞动，仿佛仙女下凡，穿上了新衣服在跳舞。有时候风比较大，衣服舞动得很厉害。

“神仙附体”也在同时进行。被附体的一般是与神明接触较多的阿姐们，附体的神仙往往是孙悟空（孙大圣）及济公等。民众围着被附体的阿姐，被附体者表现的神态与附其体的神仙相似。如济公附体的时候，阿姐一边拿着一把破旧的蒲扇，一边挠着痒痒在说话、唱歌，口中念念有词。2016 年是孙悟空附体，平日里安安静静的阿姐被附体后在众人面前不停地翻着筋斗，围观的村民看得津津有味，有鼓掌的、有吹哨的，气氛十分热闹。直至夜深人们才渐渐散去。

与初六晚上的热闹不同，七月初七古庙又恢复了往日的平静。庙前的铁架子上还挂着昨夜点燃的塔香，一般七日后才会烧尽。在七月初六深夜庆典结束之后，热闹的七夕节日便算庆祝完毕。七月初七的子时是牛郎织女相会之时，天亮即算离别，七夕也就告一段落了。

图8　古庙旁的空地，上演“神仙附体”的现场

图9　古庙前人头攒动

（三）家中的活动

除了庙里庆典，在农历七月初七的清晨，村民会在家中“拜七姐”。她们在屋里的桌子上摆上香案，各式瓜果、贡品，对七夕节的主角七仙女进行祭拜，烧香祭拜后点燃鞭炮。因此，七夕早上村里的鞭炮声不断，在路边也能看见刚刚烧过的鞭炮红衣散落在地上。

在七月初七的清晨，天空往往是灰蒙蒙的，经常会在天亮的时候下起小雨，村民们认为这是牛郎织女相会后即将分别的眼泪。这天清晨四五点钟左右，村民们会陆续拿着塑料瓶和塑料桶到河边汲水，据说这天天全亮之前装的河水，用干净的罐子密封后放在家中储存，经年不坏，也不会变质发臭，其他时候装的河水，即使是自来水，储存时间长了也会变质。年长的村民会把这些七夕河水保存好，等到春节的时候，给家中富贵竹浇上，富贵竹会养得特别好，格外翠绿。

有些年长的村民还会带着一筐米到河边洗，用河水把米淘洗干净，再用罐子装上河水，放在家里阴凉处密封保存，等瓶子里的米发酵软烂的时候，就可以当药使用。据传这种用七月初七清早的河水才能制作的“浸臭米”，对风火牙痛、口舌生疮、口腔溃疡有奇效，涂于患处，不久就好了。

紧接着村民便开始在大埗头和周围的河里游泳或者沐浴。下境村的村民不论男女老少大都熟水性，因为村里的农田在鹅桂洲岛，与村庄一河相隔，以前要耕田劳作时，小孩子都骑着水牛过河，成年人则乘坐摆渡的船只，因此，村民们从小就会游泳。相传这日的河水能够强身健体，具有特殊的功效。但是，在河里游泳要赶在天未亮之前进行，据说天亮后水的保健作用将大大减少，还有流浪汉也会来游泳，故天大亮之前村民会赶紧上岸回家。

三、下镜村七夕节习俗变迁

七夕节最迟在汉代已经成为一个确定的节日，有相应的风俗及祭拜仪式。人们主要在七夕节进行乞巧、祈婚配、祈子、祈生等。陕西地区在七夕举行结扎巧姑的活动，胶东地区盛行拜七姐神，闽南和台湾盛行拜“七娘妈”，浙江省宁波、绍兴地区的妇女在七月初七这天都爱用荆树叶浸水洗发，相传洗后能使头发滑润乌黑。现两广地区仍有汲井华水、沐浴的习俗，个别地区有“耍七姑娘”和组织“七娘会”的习俗。“七娘会”往往聚集在宗亲会馆，摆下各式各样鲜艳的香案，遥祭牛郎织女。广州地区在七夕则有“迎仙”的活动。结合下境村传承至今的七夕节俗，可以看出，传统的七夕节俗从中原进入南粤，糅合了民间和皇家的信仰仪式，传承至今。

（一）乞巧

乞巧是七夕节俗中最重要、家喻户晓的部分，从祭拜织女星而来。古人坚信天上的星辰主管地上的事情，按照男主外、女主内，男耕女织的传统农业社会分工，女子在七夕祭拜织女，乞求织女赐予灵巧的女红手艺，从而在家庭生活中获得经济地位，进而得到幸福。她们对着月光穿各式针线，穿过者即为“得巧”；或者抓一只蜘蛛关在盒子内，次日根据蜘蛛结网的疏密判断巧拙，以模仿巫术暗示人们的心理行为。

汉代就有七夕彩女穿针、对月乞巧等习俗。宋代东京旧俗与之相似却更豪华，七夕乞巧仪式变得十分隆重。“至初六日七日晚，贵家多结彩楼于庭，谓之‘乞巧楼’，铺陈磨喝乐、花、瓜、酒、炙、笔、砚、针、线，或儿童裁诗，女郎呈巧，焚香列拜，谓之‘乞巧’。妇女望月穿针，或以小蜘蛛安合子内，次日看之，若网圆正，谓之得巧……”[①] 孟元老为我们描绘的汴梁七夕，呈现出一派前所未有的景象，不仅节日的热闹程度前所未有，而且，节日的时间也大大拉长了。以前的七夕，只限于七月七日夜间的乞巧，而在宋代东京，一入七月，市面上就早早地呈现出浓郁的节日气氛。从七月初一日开始，绵延好几条大街的七夕集市就开张了，到处都是兜售摩睺罗、水上浮、谷板、种生、花瓜、果食花样等七夕节供之物的商贩，置办七夕节物的人们熙熙攘攘，摩肩接踵，把整条大街挤得水泄不通。七月初四、初五，七夕集市的热闹境况达到高潮；初六初七日晚，富贵人家开始在庭院结彩楼“乞巧”了。

唐代崔颢《七夕》诗云：“长安城中月如练，家家此夜持针线。仙裙玉佩空自知，天上人间不相见。”[②] 唐代祖咏的《七夕》诗：“向月穿针易，临风整线难。不知谁得巧，明旦试相看。”都反映当时女子月下持针穿线、期盼得巧的情景。

南宋吴自牧《梦粱录》载：“七月七日，谓之‘七夕节’。其日晚晡时，倾城儿童女子，不问贫富，皆着新衣。富贵之家，于高楼危榭，安排筵会，以赏节序，又于广庭中设香案及酒果，遂令女郎望月，瞻斗列拜，次乞巧于女、牛。”[③]

乞巧活动不但在民间得到重视，在皇亲贵族中也同样盛行。《开元天宝遗事》载：“唐玄宗在宫中建乞巧楼，楼上陈列瓜果酒炙，摆设坐具，以祭祀牵牛、织女二星。赐给宫中妃嫔七孔针、五色线，在月光下穿过者为得巧。”[④]

在下境村，主要以宗亲乡会的形式在四帅古庙中组织“七夕旦”，摆上各

---

① 孟元老撰，邓之诚注：《东京梦华录注卷之八·七夕》，北京：中华书局，1982 年，第 209 页。

② 万竞君注：《崔颢诗注》，上海：上海古籍出版社，1981 年，第 20 页。

③ 吴自牧：《梦粱录》，济南：山东友谊出版社，2001 年，第 128 页。

④ 王仁裕：《开元天宝遗事》，上海：上海古籍出版社，2012 年，第 137 页。

式手工作品和瓜果、香案，对织女进行祭祀，延续展品示人观看、供人品评比较的旧俗。热闹一直从七月初六下午持续至深夜。本村的习惯，以农历的七月初七子时为界限，七夕庆典在七月初六深夜至七月初七凌晨，与有些地方七夕节俗活动在初七的夜晚举行不同。

在节庆时间上，下境村与五代时南唐宗室的习俗相一致。唐以前，七夕乞巧就在七夕当夜，宋代时间延长至六七天，故六夕、七夕祭拜都可以。五代时，为避开宫廷祭拜，民间祭拜改在六夕，后代相沿成习。宋陈元靓《岁时广记》引《岁时杂记》云："京师人家左厢以七月六日乞巧，右厢以七夕乞巧。"《容斋随笔·三笔》卷一："太平兴国三年七月，诏七夕嘉辰著于甲令。今之习俗，多用六日，非旧制也，宜复用七日。且名为'七夕'而用六，不知自何时以然。唐世无此说，必出于五代耳。"[①] 陆游在《入蜀记》卷二中说："（七月）五日……右文林郎监大军仓王烜来。王言京口人用七月六日为七夕。盖南唐重七夕，而常以帝子镇京口，六日辄先乞巧，翌旦，驰入建康，赴内燕，故至今为俗云。"[②] 陆游对此说表示怀疑，也许这反映的是事实。明沈德符《野获编》云："江南李煜以七夕生。至期，其弟从益至润州赴贺，乃先一日乞巧，江浙间俱化之，遂以成俗。至宋成化间，始诏更定仍为七夕。然则七夕之用六，自南唐始。"这里讲得具体确凿，应属可信。七夕实为六夕，大约从南唐开始，由宫中传至民间。

广州旧时一直延续着宋代六夕的传统。清光绪二十五年（1899）刻《德庆州志》"以七月六夕为七夕，粤俗大抵皆然。女儿罗酒果祀牛女，谓之'拜仙'"。民国十九年（1930）刻《龙山县志》"七月六夕，女儿以花果供'乞巧'"。近人东莞邓尔雅（1883—1954）《癸亥七夕竹枝词》云："纸醉金迷斗巧工，民间俗尚仿深宫。改将七夕从初六，南粤犹存五代风。"此诗作于1923年，其自注云："七夕改为六夕，始于五代，以七夕诸大臣须赴宫中乞巧会也。"[③] 胡朴安编著的《中华全国风俗志》说："广州风俗，綦重七夕，实则初六夜也。""诸女士每逢是夕，于广庭设鹊桥，陈瓜果，焚檀楠，爇巨烛，

① 洪迈：《容斋随笔》，北京：中华书局，2005年，第435页。

② 陆游：《入蜀记》，北京：中华书局，1985年，第13页。

③ 《东莞文史》编辑部编：《东莞文史》，东莞市政协文史资料委员会，2001年，第339－340页。

锦屏绣椅，靓妆列坐，任人入观不禁，至三更而罢，极一时之盛。其陈设之品，又能聚米粘成小器皿，以胡麻粘成龙眼、荔枝、莲藕之属，极精致，然皆艺事，巧者能之。”① 这些都说明，近代以前广东普遍七月初六庆七夕。

胡朴安引《黄志》云：“自汉末建安至于东晋永嘉之际，中国之人，避地者多入岭表，子孙往往家焉。其流风遗韵，衣冠气习，熏陶渐染，故习渐变而俗庶几中州。”② 据下境村族谱记载，列家祖先在宋代从陕西举家南迁至珠三角，已然保存中原习俗。加上一村一姓，人员结构单纯，即使是现在，村里也较少有外人居住，故下境村七夕习俗从旧，就很好理解了。

（二）乞婚配

汉族的前身华夏族至迟在战国时期已恪守“男女授受不亲”和婚姻遵循“父母之命，媒妁之言”的礼教，从那时起，女性婚姻不能自主，也不能公开抗争，少女们只能借七夕节乞巧的机会，向夜空中的织女星神诉说心愿、乞求织女保佑婚姻如意。旧时，全国各地都有一些织女庙，用以祭祀牛郎织女这对自由爱神，其中以江苏太仓的织女庙最为有名。今天台湾台北市的北投，还有一座著名的“情人庙”，庙里供奉的是牛郎织女，庙联写的是“真情无人见，假情天有知”。由此可见，七夕祭祀织女寄托着少女少妇们对幸福美满婚姻的渴望。

《中华全国风俗志》下篇卷八记载，广州七夕，“一般待字女郎，联集为七夕会，先期备办种种奇巧玩品，并用通草色绳纸芝麻米粒等，制成各种花果仕女器物宫室等拜仙之举。已嫁之女不与会，惟新嫁之初年或明年，必行辞仙礼一次”。“新婚后的新娘在过第一个七夕时，要举行一次‘辞仙’仪式。即在初六晚上祭神时，贡品除了红蛋、牲醴、酸姜等（取兆得子）外，还要加上梨，以示与姑娘身份离别之意。”③ 清代至民国，广东一带尤其重视七夕节，“拜七姐”活动一般由少女少妇进行，男子与中老年妇女只能在一旁观看。

由此可知，七夕会的参与对象是未嫁的少女和初嫁的妇人。未嫁之女和初嫁之女祈求婚姻幸福美满，三五成群地集结与会，应该是一种秘密的结社

① 胡朴安：《中华全国风俗志》，北京：气象出版社，2013 年，第 335 页。

② 胡朴安：《中华全国风俗志》，北京：气象出版社，2013 年，第 305 页。

③ 叶春生、施爱东主编：《广东民俗大典》，广州：广东高等教育出版社，2005 年，第 89 页。

形式——姑娘会。未嫁与已嫁的界限是婚配，可见与会的最终目的是祈求婚配，向织女祈求一段良缘。乞巧，只是在封建家长制下的一种借口，最深层的原因应当是祈求婚配。故在祭拜织女星时，就把牛郎织女的爱情故事编入其中。他们自由恋爱、一见钟情，虽遭外人破坏（玉帝及王母娘娘），但是天若有情天亦老，感动上天，遂有一年七夕相会一次，这些都符合少女们的心思和梦想。

虽然后世主婚配的神性转移到男性长者月老的身上，但是，七夕节俗却一直传承下来。究其原因，这是传统社会女子可以自由参加且姊妹们共同合力祈祷祝愿的节日。可以看出，祈求婚配是唐宋以后七夕节最深层的目的，也是最重要的主题，因为，那时牛郎织女神性渐淡而人性渐浓。唐宋诗词都有怀疑天上爱情的，看来人间真情更可靠。

图 10　牛郎织女相会

图 11　旧时女子生活情景

（三）乞子

已婚妇女向织女祈求生育，用冬瓜或者其他瓜类包上花布，象征得子。或者在七夕进行“化生”，即模拟婴儿出生后受洗的巫术仪式，向织女乞求生育。《岁时纪丽》云：“七夕，俗以蜡作婴儿状，浮水中以为戏，为妇人生子之祥，谓之化生。”① 在下境村四帅古庙，供奉着送生司马、金花圣母、花公、花母、十二奶娘，各具形态，展现养育孩子的各种情态和阶段，保佑幼儿健

① 张君：《神秘的节俗》，南宁：广西人民出版社，2004 年，第 146 页。

康成长。

化生、种生意味着万物生长，乞求生长暗含着乞求生子之意。织女的神性之一是主稼果、生计和财货。织女原是收获的神，保佑人民五谷丰登。在《荆楚岁时记》中有“织女星则主瓜果”，后来演变出七夕乞巧时做各种“巧花”“巧菜”“谷板”这类的习俗。在祭拜时奉上各式瓜果，《东京梦华录》卷八中载，七夕“又以小板上傅土，旋种粟，令生苗，置小茅屋，花木作田舍家小人物，皆村落之态，谓之‘谷板’。又以瓜雕刻成花样，谓之‘花瓜’”①。胡朴安编著的《中华全国风俗志》云，广州风俗，“惟家家皆有秧针一盂，陈于几，植以薄土，蓄以清泉，青葱可爱，乃女伴兼旬浸谷，昕夕量水，凭炎热天时酝酿而成者。睹此觉中土‘谷雨浸谷，芒种莳秧’之说，犹滞古谚，拘于地，囿于时也”②。

在下境村，庆典活动在四帅古庙举行，展品中有数千朵手工纸花；用谷粒、米类、红枣等制成的牌坊和“出入平安”的谷板；镂空的西瓜插上各式鲜花；用小草和稻草、玉米搭建的小茅屋，均是古代七夕“祈生——祈求万物生长”之习俗的表现。织女主稼果、生计、财货这一神性仍然保留至今。后来，由于生育和保佑幼儿的神性已经转移到十二奶娘身上，因此，织女主生育的神性渐渐淡出，乞子习俗也就慢慢消失。就全国而言，祈子转向送子观音娘娘祈求。

图 12　阿姐们制作的“花瓜”

图 13　阿姐们手工制作的彩花

① 孟元老撰，邓之诚注：《东京梦华录注卷之八·七夕》，北京：中华书局，1982 年，第 209 页。
② 胡朴安：《中华全国风俗志》，北京：气象出版社，2013 年，第 335 页。

（四）乞健康

清屈大均《广东新语》云："广州人每以七月七夕鸡初鸣，汲江水或井水贮之。是夕水重于他夕数斤。经年味不变，益甘。以疗热病，谓之'圣水'，亦曰'天孙水'。若鸡二唱，则水不然矣。广州竹枝歌云：'七夕江中争汲水，三秋田上竞烧盐。'"[①]《史记》中说"织女"是"天孙女也"，广东不仅保留古语，亦保留古俗。胡朴安记载："七月七日，曝衣书，家汲井华水贮之，以备酒浆，曰圣水；儿女以花果作供，捕蜘蛛乞巧。"[②] 粤西也有相似记载："七月七日晒衣及书，晨汲井华水贮之，以备酒浆曰'神仙水'。先一夕妇女陈花果针线以乞巧。"[③]

七夕清晨的水都称为圣水。据传，在七月初七早上天未亮前，取井水或者在河中沐浴圣水，具有特殊的功效。此水较平常格外清冽甘爽，可以治病长寿，因此人人皆分外早起，甚至有整夜不睡者。三更所取之水，以净瓮盛之，以待逐月之用。这种汲井华水和沐浴的习俗至今在下境村被完整地传承下来。由于下境村河道纵横，人人熟悉水性，自然不用打井取水，所以汲井华水也就变成了七月初七天亮之前在河中汲水、淘米、游泳、沐浴。同时，这也是村民对织女下凡，降临水滨沐浴的模拟。而一直保留至今的"浸臭米"，经实践证明，这种取七月初七天亮前的河水用于浸米和泡药，对于治疗广东地区盛行的热疾确实有效。正是这种特殊的功效，下境村人更加相信牛郎织女的神话，口耳相传，从而更好地传承传统节俗。通过信仰仪式的不断巩固，人们心中对织女的信仰也不断加深，两者相辅相成。

（五）耍七姑娘

"耍七姑娘"是七夕节民俗活动的一项。众姑娘围坐在织女像前，不时地做着虔诚的祷告。棚外成群男青年敲锣打鼓，时间长了，若有一个姑娘因为身体虚弱或因受传统的旧观念影响而产生幻觉，突然神志不清，发起抖来，

① 屈大均：《广东新语》（上册）卷四，北京：中华书局，1985 年，第 162 页。

② 胡朴安：《中华全国风俗志》，北京：气象出版社，2013 年，第 305 页。

③ 毛昌善修，陈兰彬纂：《中国方志丛书·华南地方 66·吴川县志》，台北：成文出版社，1967 年，第 57 页。据清光绪十四年刻本影印。

哭笑不止，大家就认为这是织女下凡了。这时，“耍七姑娘”的活动进入高潮。众姑娘不断向发抖的姑娘焚香烧纸，叩头礼拜，发抖的姑娘口吐类似“七姑娘”口吻的话语。当地村民认为，此时的风是“有神性的风”。本来夏夜吹风并不罕有，深夜刮风也不稀奇，但老人们认为是“仙女下凡”，是“神仙附体”，这是一种无形的心理暗示。加上七夕氛围，起哄、附会、联想的人就更多了。在生产力较低、科学技术水平低下的传统社会，神话传说与祭祀仪式相辅相成。只有产生类似巫术表演的形式，民众才会从心理上增强认同感。

中华人民共和国成立后，尤其是改革开放以来，科学普及，封建迷信思想逐步减弱，在城镇甚少有这种习俗，仅有少数地区有类似形式保留。下境村仍保留类似习俗，在七月初六深夜观看“仙女下凡”和“神仙附体”，这是旧观念所形成心理在村民主观意识的驻留。大部分人认为这种“仙女下凡”和“神仙附体”，更多具有娱乐性质。

七夕节作为中国的传统节日，历经数千年，节俗内容在历史长河中不断发生着变化。位于繁华地带的广州市仙村镇下境村，因历史原因和单一的村民结构、地理位置，现今仍然保持古朴的七夕习俗。本研究通过实地调研、访谈、查询资料，最后得出结论：①在长期的封建社会包办婚姻压制下，女子通过公开乞巧，家里偷偷祭拜，悄悄祈求上天赐予巧手及美好姻缘。②七月初七清早汲水制药，因有实际疗效，沐浴游泳也能够强身健体，虽然有迷信成分，但是也有保健的巧合，故村民自发保存下来。③“神仙附体”与“仙女下凡”没有科学依据，只是乞巧婆婆们自我娱乐，自我消遣，或者是对往昔岁月的回忆。

现今，下境村民风开化，崇尚婚姻自由。下境村党支部书记列仲兴说：“下境村是很开放的。就拿婚姻来说，下境村人大部分都是自由恋爱、自由结合，很少有父母之命、媒妁之言一说。”保留七夕乞巧形式，是对过去生活的怀念，是对未来生活的向往，是热闹使然。

文学·语言·传媒研究

贺铸词集名称及版本源流考略

邓 建[①]

贺铸（1052—1125），字方回，号庆湖遗老，宋代著名词人。其词内容、风格多样，兼具豪放、婉约二派之长，张耒《东山词序》称赞其词“盛丽如游金张之堂，而妖冶如揽嫱施之袪，幽洁如屈宋，悲壮如苏李”[②]。

贺铸词集由其本人结集。张耒《东山词序》云：“余友贺方回博学业文，而乐府之辞婉绝一世，携一编示予，大抵倚声而为之，辞皆可歌也。”又叶梦得《建康集》卷八《贺铸传》载贺铸“家藏书万余卷，手自校雠，无一字脱误……自裒其生平所为歌词，名《东山乐府》”[③]。

叶梦得《贺铸传》又载方回以其词集交付信安程俱（字致道），“致道为之序，略道其为人大概矣”。但今存宋刻本贺铸词集并无程俱序，只有张耒序；张耒《柯山集》卷四十亦载有此序，题名《贺方回乐府序》。再检视贺铸诗集《庆湖遗老集》，卷首有程俱《鉴湖遗老诗序》（按：鉴湖即庆湖），序中道方回之“不可解者”数端，正梦得所言“略道其为人大概”，且明言作序事云：“方回多交游，乃独以集副授予曰：‘子好直，美恶无溢言，为我详而叙之。’此亦其不可解之一端耶？”[④] 程俱《北山集》卷十五亦载有此序，题名“贺方回诗集序”。据此可知，程俱为之作序的是贺铸诗集而非其词集，梦得所记有误。

贺铸词集的结集时间已不可确考。据夏承焘先生《贺方回年谱》考定，

---

① 作者简介：邓建，广东海洋大学文学与新闻传播学院教授。

② 张耒：《东山词序》，北京：北京图书馆出版社，2004 年，再造善本《东山词》卷首。

③ 叶梦得：《建康集》卷八，清宣统三年（1911）叶氏观古堂刻本。

④ 贺铸：《庆湖遗老集》卷首，《文渊阁四库全书》影印本。

宋刻本贺铸词集中《呈纤手》词作于政和三年（1113）之后；而张耒政和二年（1112）已卒，可知张耒为贺铸词作序时，其词尚未结集完成，张耒所见之“一编”当为初编稿本。《呈纤手》词作于政和三年以后，宣和七年（1125）二月贺铸卒于常州，则其词集最后结集完成当在此间。[①]

贺铸词集之名称、卷数、版本颇为复杂，今检校诸书，略加考辨。

一、词集名称

贺铸词集之名，向有四说：一说《东山寓声乐府》，一说《东山乐府》，一说《东山乐府别集》，一说《东山词》。

《东山寓声乐府》，三卷或二卷。陈振孙《直斋书录解题》卷二十一载“《东山寓声乐府》三卷，贺铸方回撰。以旧谱填新词而别为名以易之，故曰‘寓声’”[②]，元马端临《文献通考》卷二四六仍之；又，黄昇《唐宋诸贤绝妙词选》卷四载“贺方回名铸……小词二卷，名《东山寓声乐府》，张右史序之”[③]，元无名氏《氏族大全》卷十八所载与之同。

明钱溥《秘阁书目》亦著录有“东山寓声乐府”[④]，不载卷数。钱溥乃明宪宗成化年间（1465—1488）翰林侍读学士，若此本系宋人所言之《东山寓声乐府》，则其于明代中叶尚存。但其他明人书目皆不载此本，或其乃明东阁秘藏之孤本，世间已无流传。明季藏书家兼出版家毛晋（1599—1659）亦未得见此本，其汲古阁所藏乃别本（详后）。

《东山乐府》之名首见于叶梦得《建康集》卷八《贺铸传》：“……（贺铸）自裒其生平所为歌词，名《东山乐府》。”南宋潘自牧《记纂渊海》卷七十八引叶梦得《石林语录》亦云：“本朝贺方回长于度曲……自裒其所为歌词，名《东山乐府》。”[⑤] 梦得所记序贺铸词者有误，其称“东山乐府”者，或《东山寓声乐府》之简称乎？

《东山乐府别集》之名见于元李冶《敬斋古今黈》卷八：“贺方回《东山

① 夏承焘：《贺方回年谱》，见夏承焘：《唐宋词人年谱》，上海：上海古籍出版社，1979 年。

② 陈振孙撰，徐小蛮、顾美华点校：《直斋书录解题》卷二十一，上海：上海古籍出版社，1987 年，第 618 页。

③ 黄昇：《唐宋诸贤绝妙词选》卷四，北京：中华书局，1958 年，第 75 页。

④ 钱溥：《秘阁书目》，见冯惠民、李万健等：《明代书目题跋丛刊》，北京：书目文献出版社，1994 年，第 712 页。

⑤ 潘自牧：《记纂渊海》卷七十八，《文渊阁四库全书》影印本。

乐府别集》有《定风波》异名《醉琼枝》者……寻其声律，乃与《破阵子》正同。"① 今存宋刻本贺铸词集中正有《醉琼枝》词，调下注明原调《定风波》。盖所谓"东山乐府别集"者，或为"《东山（寓声）乐府》别集"乎？

《东山词》之名不见于宋人载籍，但现存宋刻本贺铸词集名《东山词》，前有张耒序，分上、下两卷。上卷目录及正文保存完好，有词一百零九首；下卷目录犹存，有少许脱落，正文已佚。现藏中国国家图书馆，另有据之影印的再造善本。

上述四种之前三种今并不传，其间之关系，已难确考。但我们可以约略推测：贺铸词集本名《东山寓声乐府》，《东山乐府》乃梦得对其简称，《东山乐府别集》之"别集"乃标称集本性质，并非集名。陈振孙所见尚为全本，其后散佚，宋人乃就掇拾所得，重新刊行，而集名、卷数遂乱，《东山词》乃其中之一，惟其有幸传于后世而已（贺铸现存词集另有《贺方回词》二卷，清代始现，所出不明。详后）。《彊村丛书》本《东山词》朱祖谋跋云："'寓声'之名，盖用旧调谱词，即摘取本词中语，易以新名。"② 林大椿先生云："其《东山词》卷上，多摘取本词中语，易制新名，仍载本调原名于下，亦有不注原调者，殆即陈振孙《直斋书录解题》所称'东山寓声乐府'三卷之一欤？"③ 可备一说。

程俱《宋故朝奉郎贺公墓志铭》云贺铸"有鉴湖遗老前后集二十卷"，"尚可考乐府辞五百首"④，而今传贺铸《庆湖遗老集》不过九卷，宋刻残本《东山词》卷上载词不过一百零九首，加上卷下目录所载，全本两卷载词总数与五百首相差甚远。《文渊阁四库全书》影印本《庆湖遗老集》提要云"今后集已佚，惟前集仅存。铸子檩跋称后集经兵火散失，则南宋已无完本"，以此推之，贺铸词集在宋代曾经一度散佚、后又捡拾重梓是完全有可能的。

二、版本源流

贺铸词集传于后世者，有残一卷本、二卷本、三卷本及补遗。

---

① 李冶：《敬斋古今黈》卷八，《丛书集成初编》本。

② 朱祖谋：《东山词跋》，《彊村丛书》本《东山词》卷末，壬戌（1922年）十月三次校补本。

③ 林大椿：《东山乐府跋》，见林大椿编校：《东山乐府》卷末，上海：商务印书馆，1928年。

④ 贺铸：《庆湖遗老集》卷末。

残一卷本在后世有多种传本，多数沿用宋刻残本之名《东山词》。列述如下：

宋刻本《东山词》上一卷，“一册，十行十八字，白口，左右双边”①。中国国家图书馆藏。此本收词一百零九首，前有张耒序。张金吾《爱日精庐藏书志》卷三十六载：“东山词一卷，宋刊本，汲古阁藏书。宋山阴贺铸方回撰，原上下二卷，今存卷上，一卷凡一百九阕……是书六十家词未刊，盖以得书稍迟，故未及梓入耳，毛褒（按，毛晋之子）有印记。”② 瞿镛《铁琴铜剑楼藏书目》卷二十四著录“东山词一卷，宋刊残本……原本上下二卷，今止存上卷。每半叶十行，行十八字……旧为汲古毛氏藏书……卷首有毛褒之印，华伯二朱记（按，毛褒字华伯）”③。傅增湘《藏园群书经眼录》第五册集部下著录“东山词二卷，宋贺铸撰，存卷一上。宋刊本，半叶十行，行十八字，版匡高五寸，阔三寸八分，字迹似书棚本，但版微阔耳，皮纸湿墨印。钤席玉照（按，席鉴，字玉照）印二方（常熟瞿氏藏书，癸丑见于罟里）”④。据此可知，宋刻残本《东山词》在入庋中国国家图书馆前，原为汲古阁毛氏所藏，后归常熟张氏、席氏，又归常熟瞿氏铁琴铜剑楼。

《宋元名家词七十种》本《东山词》一卷，明紫芝漫钞本，清毛扆（按，毛晋之子）校。是亦自宋刻残本出。

汲古阁未刻本《东山词》一卷，清南昌彭氏（文勤）知圣道斋传钞本。有增辑。《彊村丛书》本《东山词》朱祖谋跋云：“彭文勤知圣道斋藏汲古阁未刻本，即《东山词》上卷，前增《望湘人》一首，后又杂辑数十首。锡山侯氏亦园所刻，实由之出。”此本又有清光绪钞本。

亦园侯氏（文灿）《十名家词集》本《东山词》一卷，存上卷。由上引《彊村丛书》本《东山词》朱祖谋跋知此本由彭文勤知圣道斋传钞本出。

粟香室丛书《名家词集》本《东山词》一卷。乃覆刊侯本。⑤

清钞本《东山词》卷上，鲍廷博校。“一册，十行二十字，无格。”⑥

---

① 北京图书馆编：《北京图书馆古籍善本书目》集部，北京：书目文献出版社，1987年，第2955页。

② 张金吾：《爱日精庐藏书志》卷三十六，北京：中华书局，1990年，第667页。

③ 瞿镛：《铁琴铜剑楼藏书目》卷二十四，湖北省图书馆藏咸丰瞿氏家塾刊本。

④ 傅增湘：《藏园群书经眼录》，北京：中华书局，1983年，第1599页。

⑤ 据唐圭璋：《宋词四考》，南京：江苏文艺出版社，1959年，第85页。

⑥ 北京图书馆编：《北京图书馆古籍善本书目》集部，第2955页。

清咸丰二年丹铅精舍影钞知不足斋（鲍氏）校本《东山词》卷上。

《彊村丛书》本《东山词》残一卷（存卷上）附校记一卷，朱祖谋校。朱祖谋跋云：“《东山词》上一卷，虞山瞿氏藏残宋本。”

述古堂与结一庐藏本。钱曾《述古堂藏书目》卷二著录：“贺铸方回词一卷。”① 朱学勤《结一庐书目》卷四著录：“《东山词》二卷，宋贺铸撰，影写宋刊本。述古堂藏书。”② 两条互参，知钱曾所谓“贺铸方回词”乃语辞，非集名，集名乃《东山词》；朱学勤所谓“《东山词》二卷”，既是“影写宋刊本”，则实为目录两卷而止存一卷；两家所藏为同本，乃宋刻残本之影写本。

武进陶氏涉园续刊影宋金元明本词《东山词》一卷，陶湘续辑，1917 年武进陶氏涉园刊本。乃宋刻残本之影写本。

一卷本亦有名《东山寓声乐府》者。《四印斋所刻词》有《东山寓声乐府》一卷，由宋刻残本出，而增附数十首。王鹏运跋云：“此本由毛钞录出，阙佚二十余阙。据宋以来选本校之，仅补小梅花一调，知是书残损久矣。至诸家谱录，并云东山寓声乐府三卷。此合百六十九首为一卷，题曰东山词。毛氏传钞，每变元书体例，不独此集为然。兹改从旧名。”③ 此后王氏又有《东山寓声乐府补钞》一卷，其跋云：“右东山寓声乐府补钞一卷。按东山词传世者，惟前刻汲古阁未刻词本，即所谓亦园侯氏本也。近读归安陆氏皕宋楼藏书志，知有王惠庵辑本，视前刻多百许阕。乃丐纯伯舍人钞得，为‘补钞’一卷附后。”④ 丁仁《八千卷楼书目》著录此二本，惟书名稍异，其卷二十载：“东山词一卷，宋贺铸撰。名家词本。四印斋本。东山寓声乐府补钞一卷，宋贺铸撰。四印斋本。”⑤

二卷本首见于清代知不足斋鲍氏（按，鲍廷博，号渌饮）钞校本，旋为王迪所获。陆心源《皕宋楼藏书志》卷一一九载王迪手跋曰：“……近获知不足斋鲍氏手钞校本两种，一本与侯氏、张氏同，一本分为两卷，与侯氏、张氏本相较，同者仅八首，此本虽非原书，亦属罕见，足可宝贵，不知鲍氏何

---

① 钱曾：《述古堂藏书目》卷二，《丛书集成初编》本。

② 朱学勤：《结一庐书目》卷四，宣统元年（1909）沈氏校梓本。

③ 施蛰存：《词籍序跋萃编》，北京：中国社会科学出版社，1994 年，第 123 页。

④ 施蛰存：《词籍序跋萃编》，北京：中国社会科学出版社，1994 年，第 123 页。

⑤ 丁仁：《八千卷楼书目》卷二十，湖北省图书馆藏钱塘丁氏聚珍仿宋本。

自得之。”[①] 鲍氏钞校二卷本名《贺方回词》，“一册，十行二十字，无格”[②]。

二卷本之传本有清咸丰二年丹铅精舍影钞知不足斋校本《贺方回词》二卷。[③] 又有吴氏（昌绶）双照楼钞本《贺方回词》二卷，朱孝臧校。“一册，九行十九字，白口，左右双边。”[④] 又有劳巽卿传写本及《彊村丛书》本。《彊村丛书》本朱祖谋跋云：“贺方回词二卷，劳巽卿传录鲍渌饮钞本……二卷本之方回词，迄未见于著录。道光间，钱塘王氏惠庵始取而汇之，录作三卷，仍题以寓声乐府。”

另，明末钱塘赵氏（辑宁）星凤阁有钞本《东山词》二卷，此本“十行二十一字（18. 2×12. 9）”，卷内有“赵印辑宁”“古欢书屋”等印记，又有赵辑宁签记、张耒序。[⑤] 台湾“中央图书馆”有藏本。[⑥] 此本标称二卷而名《东山词》，疑为目录二卷而止存一卷之宋刻残本的钞本。

莫友芝曾见过另一种二卷本，与鲍氏钞校二卷本不同。其《郘亭知见传本书目》卷十六“东山词一卷”条下云：“宋山阴贺铸方回撰。昭文张氏藏汲古旧藏宋刊本，云原上下二卷，今存上一卷，凡一百九阕……郘亭丁卯中秋于杭肆见一册，二卷，上卷盖以此本，下卷又别据旧钞及诸选本中辑出者，惜未购致。”[⑦] 莫氏于杭肆所见者上卷与宋刻残本同，又另有下卷，而鲍氏钞校二卷本与宋刻残本同者仅八首，二者显非同一种。

三卷本乃残一卷本《东山词》与二卷本《贺方回词》的汇辑本，由清道光间王迪汇辑而成，名《东山寓声乐府》。清陆心源《皕宋楼藏书志》卷一一九载王迪跋云：“……常熟张氏藏本与侯本同，皆缺中下两卷，非足本也……近获知不足斋鲍氏手钞校本两种，一本与侯氏、张氏同，一本分为两卷，与侯氏、张氏本相较，同者仅八首……顷以三家藏本汇而编之，得二百四十

① 陆心源：《皕宋楼藏书志》卷一一九，北京：中华书局，1990 年，第 1342 页。

② 北京图书馆编：《北京图书馆古籍善本书目》集部，北京：书目文献出版社，1987 年，第 2955 页。

③ 阳海清、孙震：《中南、西南地区省、市图书馆馆藏古籍稿本提要》，武汉：华中理工大学出版社，1998 年，第 759 页。

④ 北京图书馆编：《北京图书馆古籍善本书目》集部，北京：书目文献出版社，1987 年，第 2955 页。

⑤ 王重民：《中国善本书提要》，上海：上海古籍出版社，1983 年，第 685 页。

⑥ 阳海清、陈彰璜：《中国丛书广录》（上册），武汉：湖北人民出版社，1999 年，第 846 页。

⑦ 莫友芝撰，傅增湘订补，傅熹年整理：《藏园订补郘亭知见传本书目》（第四册），北京：中华书局，1993 年，第 31 页。

五首，录成三卷，仍其旧名。”

补遗有王迪辑本与吴伯宛（昌绶）辑本。王迪辑本附于其所汇辑《东山寓声乐府》后，清陆心源《皕宋楼藏书志》卷一一九载王迪跋云：“又于诸家选本中辑得四十首，为补遗一卷，附于后。”吴伯宛辑本共三十八首，《彊村丛书》除《东山词》上一卷、《贺方回词》二卷外，又有《东山词补》一卷，朱祖谋跋云：“东山词补一卷，则吴伯宛就诸家补遗，汰复除讹，别为编次也。”

王迪汇辑《东山寓声乐府》三卷《补遗》一卷，皕宋楼及善本书室并有钞本，陆心源《皕宋楼藏书志》卷一一九著录“东山寓声乐府三卷补遗一卷，旧钞本……王氏手跋曰……”①，丁丙《善本书室藏书志》卷四十著录“东山寓声乐府三卷补遗一卷，旧钞本……此本末有钱塘惠庵王迪跋云……”②。

另有多种钞、校本：

清光绪三十四年（1908）缪氏艺风堂钞校本《东山寓声乐府》三卷《补遗》一卷，收入《宋金元明人词十七种》。“是钞半页十二行，行二十一或二十二字，绿格，左右双边。北京图书馆（现名中国国家图书馆）藏，缪荃孙校。”③

清眠云精舍钞本《东山寓声乐府》三卷《补遗》一卷，有清丁丙跋。藏南京图书馆。

清王鹏运、况周颐、朱孝臧校《东山寓声乐府》三卷《补遗》一卷。藏上海图书馆。

民国张钧衡藏传钞本。张氏《适园藏书志》卷十六著录：“东山寓声乐府三卷补遗一卷，传钞本……钱唐王惠庵以三本汇编得二百四十五首，录成三卷，仍其旧名，又于诸家选本中得四十首为补遗一卷。此传钞本。”④

除上述残一卷本、二卷本、三卷本及补遗外，近世又有林大椿重编本，名《东山乐府》。编者跋云：“右重编东山乐府一卷，二百八十四阕。宋贺铸撰。方回词集，在宋代所刻，已有多本，故题号各异。近世所传，亦有数种，

---

① 陆心源：《皕宋楼藏书志》卷一一九，北京：中华书局，1990年，第1342页。
② 丁丙：《善本书室藏书志》卷四十，湖北省图书馆藏光绪二十六年（1900）钱塘丁氏刊本。
③ 阳海清、陈彰璜：《中国丛书广录》（上册），武汉：湖北人民出版社，1999年，第847页。
④ 张钧衡：《适园藏书志》卷十六，湖北省图书馆藏南林张氏家塾刊本。

殆皆采辑增附，均非原书……叶梦得之贺铸传称方回自裒其生平所为歌词，名东山乐府，既未详卷数，亦无寓声之名。予病世所传刻贺词诸本，既非旧椠原书，而所寓别名，或注本调或否，令人迷罔莫从，读之不能快意，爰为重编，以调汇列……”①

贺铸词集今人点校本有唐圭璋先生《全宋词》本。此本收词 283 首（含断句）。前 245 首即《彊村丛书》本《东山词》卷上与《贺方回词》二卷，后 38 首为辑佚，但具体篇目与吴伯宛所辑不尽相同，更为精审。

又有钟振振先生校注《东山词》，宋词别集丛刊之一，上海古籍出版社 1989 年出版。此本融校勘、笺注、汇评、附录于一体，是目前最为完备的贺词读本。

① 林大椿：《东山乐府跋》，见林大椿编校：《东山乐府》卷末。

陈之遴著述简考[①]

刘 刚[②]

陈之遴（1605—1666），字彦升，号素庵，家出浙江海宁渤海陈氏。崇祯十年（1637）丁丑科榜眼，顺治四年（1647）始仕清，仕清后两度擢任弘文院大学士。顺治十五年（1658）因罪下狱，被籍没家产后举家流徙盛京，八年后卒于戍所。陈之遴擅长诗文、书法以及命理之学，一生所著与所辑文献颇丰。其著有九种书籍，协助父亲陈祖苞编订了宗谱，并辑校过命理学古籍一种。陈之遴在乾隆时被列为“贰臣”，修《四库全书》时其《浮云集》又被判为“狂吠处甚多，拟全毁”[③]，此后其著述便犹如遭到“雪藏”。近百年来，随着清诗和清史研究的逐步深入，陈之遴的著述又逐渐“浮出”，但在其编著的十一种书籍中为世人所常见者只有《浮云集》。鉴于此，我们搜检了陈之遴所著、所辑书籍和散落于各处的碑文、题画诗、时艺、揭帖、奏疏等文字若干，略加考述，以给相关研究者提供便利。

一、目录书所著录者

陈敬璋《海宁渤海陈氏著录》对陈之遴的著作有如下记载：

《旋吉堂集》佚，通志。

《浮云集》十二卷，存，四库书目。敬璋案：是集首赋一卷，次诗十卷、末卷则诗余也。

① 本文系2017年度教育部人文社会科学研究一般项目（项目编号：17YJC751019）阶段性成果。

② 作者简介：刘刚，广东海洋大学文学与新闻传播学院副教授。

③ 雷梦辰：《清代各省禁书汇考》，北京：书目文献出版社，1989年，第135页。

《百一稿》八卷，存，写本，下同。敬璋案：此亦公之诗稿，仅选百之一，故曰百一。然已得八卷而《浮云集》不与焉，则公诗可谓富矣，惜乎未刻者皆散佚而不存也。

《命理要言》十卷补遗一卷，存。敬璋案：是书前四卷为公自撰，尽辟邪说，独标正论，以求不悖乎礼。第五卷以下节取名家之说近于正者，稍稍订补而疏解之。是虽为艺术之一端，不足以见公之学。然本正大之理发为明通之论，固已度越诸家，卓然可传，非谈星家所能及矣。①

陈其谦、陈大纶在《补遗》中又对陈之遴的著作有所补充：

《命理要旨》六卷，写本，向藏胡上舍尔荣家。

《素庵外纪》，见莱孝《谁园诗集》自注。

《浮云续集》十二卷，见郡志，写本，鳣藏。②

现对上面所提到陈之遴的七种著作逐一进行简要考述。

（一）《旋吉堂集》

《旋吉堂集》今已亡佚，卷数不详，但有数种清代文献曾提到过这个集子。康熙《海宁县志》：“遴少善诗，谪后诗益工，所著有《旋吉堂集》《浮云集》，诗文数十万言。”③ 乾隆四十年修《海宁州志》：“《旋吉堂集》《浮云集》，俱陈之遴著。”④ 李玉棻《瓯钵罗室书画过目考》：“陈之遴，著《旋吉堂诗》《浮云集》。”⑤ 从排序看，各家在叙述时都将《旋吉堂集》列在《浮

① 陈敬璋原编，陈其谦、陈大纶重辑：《海宁渤海陈氏著录》之“清·第九世至第十五世”，癸酉（1933 年）活字本。

② 《海宁渤海陈氏著录》之“补遗”。

③ 许三礼：《海宁县志》之“名臣”，载《中国方志丛书》华中地方第 561 号，台北：成文出版社有限公司，1983 年，第 980 页。

④ 战鲁村：《海宁州志》，载《中国方志丛书》华中地方第 591 号，台北：成文出版社有限公司，1983 年，第 1916 页。

⑤ 李玉棻：《瓯钵罗室书画过目考》，载《清代传记丛刊》（第 74 册），台北：明文书局，1986 年，第 281 页。

云集》之前，可见《旋吉堂集》当早于《浮云集》面世；而陈敬璋《海宁渤海陈氏著录》作为专门的目录书，其在著录文献时有着明显的版本意识，若是抄本则会注明“写本”，由此著录特征去看，《旋吉堂集》当为刻本。以上两点就让我们想到崇祯末年黄道周为陈之遴作诗序一事，据陈之遴为黄道周《易象正》所作“序述”：

> 陈彦升之遴曰：先生壬午（按：崇祯十五年，1642）五月过临安（按：杭州），将适江楚（按：武昌），时诸门人皆送至京口（按：镇江），惟孟长民从至九江。之遴知先生雅喜独坐，又方理《易象正》，不欲与众周旋，仅遣一苍头事先生，恳得《象正》完本，与朱美之朝夕讨论。及在留都（按：南京）过楚，苍头仅持美之尊人墓志铭及之遴诗序耳。①

当时黄道周为陈之遴所作诗序已经完成，并且通过陈之遴派遣的家仆带回了其手中，因而我们怀疑黄道周此诗序即为《旋吉堂集》所作。若此，则《旋吉堂集》或当刻于崇祯十五年（1642）。

（二）《浮云集》

《浮云集》先后共有八个版本：一是康熙初陈之遴盛京自抄本，二是康熙间初印本，三是上图藏康熙间旋吉堂刻十二卷本（抄补本），四是国图藏乾隆十年周星兆刻十二卷本，五是国图藏十二卷清抄本，六是首图藏张乃熊十二卷铅字排印本，七是国图藏十一卷刻本，八是华东师大藏十一卷刻本。前两个版本已亡佚，后六个版本今仍传世。据《浮云集》各本序跋所述和书影比对结果，这六个传世本的关系如下②：华东师大刻本和国图刻本是最接近于康熙间初印本原貌的本子，二者正文部分用的就是康熙间初印本的原版，并各自增刻或重刻了目录页。但华东师大刻本全书未挖改一字，而国图刻本在校

---

① 黄道周：《易象正》之“序述”，载《景印文渊阁四库全书》（第35册），台北：台湾商务印书馆，1983年，第128页。

② 柯愈春：《清人诗文集总目提要》称上图抄补本为十二卷，但据我们在上图主页古籍搜索的结果，该抄补本并非十二卷，而是十一卷，其中卷七至卷十一为抄补部分。面对这一状况，因为我们未能检视上图原书，所以此处暂不讨论上图抄补本。

勘后挖改了个别文字。周星兆本和张乃熊本是校勘重印本，在改正康熙间初印本讹文的同时各自又出现了一些新的讹误，但内容比华东师大刻本和国图刻本完整，多出了诗余一卷。国图抄本当出自周星兆本。其中国图藏清抄本已收入《四库禁毁书丛刊补编》出版，华东师大藏十一卷刻本也已收入《四库全书存目丛书》出版。

（三）《百一稿》

陈敬璋既称"《百一稿》八卷，存，写本"①，则此书在乾嘉之间尚可见。陈敬璋按语："此亦公之诗稿，仅选百之一，故曰百一。然已得八卷而《浮云集》不与焉，则公诗可谓富矣，惜乎未刻者皆散佚而不存也。"② 据此按语可知两点：一是《百一稿》全本可能不止八卷；二是陈敬璋所见八卷本《百一稿》与十二卷本的《浮云集》无重复者。需要注意的是，十二卷本的《浮云集》是陈之遴盛京自抄本的缩略本，篇幅只有盛京自抄本的十之一二，则《百一稿》所收诗与陈之遴盛京自抄本《浮云集》被缩略后剩余的那"十之八九"有无关联?

（四）《命理要言》

此书现在有传世本，名为《命理约言》，常见版本有二：

一是韦千里选辑《精选命理约言》4 卷铅印本。该本由香港上海印书馆 1935 年印行，有袁书珊、蒋善滢、韦千里序，古越荆花馆主（陈其业）跋。1980 年重印时无袁书珊序、古越荆花馆主（陈其业）跋。

二是《子平精粹》丛书第 5 册郑同校点本。该本由华龄出版社 2010 年出版，袁书珊、蒋善滢、韦千里、古越荆花馆主（陈其业）等人的序跋完整，应据 1935 年版排版重印而成。

上述序跋中袁书珊序最有价值，现迻录如下：

> 丁巳夏月，珊因事赴金阊，走谒张师敬甫，得见精抄本子平约言一册，著者为陈素庵先生，讳之遴，字彦升，素庵其别号也……

---

① 《海宁渤海陈氏著录》之"清·第九世至第十五世"。

② 《海宁渤海陈氏著录》之"清·第九世至第十五世"。

就其书凡例、目录观之，全书当为十卷。此一册，仅两卷也……

《命理约言》原书十卷凡例：

卷之一上：方圆无穷，必因规矩，术家谂悉，初学未详，作起例三十六则。

卷之一下：分别义类，纲举目张，选为韵言，用便诵悉，作赋二十篇。

卷之二上：干支阴阳，穷精析理，神煞纷错，择焉贵精，作论二十四篇。

卷之二下：推测多端，厥理繁赜，约略立式，变通在人，作法一十四篇。

卷之三上：正变殊俗，精当则同，穿凿支离，姑舍勿取，作法二十篇。

卷之三下：周亲荣悴，终世穷通，其式不齐，要归立命，作法一十四篇。

卷之四上：往读所垂，致用恐泥，谬说尤伙，辟之廓如，作法二十四篇。

卷之四下：探索剩义，考论旧闻，有见辄书，厥类难析，作杂论四十则。

卷之五、六、七：命家撰者，玉石杂陈，精者全钞，次乃节取，纂旧书上三卷。

卷之八、九、十：微言快论，二家较优，哲士引伸，岂云小补，纂旧书下三卷。

陈敬璋在著录《命理要言》的按语中称："是书前四卷为公自撰，尽辟邪说，独标正论，以求不悖乎礼。第五卷以下节取名家之说近于正者，稍稍订补而疏解之。"① 此说正与袁书珊提供的这份"《命理约言》原书十卷凡例"相合。另外，由此序可知《命理约言》原本为10卷，我们今天所见本只有4卷，所存4卷分别是原本的卷之一下、卷之二上、卷之二下和卷之四下。

① 《海宁渤海陈氏著录》之"清·第九世至第十五世"。

据袁书珊、蒋善滢、韦千里、古越荆花馆主（陈其业）等人的序跋，还可考知《命理约言》曾有多个版本流传：张敬甫家藏本、金松涛家藏本、宣仲策家藏本、袁书珊抄本、蒋善滢抄本。虽然上述各本无一是足本，但若能搜罗齐备便可还原《命理约言》原本10卷的面貌。

据刘衍文《雕虫诗话》：

论《三命通会》者，惟清初陈之遴素庵相国所著之《命理约言》最善，其卷四《杂论》有云："张逸叟楠著《命理正宗》，颇能区分条晰，亦病笔拙词芜。惟万进士民英著《三命通会》，区分条析，文理朗顺，而意在搜采，义无确一，贵多而不贵精，能博而不能约，然较诸术家，则胜远矣。"素庵相国与吴梅村诗伯为儿女亲家，皆擅子平。行家之言，自非门外所能及。实则《三命通会》一书，仅是命学中之类书，互相抵牾之处，在在皆是。任何一造，皆可推之为大富大贵，亦可断之为极穷极贱，在其书中俱可得其根据，所以素庵相国谓其义无确一也，而提要竟称其采撮精要，大误而特误矣。①

由此可见，陈敬璋对《命理要言》的评价绝非对先人的溢美之词：

虽为艺术之一端，不足以见公之学。然本正大之理发为明通之论，固已度越诸家，卓然可传，非谈星家所能及矣。②

董潮在《东皋杂钞》中载：

（陈之遴）素善子平，遂索其二女干支，归舟推之，则皆贵，惟长女微带桃花星，因纳其次，即夫人也……相国既仕本朝，一日，过良乡，邂逅一妓，其貌宛与夫人相似。询之，则涕泣自言姓氏并

① 刘衍文：《雕虫诗话》卷三，载《民国诗话丛编》（第6册），上海：上海书店出版社，2002年，第52页。

② 《海宁渤海陈氏著录》之"清·第九世至第十五世"。

> 遭乱失身故，即徐翁长女也。因赎归，携至京师。后归一满洲武臣，其人后至八座，女亦为命妇焉。①

现在看来，即便这段故事是董潮编造，其称陈之遴“素善子平”还是有根据的。

（五）《命理要旨》

此书已不可考。

（六）《素庵外纪》

此书已不可考。

（七）《浮云续集》

陈其谦、陈大纶称《浮云续集》“十二卷，见郡志，写本，鳣藏”②。集名既叫《浮云续集》，我们自然会联想到《浮云集》。这样，我们对《浮云续集》就产生了和《百一稿》同样的疑问，但《浮云续集》与陈之遴盛京自抄本《浮云集》被缩略后剩余的那“十之八九”关联度更大。陈其谦、陈大纶既称其所著录的《浮云续集》“见郡志”，则此二人应未见过这个集子。可以肯定的是，海宁陈氏后裔陈鳣曾经家藏过《浮云续集》。陈鳣是乾嘉时人，则这个集子的亡佚也当在此后。

二、目录书未著录者

（一）《陈素庵稿》

乾隆四十年修《海宁州志》载：

> 顺治初召为侍读学士，历礼部尚书。时文运肇启，之遴为制义

① 董潮：《东皋杂钞》卷三，载王云五主编：《丛书集成初编》（第2963册），上海：商务印书馆，1936年，第34页。

② 《海宁渤海陈氏著录》之“补遗”。

数十篇，以程式多士。[①]

周春《海昌胜览》也载：

国初陈素庵相国之遴，程式多士，风气聿开。[②]

陈之遴任职礼部尚书时“程式多士”的数十篇制义现在仍存世，即《陈素庵稿》中所收录的文章。《陈素庵稿》约刻于康熙年间，现在有三个本子：清康熙三十八年（1699）可仪堂刻本，康熙间步月楼、令德堂合印本，乾隆三年文盛堂、怀德堂合印本。

《陈素庵稿》卷首为俞长城跋：

文章瘦硬为难，瘦硬非外强中干之谓也。播扬糠粃，沙汰瓦石，而精彩见焉。是以初明之文，不见可喜，而文遂峻绝。虽然，风尚古朴则瘦硬易，风尚靡丽则瘦硬难。明文至于崇祯丁丑，夸多斗靡，涂面饰貌，盖不见文之真面目。素庵先生洗尽铅华，独留素质，非有特立之才，何能振拔如是？丙戌、丁亥，草昧未开，素庵作为官稿，程式天下，老洁无枝，海内向风，复返先型。考其文章，固可与王宗贯、岳蒙泉并传矣。

（二）《圣恩录》

顺治十一年（1654）四月初十，山东道监察御史王秉乾上《题为陈之遴刊书谤讪朝政本》，参陈之遴在京城编印分发《圣恩录》一书不下千余本，其中内容有心怀叵测、谤讪圣上之处。[③] 实际上，《圣恩录》一书的内容是顺治

---

① 许三礼：《海宁州志》之“文苑”，载《中国方志丛书》华中地方第591号，台北：成文出版社有限公司，第1512页。

② 周春：《海昌胜览》卷十六，载《中国方志丛书》华中地方第508号，台北：成文出版社有限公司，第743页。

③ 《王秉乾题为陈之遴刊书谤讪朝政本》，载《清代档案史料丛编》（第13辑），北京：中华书局，1990年，第257－258页。

九年（1652）五月阿拉善弹劾陈之遴一案中的五个奏本及顺治批红，包括阿拉善参本一个、陈之遴辩本两个、陈之遴谢恩求去本一个、陈之遴因求去未准谢恩本一个。陈之遴本人对《圣恩录》描述如下：

> 顺治九年五月都察院参我一本，我辩二本，刑部审明都察院不实，将都察院满汉各官俱议革衔门，罚银，将我议降级罚俸。具本题复，俱蒙皇上宽宥。我又上一本谢恩求去，蒙皇上温旨留用。我感激皇上厚恩，将前后五个本并圣旨刻成一书，名曰《圣恩录》，作一序文内开："感圣恩者一，感圣恩者二，感圣恩者三，感圣恩者四，感圣恩者五。后有戒友自责之语，说国家有道，当尽其才智，不可像我愚蠢。"①

（三）《滴天髓辑要》

此书为陈之遴所辑，目前有三种版本：

（1）东海乐吾氏校印《滴天髓辑要》，上海乾乾书社 1936 年印行，内题"海昌陈之遴素庵氏辑"，有陈之遴自序：

> 滴天髓之书，乃一知命者所作，托于诚意伯刘基。其书穷干支之情，通阴阳之变，不拘格局，不用神煞，但从命理推求，愈入愈微，愈微愈显，诚此道之专精，术家之拔萃也。世俗狃于子平诸旧书，或谓其高远无当，不知干支八字。数也，有理焉。言数则必有难通，言理则无所不贯。学者得是书而详味熟玩之，命之理晓然于心，用以推数，安有执一而不全，臆断而罔验者乎？但命名未雅，其论次亦颇参错，且间有不达意者，余故厘正其篇目，而辞句则少点定之，然非有改于旧观，故仍其名。嗟夫！高识渺论如此，何灭于诚意杂撰，而顾附托名以求传后世。世之怀才而不得自见若是君者，可胜道哉！
>
> 顺治戊戌（顺治十五年，1658）春二月望日素庵老人书

① 《刘正宗等题为王秉乾所参陈之遴诸款皆虚本》，载《清代档案史料丛编》（第 13 辑），北京：中华书局，1990 年，第 257－258 页。

（2）徐乐吾《滴天髓补注》所附本，香港上海印书馆1980年印行。

（3）中州古籍出版社1999年排印本。

（四）《海宁渤海陈氏宗谱》二修本

《海宁渤海陈氏宗谱》凡七修，今所见本为十五世孙陈赓笙主持修纂的第七次重修本，成书于民国戊午年（1918）。据今本《海宁渤海陈氏宗谱》各序的落款时间，只能推知另五次的编修时间，依次为崇祯六年（1633）、乾隆八年（1743）、嘉庆十年（1805）、道光己亥（1839）、光绪十七年（1891）。据崇祯六年（1633）陈祖苞序：

> 吾宗家谱传自宋世，嘉靖间霍邱公曾一修辑，所佚尚多。万历间太常公踵作，义例仅述迁祖以来，而亦未竟。祖苞不敏，窃念辑而不精，精而不普，其失兹大，乃率长子之遴蒐讨历代史册，编订临安、山阴、钱塘、义门诸宗谱，于是统系章明较著矣。①

可见，在陈祖苞之前《海宁渤海陈氏宗谱》已经修过两次，其中一次并未成书。这样看来，迄今为止《海宁渤海陈氏宗谱》实际共修过七次，陈祖苞所修为第二次。从“乃率长子之遴蒐讨历代史册”看，在《海宁渤海陈氏宗谱》二修本成书过程中，陈之遴当发挥过相当重要的作用。陈祖苞落款时间是“崇祯六年（1633）岁次癸酉十一月长至”，是时陈祖苞当在海宁为母守制，陈之遴年29岁，在家等待崇祯七年（1634）的春闱。

三、散落于各处者

（一）《御定资政要览》后序

此书常见本为四库全书本，卷首顺治《御制资政要览序》落款为“顺治十二年（1655）正月吉日”，则《御定资政要览》当成书于该年。卷首题有“大学士吕宫等恭纂”，因作序者多达16人，故专设“后序”1卷。陈之遴序

---

① 陈赓笙：《海宁渤海陈氏宗谱》，民国戊午（1918年）刻本。

的落款是“光禄大夫、太子太保、内翰林弘文院大学士臣陈之遴谨撰”。

（二）《百姓足》节文

四库全书本《四书讲义困勉录》卷十五“百姓足”：

> 百姓足之时，无论赋额，毕登而寇盗不作，物价不腾，抑且家给人乐，无戾气以干天谴，而什一安得不有余。……百姓不足之时，无论箕敛，不应而寇盗费其半，物价踊其半，且民穷财尽，聚众怨以召凶荒，而什一安得不告匮。……先王裕民多术，而要不出于薄赋。什一，其迹耳。蠲租之诏岁下，补助之恩时及，一且贷其强半矣。……今日瘠民多术，而要莫惨于加赋。什二，亦其名耳。吏以巧取为贤，民以称贷救死，十且征其三四矣。

（三）碑刻文字

1.《两浙文宗李公学政碑记》

文为陈之遴所撰，字为周继芳所书，记载了李际期任浙江提学时的政绩。现存杭州碑林，字迹多有漫漶者。

2.《敕建东岳天齐仁圣大帝庙大供会碑记》

该碑勒于顺治十二年（1655），傅以渐撰写碑文，陈之遴行书抄录，龚鼎孳题写篆额。现存北京市朝阳区东岳庙。

（四）佚诗一首

四库全书本徐釚《词苑丛谈》卷五第十五页：

> 余旧属谢彬画《枫江渔父图》，海宁陈彦升题云：“梦里一峰青，依稀西洞庭。平生爱林屋，未得隐秋屏。白鹭自高下，梅花相杳冥。君家住何处，招手且虹亭。”盖予号虹亭，故云。同题者：王士禛、施闰章、彭孙遹、严绳孙、李念慈、冯溥、成容若、严映榴。

此题画诗为传世本《浮云集》所不载。

（五）陈之遴行书手迹一幅

见于李兴盛《东北流人史》第146页，黑龙江人民出版社1990年版。

（六）揭帖奏疏类

1. 顺治十二年《满洲兵民生计疏》

见贺长龄《皇朝经世文编》卷三十五，户政十“八旗生计”条，道光七年刻本。

2. 顺治八年三月六日《礼部尚书陈之遴奏谢升任》

见张伟仁《明清档案》第12册B6783，台北联经出版事业公司1986年版。

3. 顺治九年五月十三日《大学士陈之遴奏为恭陈被参诸款始末本》

见中国第一历史档案馆编《清代档案史料丛编》第13辑，中华书局1990年版第123页。

4. 顺治九年五月十三日《大学士陈之遴奏为再陈被参诸款始末本》

见中国第一历史档案馆编《清代档案史料丛编》第13辑，中华书局1990年版第123页。

5. 顺治十年四月二十三日《户部尚书陈之遴揭帖》

见中央研究院历史语言研究所编《明清史料》丙编第四本，商务印书馆1936年版第339页。

6. 顺治十年四月二十七日《户部尚书陈之遴揭帖》

见中央研究院历史语言研究所编《明清史料》丙编第四本，商务印书馆1936年版第340页。

7. 顺治十一年三月二十四日《户部尚书陈之遴为遵旨陈明被参诸事本》

见中国第一历史档案馆编《清代档案史料丛编》第13辑，中华书局1990年版第222页。

8. 顺治十一年四月初四日《户部尚书陈之遴奏为详陈被参诸款实情并请敕部对质本》

见中国第一历史档案馆编《清代档案史料丛编》第13辑，中华书局1990

年版第 238 – 241 页。

9. 顺治十一年四月初四日《户部尚书陈之遴奏为恭陈下悃并请重加罪黜本》

见中国第一历史档案馆编《清代档案史料丛编》第 13 辑，中华书局 1990 年版第 241 页。

就目前所见，陈之遴著有《旋吉堂集》《浮云集》《白一槁》《命理要言》《命理要旨》《素庵外纪》《浮云续集》《陈素庵稿》《圣恩录》九种书籍，协助父亲陈祖苞编订了《海宁渤海陈氏宗谱》二修本，并辑校过《滴天髓辑要》。这十一种书籍今传世者只有《浮云集》《陈素庵稿》《命理要言》《滴天髓辑要》四种，但各自版本不一，使用时需加以校勘拣择。另有散落于各处的陈之遴所撰碑文、题画诗、时艺、揭帖、奏疏、奏本等文字若干，今皆可检得，对其生平和心态研究颇有裨益。

汤显祖《论辅臣科臣疏》考

刘世杰[①]

一

汤显祖万历十一年考上进士。[②] 在北京礼部观政一年后，万历十二年八月任南京太常博士，万历十七年“就迁礼部主事”[③]。《明史》载：

> 汤显祖上《论辅臣科臣疏》：“‘言官岂尽不肖，盖陛下威福之柄潜为辅臣所窃，故言官向背之情，亦为默移。御史丁此吕首发科场欺蔽，申时行属杨巍劾去之。御史万国钦极论封疆欺蔽，时行讽同官许国远谪之。一言相侵，无不出之于外。于是无耻之徒，但知自结于执政。所得爵禄，直以为执政与之。纵他日不保身名，而今日固已富贵矣。给事中杨文举奉诏理荒政，征贿巨万。抵杭，日宴西湖，鬻狱市荐以渔厚利。辅臣乃及其报命，擢首谏垣。给事中胡汝宁攻击饶伸，不过权门鹰犬，以其私人，猥见任用。夫陛下方责言官欺蔽，而辅臣欺蔽自如。失今不治，臣谓陛下可惜者四。朝廷以爵禄植善类，今直为私人蔓桃李，是爵禄可惜也。群臣风靡，罔视廉耻，是人才可惜也。辅臣不越例予人富贵，不见为恩，是成宪可惜也。陛下御天下二十年，前十年之政，张居正刚而有欲，以群私人，嚣然坏之。后十年之政，时行柔而多欲，以群私人，靡然坏之。此圣政可惜也。乞立斥文举、汝宁，诫谕辅臣，省愆悔过。’帝

① 作者简介：刘世杰，广东海洋大学文学与新闻传播学院教授。

② 朱保炯、谢沛霖：《明清进士题名碑录索引》，上海：上海古籍出版社，1979 年，第 1168 页。

③ 张廷玉等撰：《明史》卷 230，北京：中华书局，1974 年，第 6015 页。

怒，谪徐闻典史。稍迁遂昌知县。二十六年上计京师，投劾归。又明年大计，主者议黜之。李维桢为监司，力争不得，竟夺官。家居二十年卒。”①

这是《明史·汤显祖传》中《论辅臣科臣疏》的节略。在《汤显祖全集》中，《论辅臣科臣疏》全文是：

奏为星变陈言，辅臣欺蔽如故，科臣贿媚方新，伏乞圣明，特加诫谕罢斥，以新时政，以承天戒事。臣于闰三月二十五日接得邸报，见吏部接出圣谕："六科十三道，迩来风尚贿嘱，事向趋附。内之效外，外之借内，甚无公直，好生欺蔽。且前者天垂星示，群奸不道，汝等职司言责，何无一喙之忠，以免辱旷之罪？汝等于常时每每归过于上，市恩取誉。辄屡借风闻之语，讪上要直，鬻货欺君，嗜利不轨。汝等何独无言，好生可恶。且汝等岂不闻宫府中事皆一体之语乎？何每每以搜扬君恶，沽名速迁为？汝等之职，受何人之爵，食何人之禄？至于长奸酿乱，而旁观避祸，无斥奸去逆之忠，职任何在？本都该拿问重治，姑且从轻各罚俸一年。吏部知道，钦此。”大哉王言，正君臣之义，诛邪佞之心，严矣粲矣。

南都诸臣，捧读之余，不知所以。有云，此必言官以星变责难皇上，致有此谕。臣窃意皇上前大理评事雒于仁等狂愚直言，犹赐矜恕，又前伏读两次圣谕，一则引咎在躬，一则因星警逐去左右蛊惑擅作威福之人，则言官即有过言，必见温纳。何至合科道尽行切责罚俸？是惟圣明居高洞远，灼见六科十三道中，必有贿嘱趋附，长奸酿乱，倍负上恩之处。夫臣之责难皇上，既不难于听宥；而圣谕严切，臣子亦宜各以常宪，官师相规，臣今日敢窃附斯义也。夫臣子本心，自有忠赤。权利蒙之，其心始黑。必非六科十三道尽然，特一二都给事等，有势利小人，相与颠倒煽弄其间耳。记曰："人父生而君食之，其恩一也。"故子之兄弟相引而欺其父，皆为不孝；臣

① 张廷玉等撰：《明史》卷230，北京：中华书局，1974年，第6016页。

之大小相引而欺其君，皆为不忠。然岂今之科道诸臣都不知此义哉。皇上威福之柄，潜为辅臣申时行所移，故言官向背之情，为时行所得耳。

夫人臣自非天性公直，要取富贵而已。富贵者，明主所以诱天下公直，权奸所以诱天下私邪，皆此具也。使公直者不失富贵，谁当私邪；私邪者不得富贵，谁非公直！今日不然也。臣不敢泛举非言官而言事者，皆以失辅臣意得罪。即以臣所知言官论之，首发科场欺蔽者，非御史丁此吕乎。此知上恩效一喙之忠者也。时行知将论其子也，教吏部尚书杨巍覆而去之，惟恐其再入都矣。终言边镇欺蔽者，非御史万国钦乎。此亦知上恩效一喙之忠者也。时行不能辨其赃也，讽大学士许国拟而窜之，犹恨其不极边矣。二臣谪外，其他言官虽未敢显诮时行，而或涉其旁事，及其私人，则有年例及不时补外二法，以牵耸众言官，使其回心敛气，而时行得以滔然无台谏之虞矣。惟近日南京御史李用中奏正其子冒籍之法，而时行故以一请塞责。旋行祈请，欲得皇上一语，不碍其子进取，无乃要君甚乎！至于考满与奏奇捷同日，正用前辅臣张居正故智。其奏捷疏中，有牛马羊不计其数。南中诸臣皆笑曰，此经略公贺仪也。明日奖敕中必用此事。已而奖敕中果有“元辅课功之日，正西陲奏凯之晨”数语矣。然臣按其日月，则元辅宴功之晨，正星象示儆之夕也。时行能欺蔽皇上，独能欺蔽天象乎。而言官噤无言之者，正以丁此吕万国钦为戒，恐失富贵也。夫知感主恩为皇上斥奸正法者，反得贬窜，虽皇上恩力不能庇之。故今科道中无义之臣，遂谓皇上不能恩人，并不知所受是皇上爵禄矣。

至于言官中贿嘱附势，盛作不忠之事，躐窃富贵者，往往而是。年升闰升以为例，固然矣。故此辈不知上恩，专感辅臣。其所得爵禄，若辅臣与之者。虽他日有败，今日固已富贵矣。臣矣不暇远举，即如今日吏礼二科都给事，此二臣者，岂不重为天下戮笑哉！夫吏科都给事中杨文举者，非奉诏经理荒政者乎。文举所过辄受大小官吏公私之金无算。夫所过督抚司道郡县，取之足矣，所未经过郡县，亦风厉而取之。郡县官取之足矣，所住驿递及所用给散钱粮庶官，亦戏笑而取之。闻有吴吏检其归装中金花彩币琖盘等物，约可八千余金，折干等礼，约可六千余金，古玩器直可二千余金。而又骑从千人，赏犒无节。所过鸡犬一空。迨至杭州，酣湎无度，朝夕西湖上，其乐忘归，初不记忆经理荒政是何职名也。夫前所贿赂宴费数万余金者，岂诸臣取诸其家蓄而与之哉？正是刻掠饥民之膏余，攒那赈帑之派数，以相支持过送，买其无唇舌耳已。而广卖荐举，多寡相称，每荐可五十金。不知约得几千金？至于暮夜为人鬻狱，如灭凌玄应军之类，又不知几千金。夫三辅臣皆家苏徽二郡，文举之贪，已苏徽二郡人士皆能言之。辅臣独不知耶？未已复命，而吏部纪录，居然首谏垣矣。乃知文举之贪有所用之也，辅臣亦非不知之也。而从长安来者曰："此阙政府原有别待，文举再四从中曲处得之耳。"夫皇上德意，亲发内帑金钱赈救生灵之死，而文举乃敢贪赃宴乐，扰害饥民，买官自擅。皇上虽在深宫，独无一人言之乎？然文举虽玷首垣，久无鸣吠，人谓此逆取顺守之计，或以前人为创也。昨见邸报，文举腼颜奏禁诸臣言事矣。夫大学士王锡爵因公一扬假建言纳贿自劾正法，此锡爵自起用以来第一盛举也。且其奏词曰："以壮夫义士剖肝决命之忠，而反资市井乞怜之计，其诈而辱天下士大夫至此。"见者莫不叹美此言得大臣体。而文举乃尤引其意，入于箝忌，亦可谓不成人之美矣。夫言事者但酌其便宜何如，非必诛其心也。郑国浚渠，于秦亦利。申公窃室，为楚则忠。私谋且然，况在公愤。若锡爵有大臣之心，必先召责文举。如他日书之史册，某年圣旨禁人言事，谓皇上何如主，锡爵等为何如辅臣？然文举之才正辨此耳。欲因星变为皇上斥贪欺，明公直，不可得也。彼不知地上有岁荒，安知天下有星变乎？而岌然六科之长，明年大计天下吏，臣恐文举家无地着金也。至于礼科都给事胡汝宁，除参主事饶伸外，一虾蟆给事而已。不知汝宁何以还故乡也。此二臣者，正圣谕所谓风尚贿嘱者，何能为皇上发人之私？正圣谕所谓事向趋附者，何能为皇上折人之势？然则辅臣欺蔽故习，无时而撤矣。

失此不治，臣谓皇上可惜者有四。爵禄者，皇上之雨露也。今乃为私门蔓桃李耳，其实公家之荆棘也。皇上之爵禄可惜一也。若群臣风靡，皆知受辅臣恩，不知受皇上恩。岂复有人品在其中乎？皇上之人才可惜二也。辅臣不破法与人富贵，不见为恩。皇上之法度可惜三也。陛下经营天下二十年于兹矣。前十年之政，张居正刚而有欲，以群私人，嚣然坏之。后十年之政，时行柔而有欲，又以群私人，靡然坏之。皇上之大有为之时可惜四也。臣为四可惜，钦承圣谕，少效愚忱。伏惟皇上特谕时行，急因星警，痛加省悔，以功相补，无致他日有负恩眷。辅臣国等坚正相规，无取观望，以隳时政。其杨文举、胡汝宁亟行罢斥，选补素知名节者为都给事，以风其余。而别谕都御史李世达等，谨守宪令，简涤诸道御史，务令在内言事，在外宣风。一意远贿触邪，以回依阿遝冗之象。如此岂惟星变永消，臣且为陛下奏泰阶之符也。[①]

二

《论辅臣科臣疏》（以下简称《疏》）是汤显祖一生中唯一一篇“疏”体之文，在汤显祖的著作中独占一类。正是这篇《疏》，改变了汤显祖人生的走向。此时的汤显祖，在明代官场走过了八年的历程。汤显祖在《疏》中，指点江山，激扬文字，敢于与朝中的歪风邪气作斗争。参劾了已故大学士张居正，当朝大学士申时行，对大学士王锡爵、辅臣许国、吏部尚书杨巍、都御史李世达等这几个“辅臣”，《疏》毫不客气，直呼其名；直接揭发批判了吏科都给事中杨文举、礼科都给事中高桂。《疏》揭发杨文举“闻有吴吏检其归装中金花彩币瓖盘等物，约可八千余金，折干等礼，约可六千余金，古玩器直可二千余金。而又骑从千人，赏犒无节。所过鸡犬一空。迨至杭州，酣湎无度，朝夕西湖上，其乐忘归，……广卖荐举，多寡相称，每荐可五十金。不知约得几千金？至于暮夜为人鬻狱，如灭凌玄应军之类，又不知几千金。”万历皇帝凡是接到弹劾贪赃的奏章，一说到几千金，就感兴趣。但是这次汤显祖对杨文举的揭发，皇帝却不动声色。究其原因，是汤显祖不仅弹劾了辅臣和科臣，而且还带着讥讽口气，批评了皇帝，提出了四“可惜”。万历皇帝

① 汤显祖：《汤显祖全集》，北京：北京古籍出版社，1999 年，第 1271 – 1279 页。

不是个傻瓜，甚至是个非常聪明的人。万历皇帝在位四十八年，是明代在位时间最长的皇帝。日理万机，要对付全天下的忠臣、奸臣、状元、进士、全国大大小小的各级官吏、能臣武将，没有超人的处事能力，是应付不了这些的。对奏章一看即明白，对廷对一听就知道，而且要当即表态。没有超人的聪明，也是不能应付这些的。对汤显祖的《疏》，如果承认是对的，就要罢免这几个辅臣、科臣，就要对已经处分过的丁此吕、万国钦、饶伸等平反昭雪。这样一来，即使是愚笨的人也会选择贬谪汤显祖，庇佑被弹劾的辅臣、科臣。因为辅臣、科臣，是为皇帝办事的人。所以，《明神宗实录》上记载：万历十九年四月二十五日庚申，汤显祖“因星变陈言劾辅臣申时行欺蔽，吏科给事中杨文举经理荒政，受贿多赃，礼科给事中胡汝宁一虾蟆给事事，皆党护，诏切责之”①。

万历十九年五月丁卯初三，万历皇帝“谕内阁，……前万国钦捏诬诋辱，朕念系言官，已薄罚了。汤显祖以南部为散局，不遂己志，故假借国事攻击元辅。本当重究，姑从轻处了。卿等可说与元辅，不必以浮言介意。卿等俱安心供职。还着鸿胪寺传示元辅，即出办事，勿负朕意”②。这道圣旨，一是指出了汤显祖上疏是“不遂己志，故假借国事攻击元辅”，是“浮言”。二是安慰了元辅诸臣，不必“介意”，“即出办事，勿负朕意”。三是“本当重究，姑从轻处了”。这句话，好像语意不连贯，为什么“姑从轻处了”？笔者查找了好多文献，百思不得其解。当笔者看到曾任万历朝礼部尚书于慎行的《谷山笔麈》中所说的这段话：“今上在御日久，习知人情，每见台谏条陈，即曰：‘此套子也。’即有直言激切，指斥乘舆，有时全不动怒，曰：‘此不过欲沽名尔，若重处之，适以成其名。’”③ 真是茅塞顿开，喜出望外！原来万历皇帝如果重究汤显祖，是怕汤显祖“适以成其名”。由此可见万历皇帝何等小气！所以圣旨就说汤显祖的上疏是“浮言”，是汤显祖为了“沽名”，我偏偏不给你成名的机会，因此“姑从轻处了”。四是汤显祖在《疏》中，不仅弹劾了张居正、申时行、王锡爵等辅臣，弹劾了杨文举、胡汝宁等科臣，还直接把批判的矛头指向万历皇帝。本来，皇帝可以杀了汤显祖，但是怕汤显祖

① 《大明神宗显皇帝实录》卷235。
② 《大明神宗显皇帝实录》卷236。
③ 于慎行：《谷山笔麈》卷五，北京：中华书局，1984年，第53页。

成名，很温柔地说是“从轻处了”。实际上，汤显祖被贬徐闻典史添注，徐闻离北京八千里、离南京四千里。明代被贬两千里，是边远之地；被贬四千里，是边鄙之地；被贬八千里，就是极边之地。这当然是仅次于杀头的“重究”了。因为那些为皇帝办事的辅臣、科臣，会理解皇帝旨意的。正如汤显祖的同年、亲家刘应秋在万历十八年《疏论首辅申时行》的上疏中所说：“辅臣者，天子所与托腹心者也。”① 在汤显祖上疏不久，刘应秋在《与张洪阳先生》信中，为汤显祖说情：“顷者汤义仍复有大举。义仍慷慨之声，亦尝闻于先生矣。封事一出，传颂称快。庶几见奇露颖。唯是不腆口语，恐得过于乡邦长者。然屈私议而伸公论，或当平分功罪。先生以为何如也？”② 刘应秋此信当写于汤显祖上疏后不久的万历十九年五月之后、汤显祖的处分还未明晰的万历十九年六月之前。刘应秋想通过张洪阳（又名张位）的关系，探听朝廷的消息。刘应秋盛赞汤显祖的《疏》“慷慨之声”“封事一出，传颂称快”“见奇露颖”。“不腆口语，恐得过于乡邦长者”，“屈私议而伸公论，或当平分功罪”，也是为汤显祖开脱。汤显祖被贬徐闻典史添注，刘应秋写信安慰汤显祖：“徐闻在广为善地。此出陆太宰之意。作令者瑞郡人。聂惕吾谓有书先与言之。”③ 汤显祖没有考虑到这篇《疏》的严重后果，当然这也是汤显祖“意气慷慨”的表现，也是他“蹭蹬穷老”的根源。④

三

《明史》把汤显祖当作政治人物来写，而对汤显祖的诗文创作，尤其是“临川四梦”的传奇作品，竟无一字提及。这是不全面的，甚至是偏颇的。就此点而论，《明史·汤显祖传》不如钱谦益《列朝诗集小传·汤遂昌显祖》写得全面。钱谦益说：汤显祖“为郎时，排击执政，祸且不测，诒书友人曰：‘乘兴偶发一疏，不知当事何以处我？’”⑤ 汤显祖《答张起潜先生》：“睹时

---

① 张廷玉等撰：《明史》卷216，北京：中华书局，1974年，第5709页。

② 刘应秋：《刘大司成集》卷十四，见毛效同编：《汤显祖研究资料汇编》，上海：上海古籍出版社，1986年，第213页。

③ 刘应秋：《刘大司成集》卷十四，见毛效同编：《汤显祖研究资料汇编》，上海：上海古籍出版社，1986年，第199页。

④ 张廷玉等撰：《明史》卷230，北京：中华书局，1974年，第6016页。

⑤ 钱谦益：《列朝诗集小传》，上海：上海古籍出版社，1983年，第562－564页。

事，上疏一通，或曰上震怒甚。今待罪三月不下，弟子不精不神，盖可知矣。”① 这里的“一疏”“上疏一通”，说的就是这篇《论辅臣科臣疏》。

如果说十几年前拒绝张居正的拉拢，汤显祖付出的是四次考进士不中的功名；这次上疏，汤显祖付出了极其沉重的政治代价。汤显祖后来的人生走向，也以此为重要转折点。

当年拒绝大学士张居正的拉拢，汤显祖显示了文人的骨气；之后又拒绝了王锡爵、申时行的拉拢，也不失读书人的气节。当年“江陵将以鼎甲畀其子，罗海内名士以张之。命诸郎因其叔延致两生。义仍独谢弗往，而君典遂与江陵子懋修偕及第。又六年癸未，与吴门、蒲州二相子，同举进士。二相使其子召致门下，亦谢弗往也”②。这次上疏，汤显祖虽然勇气可嘉，但也许汤显祖低估了朝中形势，看轻了申时行、王锡爵、许国、杨巍等的实力。实际上，被汤显祖弹劾的辅臣、科臣，即使是张居正死了近十年了，但是还活着、还仍然是大学士的申时行、王锡爵、许国等，不仅没有在当时受到处分，反而是使汤显祖受到了被贬徐闻典史三年的处分。三年后“量移”浙江遂昌，当了五年县令之后被罢官，万历三十年被褫去官籍。③

汤显祖自己以为，写了一篇上疏，得到被贬三年徐闻典史的处分，两者相抵，就是犯罪归零了。这只是汤显祖一厢情愿的想法。汤显祖上疏弹劾的王锡爵，直到万历三十九年才死去。申时行也在朝中当政。杨巍后来还当了吏部尚书。这几个人，都对汤显祖的宦途起到直接阻碍作用。

张居正，《明史》卷230有传。《传赞》：“张居正通识时变，勇于任事。神宗初政，起衰振隳，不可谓非干济才。而威柄之操，几于震主，卒致祸发身后。《书》曰‘臣罔以宠利居成功’，可弗戒哉。”④ 汤显祖和张居正，几乎没有交接。但是，张居正之子考取进士之前，通过张居正的弟弟、王篆等人拉拢汤显祖。汤显祖“不敢以失处子之身”，予以拒绝。

张居正父丧回江陵，皇帝“戒次辅吕调阳等‘有大事毋得专决，驰驿之江陵，听张先生处分’。居正请广内阁员，诏即令居正推。居正因推礼部尚书

---

① 汤显祖：《汤显祖全集》，北京：北京古籍出版社，1999年，第1321页。

② 钱谦益：《列朝诗集小传》，上海：上海古籍出版社，1984年，第562－563页。

③ 刘世杰：《汤显祖被贬徐闻典史时间考略》，《中国社会科学报》，2014年10月31日；刘世杰：《汤显祖量移遂昌县令时间考》，《甘肃社会科学》2015年第3期，第36－39页。

④ 张廷玉等撰：《明史》，北京：中华书局，1974年，第5653页。

马自强、吏部右侍郎申时行入阁。自强素迕居正，不自意得之，颇德居正，而时行与四维皆自昵于居正，居正乃安意去”①。张居正“未几，丁父忧。帝遣司礼中官慰问，视粥药，止哭，络绎道路，三宫赙赠甚厚。户部侍郎李幼孜欲媚居正，倡夺情议，居正惑之。冯保亦固留居正。诸翰林王锡爵、张位、赵志皋、吴中行、赵用贤、习孔教、沈懋学辈皆以为不可，弗听。吏部尚书张瀚以持慰留旨，被逐去。御史曾士楚、给事中陈三谟等遂交章请留。中行、用贤及员外郎艾穆、主事沈思孝、进士邹元标相继争之。皆坐廷杖，谪斥有差。时彗星从东南方起，长亘天。人情汹汹，指目居正，至悬谤书通衢。帝诏谕群臣，再及者诛无赦，谤乃已”②。

张居正的老爹去世，按规定要守制三年。张居正不愿意守制，也就是不愿意放弃手握的权力。正好，户部侍郎李幼孜想献媚于张居正，就提出“夺情”的倡议。一些稍有正义感的官员，就劝说张居正“守制”，一些欲媚张居正者就支持“夺情”，“守制”还是“夺情”，形成了泾渭分明的两大阵营。张居正本来就不想放弃权力，恰可以以此来划分敌友。后来朝廷形势的发展，以张居正“夺情派”占了上风，“守制派”受到了清洗和打击。

汤显祖参加进士考试，《宣城令姜公去思记》：“令朝京师，会余上试。令故江陵相弟子师也。不数日，江陵弟子介令候余，余谢不敢当。”《答姜守冲公子》：“不佞弱冠时，庚午（己卯）冬，同令先公春试同旅舍，对窗扉而卧，先晨起者，必拊背而笑。时王郑二君子在焉。以后道义风期，常相切厉。访之宣城，张青野在焉。”蒋星煜先生认为，“一般认为，这个张青野是湖北江陵人，也很可能就是来为张居正充当说客的使者。……但也有人认为是王篆和张懋修相互配合而进行活动的，也有人认为是由太平府知府龙宗武作为中间人而向汤显祖拉拢的”③。第一个为汤显祖作传记的邹迪光《汤义仍先生传》：“丁丑会试，江陵公属其私人啖以巍甲而不应。庚辰，江陵子懋修与其乡之人王篆来结纳，复啖以巍甲而亦不应，曰‘吾不敢以处女子失身也’。……而时相蒲州、苏州两公其子皆中进士，皆公同年友也。意欲要之入

① 张廷玉等撰：《明史》，北京：中华书局，1974年，第5648页。

② 张廷玉等撰：《明史》，北京：中华书局，1974年，第5647页。

③ 蒋星煜：《汤显祖对张居正之认识及其在剧作中的曲折反映》，载江西省文学艺术研究所编：《汤显祖研究论文集》，北京：中国戏剧出版社，1984年，第133－134页。

幕，酬以馆选。而公率不应，亦如其所以拒江陵时者。”[①] 钱谦益《汤遂昌显祖小传》：“尝下第，与宣城沈君典簿芜阴，客于郡丞龙宗武。江陵有叔，亦以举子客宗武，交相得也。万历丁丑，江陵方专国，从容问其叔，‘公车中颇知有雄骏君子如晁、贾其人者乎？’曰：‘无逾于汤、沈两生者矣。’江陵将以鼎甲畀其子，罗海内名士以张之。命诸郎因其叔延致两生。义仍独谢弗往。而君典遂与江陵子懋修偕及第。又六年癸未，与吴门、蒲州二相子，同举进士。二相使其子招致门下，亦谢弗往也。”[②]赵吉士《寄园寄所寄》卷六转引《抡元·卜录》：“状元榜眼俱姓张，未必文星照楚邦。若是师相坚不去，六郎还作探花郎。”这些文献，可以雄辩地证明，张居正为自己的儿子们中进士，费了心机，但是压制汤显祖就有点让人扼腕气愤了。

申时行，《明史》卷218有传。“时行以文字受知张居正，蕴藉不立崖异，居正安之。……时行为首辅。余有丁、许国、王锡爵、王家屏先后同居政府，无嫌猜。而言路为居正所遏，至是方发舒。以居正素昵时行，不能无讽刺。时行外示博大能容人，心故弗善也。……”[③] 汤显祖《疏》说“后十年之政，时行柔而有欲，又以群私人，靡然坏之”，申时行当然仇恨在心。汤显祖把申时行和张居正对比，张居正死去近十年，是“死老虎”；而申时行是首辅大学士，是炙手可热的“活老虎”。虽然申时行在万历十九年“三月加太傅，九月致仕”[④]，但是直到万历四十二年，“时行年八十，帝遣行人存问。诏书到门而卒”[⑤]。而申时行的儿子申用懋，和汤显祖是同年，“累官兵部职方郎中。神宗擢太仆少卿，仍视职方事。再迁右佥都御史，巡抚顺天”[⑥]。申用懋曾经与汤显祖有过书信联系，但估计也不会为汤显祖说半句好话。汤显祖上疏后贬谪徐闻，刘应秋说是“徐闻在广为善地。此出陆太宰之意。作令者瑞郡人”[⑦]。也许也有申时行的作用，陆光祖的主意不会不征得首辅申时行的同意。申时行致仕后，申用懋一路升迁，而汤显祖一路坎坷。

王锡爵，《明史》卷218有传。“时时行为首辅，许国次之，三人皆南畿

① 毛效同：《汤显祖研究资料汇编》，上海：上海古籍出版社，1983年，第81页。
② 钱谦益：《列朝诗集小传》上海：上海古籍出版社，1984年，第562－563页。
③ 张廷玉等撰：《明史》卷218，北京：中华书局，1974年，第5747－5748页。
④ 张廷玉等撰：《明史》卷110，北京：中华书局，1974年，第3370页。
⑤ 张廷玉等撰：《明史》卷218，北京：中华书局，1974年，第5750页。
⑥ 张廷玉等撰：《明史》卷218，北京：中华书局，1974年，第5750页。
⑦ 毛效同：《汤显祖研究资料汇编》，上海：上海古籍出版社，1983年，第199页。

人，而锡爵与时行同举会试，且同郡，政府相得甚。然时行柔和，而锡爵性刚负气。十六年，子衡举顺天试第一，郎官高桂、饶伸论之。锡爵连章辨讦，语过忿，伸坐下诏狱除名。桂谪边方。”① 万历十九年六月，王锡爵“六月归省”②。王锡爵也应是在参与处分汤显祖之后而归。王锡爵万历二十一年“正月还朝”③，万历二十二年“二月晋少傅兼太子太保吏部尚书建极殿大学士。五月致仕”④。汤显祖《疏》因为说到饶伸弹劾王衡顺天乡试的事，王锡爵会记仇一辈子。加上刘应秋万历十八年弹劾王锡爵，王锡爵肯定知道刘应秋和汤显祖的关系，因此在对待汤显祖的问题上，一直抓着不放。虽然王锡爵致仕离开朝廷，但是到了万历三十年汤显祖被褫夺官籍，还是由于王锡爵这位“故相”的“揭”。汤显祖《赵仲一乡行录序》：“又三年计，而温中丞出故相揭袖中曰：‘遂昌有言，宜遂其高尚。’”⑤ 可以说，王锡爵对于汤显祖的宦海浮沉，起到了极大的反作用，主要原因还是出在汤显祖的这篇《疏》上。王锡爵生于嘉靖十三年甲午七月二十一日⑥，汤显祖生于嘉靖二十九年八月十四日⑦，年长汤显祖十六岁。王锡爵明嘉靖四十一年榜眼⑧，汤显祖万历十一年三甲211人⑨，中进士晚了21年。王锡爵卒于万历三十八年三月⑩，汤显祖卒于万历四十四年六月十六日⑪，王锡爵早死六年。笔者不厌其详地考证列举上面这几个数据，意在说明，汤显祖上《疏》之后，王锡爵几乎干扰了汤显祖下半生的仕途。王锡爵的为人，正如万历三十五年秋天姜士昌上疏所言：“且一贯之用，由王锡爵所推毂。今一贯去，以锡爵代首揆，是一贯未尝去也。锡爵素有重名，非一贯比。然器量褊狭，嫉善如仇。”⑫ 这就说明，汤显祖上

---

① 张廷玉等撰：《明史》卷218，北京：中华书局，1974年，第5751页。

② 张廷玉等撰：《明史》卷218，北京：中华书局，1974年，第3370页。

③ 张廷玉等撰：《明史》卷218，北京：中华书局，1974年，第3370页。

④ 张廷玉等撰：《明史》卷218，北京：中华书局，1974年，第3371页。

⑤ 汤显祖：《汤显祖全集》，北京：北京古籍出版社，1999年，第1095页。

⑥ 朱寿彭：《古今人生日考》，北京：北京图书馆出版社，2002年，第114页。

⑦ 朱寿彭：《古今人生日考》，北京：北京图书馆出版社，2002年，第127页。

⑧ 朱保炯、谢沛霖：《明清进士题名碑录索引》，上海：上海古籍出版社，1979年，第327页。

⑨ 朱保炯、谢沛霖：《明清进士题名碑录索引》，上海：上海古籍出版社，1979年，第1168页。

⑩ 《明史》本传作“三十五年，廷推阁臣。帝既用于慎行、叶向高、李廷机，还念锡爵，特加少保，遣官召之。三辞，不允。时言官方厉锋气，锡爵进密揭力诋，中有‘上于章奏一概留中，特鄙夷之如禽鸟之音’等语。……又三年，卒于家，年七十七”。

⑪ 徐朔方：《汤显祖年谱》，上海：上海古籍出版社，1980年，第187页。

⑫ 张廷玉等撰：《明史》卷230，北京：中华书局，1974年，第6021页。

《疏》，牵扯到王锡爵，王锡爵不会放过汤显祖。王锡爵虽然致仕了，但是后继大学士者，如沈一贯等也不会放过汤显祖。

许国，《明史》卷219有传。传中说："登嘉靖四十四年进士。……（万历）十一年四月以礼部尚书兼东阁大学士入参机务。国与首辅申时行善。……十七年，……（饶）伸方攻大学士王锡爵，公议益不直国。国性木强，遇事辄发。数与言者为难，无大臣度，以故士论不附。……国在阁九年，廉慎自守，故累遭攻击，不能被以汙名。"[①] 许国"与首辅申时行善"，"饶伸方攻大学士王锡爵，公议益不直国"，这就说明许国和申时行、王锡爵是站在一起的辅臣之一。万历十九年四月，汤显祖《疏》中也提到了许国，许国当然不会高兴，也当然不会替汤显祖说话。这是没有什么问题的。万历十九年九月，许国致仕[②]，却也是在处分汤显祖之后才致仕的。

李世达，《明史》卷220有传。传中说："李世达，……嘉靖三十五年进士。"[③]《明史·七卿年表》载："李世达万历十五年六月任刑部尚书，万历十九年五月任都御史。"[④] 汤显祖在《疏》中，建议皇帝，"而别谕都御史李世达等，谨守宪令，简涤诸道御史，务令在内言事，在外宣风。一意远贿触邪，以回依阿遝冗之象"。汤显祖这种口气，是在教导皇帝，让皇帝给都御史李世达等下圣旨。皇帝当然不会听从汤显祖的谏议，李世达等人当然也不会满意的。言外之意，是说李世达等人没有谨守法令，也没有言事和宣风，甚至没有远贿触邪，倒是有依阿遝冗之象。

杨巍，《明史》卷225有传。杨巍，山东海丰人，嘉靖二十六年三甲121人进士。[⑤] 本传中说："除武进知县。擢兵科给事中。操江佥都御史史褒善已迁大理卿，巍言：'东南倭患方剧，参赞、巡抚俱论罪，褒善独倖免，又夤缘美迁，请并吏部罚治。'帝怒，停选司俸，还褒善故官。"[⑥]

胡汝宁，江西南昌人，明万历二年三甲210人进士。[⑦] 杨文举，四川南充

① 张廷玉等撰：《明史》卷230，北京：中华书局，1974年，第5773－5774页。
② 张廷玉等撰：《明史》卷110，北京：中华书局，1974年，第3370页。
③ 张廷玉等撰：《明史》卷220，北京：中华书局，1974年，第5795－5796页。
④ 张廷玉等撰：《明史》卷112，北京：中华书局，1974年，第3478－3479页。
⑤ 朱保炯、谢沛霖：《明清进士题名碑录索引》，上海：上海古籍出版社，1979年，第1688页。
⑥ 张廷玉等撰：《明史》卷225，北京：中华书局，1974年，第5916－5918页。
⑦ 朱保炯、谢沛霖：《明清进士题名碑录索引》，上海：上海古籍出版社，1979年，第1136页。

人，明万历五年三甲25人进士。[①]《明神宗实录》载：万历十九年四月二十五日，“南京刑部主事汤显祖因星变陈言，劾辅臣申时行欺蔽，吏科给事中杨文举经理荒政受贿多赃，礼科给事中胡汝宁一虾蟆给事，皆辅臣党护，诏切责之”[②]。汤显祖揭发弹劾科臣胡汝宁、杨文举，当时两人没有受到处分，直到万历二十一年二月，胡汝宁、杨文举才被罢官。《明神宗实录》：“万历二十一年二月丙戌朔，吏部考察各官。罢少卿郑有年、徐泰时、寺丞赫瀛、苏酂、都给事中杨文举、胡汝宁、郎中余继善及参政副使佥事陆梦熊、马鲁卿、吴谦、孙玄、马玉麟、蔡系周、杜业、周文卿等，其余降调有差。”[③] 为什么是这个结果？因为胡汝宁和杨文举有后台，他们的后台是申时行、王锡爵等。申时行、王锡爵等辅臣的总后台是皇帝。当后台不满意的时候，当然就要把胡汝宁、杨文举等下级官员们罚俸、降级、贬官、罢官或杀头、抄家；当总后台不满意的时候，对待原来的辅臣们也是一样。只要后台在，就可以继续混下去；只要总后台满意，也可以继续混下去。官官相卫，官官有牵连，总根子在于总后台。这就是中国封建社会“官员—科臣—辅臣—皇帝”的链条。

汤显祖此《疏》，像机关枪一样，对准申时行等辅臣和科臣，一阵猛烈扫射，痛快淋漓，义正辞严。汤显祖在《疏》的最后，还特别为陛下“四可惜”，引起皇帝震怒。汤显祖自己感到“顾弟子意气，时尚有之，不似往时辄发。睹时事，上疏一通，或曰上震怒甚，今待罪三月不下。弟子不精不神，盖可知矣”[④]。汤显祖出于对申时行等辅臣、科臣的愤怒，毅然上疏，应该说是非常正确的，代表了正义和公道。但是，这次上疏也给了汤显祖一个深刻的教训。为什么汤显祖再也没有第二封上疏？因为汤显祖逐渐走向成熟了。汤显祖经过这次人生转折的大难，再也不会贸然上疏了。但是，汤显祖是不会沉默的。汤显祖会以另外的形式，如“赋”“诗”“文”“书”“传奇”等形式，抒发自己的块垒，特别是《感宦籍赋》和“临川四梦”等，就是汤显祖对官场、对爱情、对人生、对社会的深刻思考的结晶。

---

① 朱保炯、谢沛霖：《明清进士题名碑录索引》，上海：上海古籍出版社，1979年，第1653页。
② 《大明神宗显皇帝实录》卷235。
③ 《大明神宗显皇帝实录》卷257。
④ 汤显祖：《汤显祖全集》，北京：北京古籍出版社，1999年，第1321页。

明代广东诗人欧大任考论

闫　勖[①]

欧大任（1516—1595），字桢伯，号仑山，广东顺德人。屡试不第，嘉靖末以贡生授教官，万历年间官至南工部郎中致仕。他是明代中后期广东重要作家群体南园后五先生之一，同时积极参与后七子领导的复古运动，被复古盟主王世贞列为广五子之一。后五先生和广五子，或者说广东作家和复古作家，是欧大任身上最鲜明的两个标签。本文即从这两个标签入手，以欧大任为中心，探究明代广东文学和复古运动的若干问题。

一、性理为体，复古为用：欧大任的文学观

欧大任等后五先生，都是明代广东大儒黄佐的学生。欧大任坦言："余幼学于泰泉黄先生，三四十年不更他师。"[②] 黄佐于理学造诣精深，作诗也走性理一路，对学生的文学指导有限。欧大任文学观的某些方面，也鲜明地显现出理学的影响：

> 诗本性情，然要以厚人伦，美风俗，即三百篇以求诗之故，其有出于是哉？故作者非但宣其欢忻愉快、忧思慷慨之怀，而局于气格体裁也。后之人掊摭华花，遂弃本根，甚则流肆纷纶，雕绘刻饰，若是固螯其性情之真，于伦谊教化何系焉？[③]

---

① 作者简介：闫勖，广东海洋大学文学与新闻传播学院讲师。

② 欧大任：《欧虞部文集》卷五《送林乾夫掌教确山序》，《四库禁毁书丛刊》集部第47册，第100页。

③ 欧大任：《欧虞部文集》卷六《瑶麓诗集序》，《四库禁毁书丛刊》集部第47册，第116页。

这是他对文学终极价值的看法，可以说是诗教派的典型。但具体到诗歌的审美和宗法取向等问题上，则几乎看不出理学影响。他早年致信梁有誉：

足下谓汉魏乐府古诗尚不得比峄山诸铭，曷可继三百篇遗响，仆以为不然。……明兴以来，献吉实挈日月以丽中天，《乌生八九子》《君马黄》《公无渡河》《襄阳浣妇行》《雁门太守行》《白马篇》《赤凤曲》差足树赤帜矣，足下毋便谓今人不如古人也。省览二十四诗，意象俱合，工致独造，古佛齐肩，弟子敛手，何论吾党耶？仆犹恨其兴寄颇饶，风骨尚乏。以足下之定力，可诣千古，九仞及泉，愿勿中止。仆虽疲羸，尚能具畚锸以从足下也。①

此信自署作于嘉靖二十一年（1542）。当时李攀龙等都尚未出山，而这几位年轻作家身处远离主流文学活动的广东，完全通过自学和讨论，开始了复古征程。他们对诗学的热爱和对自己的信心，可见一斑。上引诗论已经是复古声口了，欧大任的文章学更是一反性理文章的路数：

韩柳在唐，力振六代之衰，视诸子稍远。宋则程朱大儒之所论著，炳若日星，而安用琐琐门人之语录耶？夫道固贵于明，而言不患于放也。苟怯其力之难，姑袭其腐谈，见以为舍筏而登岸；苟局其见之偏，耻就于大雅，见以为闭户而造车；苟病其语之庸，务剿夫禅悟，见以为游鹍而渡海。此皆习宋之陋，去诸子益远，又乌睹左氏、太史公之源流哉？②

主张学秦汉文之“放”，指责唐宋文流于圆熟琐屑，丝毫没有折衷妥协。至此可以看出，在文学发生论、起源论上，欧大任的观点有理学的影子，这也是当时多数人都跳脱不出的；但在创作论、鉴赏论上，他和梁有誉等人早

① 欧大任：《欧虞部文集》卷二十一《答梁公实论艺书》，《四库禁毁书全刊》集部第 47 册，第 264 页。

② 欧大任《欧虞部文集》卷六《韦子放言序》，《四库禁毁书全刊》集部第 47 册，第 115 - 116 页。

在嘉靖二十年（1541）就已投身复古。而在前后七子之间复古领袖断档的时候，年轻的广东作家们仍以前七子为法，几乎看不到唐宋派的影响。这既是欧大任等人的喜好，也是在当时的社会历史条件下，文化传播的实际效率的结果。

二、追随与黏合：欧大任对复古运动的意义

嘉靖四十一年（1562），与复古诸子不和的严嵩倒台，复古运动进入新的阶段。嘉靖四十二年（1563），欧大任离开生活了近五十年的广东，赴京待选，也从此进入了向往已久的更广阔的文学天地。他谦和精勤、善于经营人脉的能力，也随着他对文学复古的热情和真诚得以充分展现。嘉靖四十三年（1564）至隆庆三年（1569），他先后在直隶某县和南直隶江都任训导。两县紧邻两京，尤其江都是扬州府治所在，自古就是长江下游的主要渡口，他在此结识了南来北往的许多著名文人。隆庆元年（1567）冬，复古领袖李攀龙起为浙江按察副使，南下赴任从扬州渡江，欧大任终于得见这位崇拜已久、通信五年的文坛大家，激动、满足溢于言表。李攀龙去后，刚行至苏州，就又接到欧大任的问候书信："五载数书，竟莫解其积思。昨于广陵获见足下，把臂一语，已慰平生。"① 又拜托李攀龙将自己引介给王世贞，足见其对复古诸子之倾心。此后又想方设法，通过王世贞结交其同乡吴中诸人，隆庆二年（1568）致苏州作家张献翼的信，更是深情缱绻：

> 元美已赴晋否？久无西使，尺书莫寄，情如之何？淳甫刻先集竣工否？公瑕想已赴辟，季朗、无美方骞翔鹄奋，雅社得无落莫乎？足下计偕当出，又未知良晤在何所也。方今耆硕俱起，岩穴无坚卧之老，子循、子威二公曾有推毂者乎？公卿怜才，正当及时薦用耳。②

---

① 欧大任：《欧虞部文集》卷二十一《寄李于鳞书》，《四库禁毁书全刊》集部第47册，第269页。

② 欧大任：《欧虞部文集》卷二十二《寄张幼于书》，《四库禁毁书全刊》集部第47册，第278页。

此时欧大任结识王世贞还不到一年，获交吴中诸人则更迟，他自己也不过是无品阶的小官，却并不畏缩于交情生疏、官职卑微，而是发自内心地，像老友一样，将王世贞、黄姬水、周天球、魏学礼、殷都、皇甫汸、刘凤包括张献翼都问候了一遍，几乎涵盖此时所有的吴中名家，也不露出谁薄谁厚。这就难怪欧大任致仕时途经苏州，吴中作家的送行之作能够成书出版了。

欧大任于隆庆三年改河南光州学正，和文坛名流游处渐少，隆庆五年（1571）回乡丁忧，万历三年（1575）服满改国子监助教，此后一直在北京、南京做官，始终处在主流文学活动的中心。万历初年的文学几乎可以用“复古”一词概括，文学活动最丰富的几座城市，也是复古运动的发生地。苏州作为由来已久的全国性文学中心，自嘉靖末王世贞回归后，又兼为复古运动重镇，此外则是容纳了大量官员和山人的南北二京。文坛焦点在这三座城市之间的转移过程大致是：万历四年（1576）至万历十五年（1587），苏州以王世贞为核心的文学活动；万历五年（1577）夺情事件前后，北京以黎民表、欧大任为持续参与者的文学活动；万历九年（1581）至万历十七年（1589），欧大任、王世懋、王世贞先后在南京做官，南京取代北京，和苏州首尾呼应，把江南地区的文学活动连成一体；而处在江南地区南部的杭州，则有汪道昆举办的大规模社集。

欧大任进京做官后，有了更多机会结识各路文坛俊杰。此时北京尚有改元推行改革的崭新气象，且黎民表、王世懋、李维桢、沈思孝等旧雨新知具在，文学活动频繁。欧大任如鱼得水，积极投身其中。但好景不长，因为张居正的关系，王世懋于万历四年外放，李维桢同年外调。所喜万历五年春，他迎来了来京上计的徐中行，随后的会试又让北京多了一批有文学才能的新进士，如状元沈懋学、会元冯梦祯和抗言直疏的邹元标，其中屠隆、沈九畴两个宁波人和复古诸子来往较多。秋天又恰逢王世懋入贺万寿，中秋之夜，黎民表、欧大任、王世懋、屠隆、沈九畴及后来名列四十子的周弘禴一同赏月作诗。但如此的赏心乐事乃暴风雨前的平静，九月屠隆等新人离京赴任，十月就发生了“夺情”事件。直接因此事离京的沈思孝、邹元标、沈懋学，此时和复古派都或多或少有些沾带。再加上“夺情”事件造成朝中疾风骤雨，复古派在北京的文学活动很快消歇。万历七年（1579），老友黎民表外调后致仕回乡，升任大理评事的欧大任更加孤独。万历八年（1580），徐渭进京投靠张元忭，不轻易许人的他也和欧大任时有来往。万历九年，天遂人愿，欧大任调任南工部主事，又回到了熟悉的佳丽江山之中。此时因为北京政坛风声鹤唳，南京避居了大量官员、文人。年过花甲的欧大任，由于多年来的用心经营，也已俨然一位文坛耆宿，受到南京文人的拥戴。任职南京期间，除了和老友们书信不断，他还结识了顾大典、臧懋循、胡应麟、梅鼎祚、吴稼竳等后辈，参加了年轻人的清溪诗社。他在此时致朱器封的信中说：

> 夫文章不朽盛事，论世者不可以雕虫小技视诗赋也。弘正嘉隆以来，作者无论三变，文运与国运并昌。……海内谈诗之俦，不师古始，肆凌前匠，乐平浅者则讥宏大之词，工流易者则厌陵劲之语，猥以二三子笔端惯用数十字，不谓白璧微瑕，辄云不材拥踵，曷不思二三子之作，格正调高，气雄词逸，可易及耶？又不观李何之骚赋、乐府、五七言、古歌行，今人能之否耶？稍学操觚便思问鼎，知夷浅可习而不知河梁之非刻也，知流易可工而不知在郐之非峻也，大都井窥何异？耳食太白、少陵尚蒙摘刺，又何有于二三子？①

平心而论，和他的创作一样，欧大任的理论批评也没有十分深刻、超前之处。但他在信中表现出的对“二三子”的爱护与维护，对复古运动的坚定、乐观，以及对扩散、渗透复古思想做出的努力，却是其他众多平庸的复古派作家没有做到的。张居正卒后文坛风气逐渐宽松，万历十二年（1584）春夏之交，蛰伏多年的吴国伦东游吴中，拜访王世贞等老友，往返两度路过南京。他还是在万历三年入贺万寿时，和欧大任有过一面之缘，得此良机，二人带领一众文坛后辈，宴游赋诗，流连多日。吴国伦走后，年事已高的欧大任于当年致仕还乡，途经苏州，和吴中诸友尽欢而别。可以说，至此他已出色地完成了文学史依据他的才能赋予他的任务。余寅描述欧大任的性格：“初余与桢伯交盖在广陵时，是时江以北无能诗者，……盖桢伯雅善诗，其笃就人又若是，……桢伯不务苛人，务尚诸有名人，……又务尚古人。”② 由扬州到北

---

① 欧大任：《欧虞部文集》卷二十二《答子厚书》，《四库禁毁书全刊》集部第47册，第286页。

② 余寅：《农丈人文集》卷六《送欧桢伯任南屯田主政序》，《四库全书存目丛书》集部第168册，第208页。

京再到南京，没有见他批评过谁，也没有见谁批评过他。他以一种春风化雨般的温润风格，将越来越多的作家黏合在复古派周围，即使不能让他们遵从复古思想，也无疑改善了复古派的外部关系。有个颇有意味的例子：王世贞兄弟在南京做官时是汤显祖的上司，但自视甚高的汤显祖始终没有拜会或致函王氏兄弟，但在欧大任集中，却有汤显祖来访的记录。

王世懋于万历十四年（1586）抵南京任，万历十六年（1588）病归后王世贞又来。万历十三年（1585）、十四年南京文坛暂时休息的空档，汪道昆在杭州举办了南屏诗社的大型集会。他们是欧大任对人称道的对象，欧大任也深知自己的能力和贡献不能与之相提并论，他甚至没有主办过大的社集或编辑诗文选本。但几乎每个和欧大任有文学交情的人，都从他身上受到些许复古思想的浸染。欧大任所代表的文才相对平庸，却通过组织联络才华推动复古运动的作家，他们对于复古运动的意义，值得研究者重新审视。

三、因地而异：地方文统与复古思想的离合

欧大任等五人之所以被称为后五先生，是因为他们在明初孙蕡等五先生结社的广州南园开社，这被视为对岭南文统的接续。这种看法自然是随着岭南文统的自觉出现的，但就我们对欧大任等后五先生的考察来看，岭南文统的自觉显然在后五先生出现之后。也就是说，后五先生并未刻意接续岭南文统，而后人在作为结果的后五先生文学史行为中，看到后五先生在客观上缔造了明代中后期广东文学的小高峰。这种看法体现在文学史行为上，最显著的当属广东诗文总集的编选。这类选本首见于万历末年，到清代方才大量出现。把岭南文统的自觉系于清初，也就是屈大均等三大家出现之后，当是符合文学史事实的。

除了欧大任，后五先生中深入参与复古运动的还有梁有誉和黎民表。一般认为梁有誉成就最高，不然也不会被李攀龙、王世贞结纳入后七子之中。梁有誉少年颖异，是黎、欧二人加入复古阵营的先导和介绍人，可惜英年早逝，在诗歌上获得的赞誉不及名列续五子之中的黎民表。朱彝尊评价黎诗："元美所取续五子，无愧大小雅材者仅此一人而已。"[①] 其实，即使将黎诗放

① 朱彝尊：《静志居诗话》卷十四《黎民表》，北京：人民文学出版社，1990 年，第397 页。

在全部复古派作品中，也堪称出类拔萃。四库馆臣评："虽错采镂金，而风骨典重，无绮靡涂饰之习，盖与太仓、历下同源而派稍异。"① 这"稍异"恐怕就是脱胎于性理诗的平淡自然。欧诗也有这个特点，因而这主要是黄佐性理引导的结果。如果将此作为岭南诗派的特点，甚至以此上溯明初孙蕡等五先生，则有牵强附会之嫌。明初文学公认的五个群落，吴、浙、闽、赣、粤，基本都处在自由展现的阶段，孙蕡等广东作家也并未表现出迥异于其他四地作家又和后来欧大任等人相似的鲜明特点。

除了前后五先生诗的艺术特点并不十分相像，上文对欧大任如何追随复古的考察也表明，他对当时复古思潮的倾心，远胜对先代岭南文统的体认。除了常常被引用的《五怀诗》，并未发现他有其他致敬五先生的诗作。而在序跋书信中，阐述复古的文字俯拾皆是。相比之下，言及岭南文统之处少之又少。不止欧大任如此，研读梁有誉、黎民表乃至李时行的别集，就会发现在这一点上，后五先生如出一辙。这种现象自然会引发我们思考地方文统与复古思想之间的关系，二者之间似乎永远存在着某些龃龉：地方文统有明确的范围，且建立在本地文学长时段的合理化发展之上，包括对当下的肯定；而复古语境下的文学是超地域的，且建立在文学发展经历了由正确到偏差这个基本观点之上，强调对当下的否定。因此，虽然各地文统的自觉都有赖于复古思潮的激发，但只有福建一处建构本地文统能为复古运动续力，因为有明一代效法唐诗的主张肇始于明初林鸿等福建诗人。而其他地区文统的自觉，则几乎无一例外成为复古运动的反动。吴中文统从未放弃和复古运动的角力自不待言，楚地公安派、竟陵派甚至跳过构建本地文统这个步骤，直接冲击复古运动。而既和复古思潮没有先天亲缘关系，又不能自觉成为复古反动的地方文学，如明代广东文学，便只能在复古运动的浪潮中随波逐流。这便是晚明复古思潮消歇与各地文学复兴的基本关系。

综上所述，欧大任等后五先生尽管从学于理学家黄佐，但在文学创作及创作论上，无不努力践行复古主张，他们也的确能代表在当时尚属后进的广东文学的最高成就。而以欧大任为典型的众多文才相对平庸的作家，不仅是构成庞大复古阵营的主体，他们自觉或不自觉的种种文学活动，也是复古运

---

① 永瑢等：《四库全书总目》卷一百七十二《瑶石山人稿十六卷》，北京：中华书局，1965 年，第 1506 页。

动从嘉靖中后期发展到万历年间渐成燎原之势的重要推动力。同时也应该注意，与后五先生之于复古运动的意义相比，他们之于岭南文统的意义，主要是清代以后论者所赋予的。明代广东文学，尚不能像吴、闽等地那样勾连出清晰的文统脉络。除了闽地，作为和复古思想没有亲缘关系的地方文学，又不能在复古思潮的激发下有所反思进而反动，则只能随着复古运动的浪潮起落。

福建按察使赵韫退年谱简表

马瑜理[①]

赵进美（1620—1692），字嶷叔，一字韫退，号清止，自号“鹅岩道人”。明崇祯十三年（1640）进士，入清官至福建按察使。有《清止阁集》二十卷，其中诗四卷，词、散曲、杂剧为一卷。与孙廷铨、冯溥、丁耀亢、曹溶、查继佐、周亮工、施闰章、李呈祥、宋征舆、王士禛、高珩等人多有交游。本年谱对赵进美一生仕宦、交游、著作等情况进行了梳理，有助于全面地了解赵进美真名士、真谏官、真孝子的一生。

明神宗万历四十八年庚申（1620）　一岁

赵进美生于是年九月二十二日寅时。其先蒙阴人，始祖赵平徙益都颜神镇。祖龙溪公赵课，赠中大夫、陕西布政使司参政。父暨垣公赵振业，明天启乙丑进士，累官江南布政使司参议（赵执信《中大夫、福建提刑按察使司按察使先叔祖韫退赵公暨元配张淑人合葬行实》，以下简称《行实》）。

明熹宗天启五年乙丑（1625）　六岁

父赵振业成进士，为邯郸令。

天启六年丙寅（1626）　七岁

从父宦游，居邯郸。

① 作者简介：马瑜理，广东海洋大学文学与新闻传播学院讲师。

明思宗崇祯元年戊辰（1628） 九岁

始学帖括，喜读古文辞。父振业纵之读古人书，不专以帖括督促之。赵进美塾诵之余，取古人旧作一二篇拟之，偶为其父振业所见，出以示客，咸大惊，称"圣童"。（赵执信《行实》）

崇祯三年庚午（1630） 十一岁

父赵振业选授云南道监察御史。

崇祯五年壬申（1632） 十三岁

与宋琬初遇于天坛道士舍中，宋琬时年十九岁。

崇祯六年癸酉（1633） 十四岁

补邑诸生。

崇祯七年甲戌（1634） 十五岁

父振业提举应天学政，"抑嚣浮以挽士习，崇纯雅以正文体"。所试仅应天、太平、宁国三府以童子入泮者，如陈嘉善、徐明弼、唐稷、吴六一等十余人，前后皆登甲科。（赵执信《行实》）

学大就，《左传》《史记》，两汉、唐宋诸大家之文，皆能成诵。已窥堂奥，发为文章，塾师避席。

与诸城丁耀亢有诗作信札往来，交流切磋。丁耀亢作《山中酬次赵韫退来什》诗云："春云秘可把，之子未应知。山色能无共，天风空尔吹。怀孤冰雪静，珮远杜蘅迟。去去青泉峡，何由惬所思。"① （丁耀亢《逍遥游·故山游》）

崇祯八年乙亥（1635） 十六岁

春，赵振业调任四川布政使司右参议、分守川北道。送父至句曲。

① 丁耀亢：《丁耀亢全集》，郑州：中州古籍出版社，1999年，第674页。

清明前后，作散曲套数《醉花阴·秋千》及《粉蝶儿·清明游》。自记云："乙亥禁烟，溪上置秋千各二。红梁绕燕，画板随莺，或独艳矜高，或双影并落。而彩绳天际，雕毂风余，未识衣香，终疑霞散。则芊眠色映，骀荡情深矣。漠漠蝶庵，仙仙柳幕，饮觞劝醉，匀楮求思。欲征记豆之歌，聊拟腾鱼之赋云尔。"①（《清止阁词余》序）

与淄川高珩相晤于句曲署中，二人握手欢如。时高珩弱冠，赵进美才垂髫耳。对高珩言及孙廷铨，而高珩先于考卷中知孙廷铨、冯溥之名。一个月后，赵进美北归，与高珩扁舟同榻、觞咏共之。（高珩《三君子序》）

仲秋，丁耀亢游泰山。赵进美评丁耀亢《岱游》诗曰："游岱者，应制体也。作游山便非，游东岱即东帝早朝也。作游他岱便非，见此诗如见东岱。不见东岱，又未必见此诗也。云气苍苍，高深极矣。"②（丁耀亢《岱游》序）丁耀亢过青石关，因怀赵进美，赋诗《过青石关怀赵韫退》。

崇祯九年丙子（1636）　十七岁

秋，与高珩候乡试，遇孙廷铨、冯溥，四人握手相欢。是科，赵进美中丙子乡试第一，遂名噪海内；高珩仅中副榜。（高珩《三君子序》）

父赵振业升湖广按察使副使、分巡荆西道。

崇祯十年丁丑（1637）　十八岁

会试下第，淄川张至发为会试主考官。归里，始婚于张氏。张氏，益都人总督宣大、兵部尚书张晓之孙，举人张联轸之女。后封恭人，赠淑人。静默有闺德，十四岁适赵进美。（赵执信《行实》）

崇祯十一年戊寅（1638）　十九岁

合族人，为庭社。（赵进美《先兄峭伯墓志铭》）

---

① 赵进美：《清止阁集》，载《山东文献集成》第二辑第 29 册，济南：山东大学出版社，2009 年，第 679 页。

② 丁耀亢：《丁耀亢全集》，郑州：中州古籍出版社，1999 年，第 637 页。

崇祯十二年己卯（1639）　二十岁

丁耀亢南游，慕赵进美工于词曲，以词作《江南诗余》[1] 寄之。中有《念奴娇·扬州怀旧》一阕，赵进美评曰："周美成《柳阴直》一阕，思致雅丽，复不失悲歌太息之意，读之击节。今又得此首。"[2]（丁耀亢《逍遥游·江南诗余》）

随父任居楚中。（高珩《三君子序》）

崇祯十三年庚辰（1640）　二十一岁

上元日，从楚中出发赴京会试，逾月雨雪载道。渡浉水，涉漯水，过淇园，经邺城，过卢沟。"时患多仓徨，谁知旅游难"，感怀作《北征》组诗十六首。途经邯郸，作《北征》其十二，自注："邯郸，大人旧治。"（《清止阁诗》卷上）

高珩、孙廷铨同赴京师会试。三月榜发，孙廷铨、赵进美成进士，高珩下第。赵进美中三甲第二百三十二名，桐城方以智中二甲第五十四名，太仓周肇中二甲二十八名，祥符周亮工中三甲第一百二十八名，益都孙廷铨中三甲第一百五十名、孙景昌中三甲第一百九十五名，莱阳姜垓中三甲第二百二十六名。（《明清进士题名碑录索引》）

始授行人，奉使江西宁、益二藩府。

春，周肇、孙廷铨过访，有《周其章、孙枚先见过》诗。宿新城，与孙廷铨酬唱，有《次新城同孙枚先作》诗。从春到夏，数次过访孙景昌、孙廷铨叔侄。

同徐乾君、方以智饮姜垓寓中，因与方以智次韵赠答，作《同徐乾君、方密之饮姜如须寓，次密之韵》，"慷慨能同语，从容聊授餐"。

同临川揭重熙、华亭包尔庚、华亭章简、方以智、清苑梁以樟宴集嘉善钱棅寓中，饮酒赋诗饯别。次日钱棅将赴留都盛京任职方郎，赵进美作《同揭万年、包长明、章次弓、方密之、梁公狄，集钱仲驭寓赋赠，时仲驭将赴

---

① 丁耀亢《江南诗余》纪曰："余不解音律，每见吾友赵韫退、钟一士工于词曲，甚慕之。偶尔效颦，后以寄韫退，遂漫以为当。然吹律无学，徒令周郎顾人。"

② 丁耀亢：《丁耀亢全集》，郑州：中州古籍出版社，1999年，第674页。

留都职方郎》二首，为其送别。

夏，京城大旱，田野凋残，流亡遍布，作《对雨作》二首纪其事。酷夏，偶至水关，小憩于药王庙柳树下。(《偶至水关，暑甚，小憩药庙柳下》)返里，时山东亦大灾。过济南，有《过济南见蝗灾》诗纪其事："侵畦禾色乱，出郭树阴稀。指点农夫语，新蝗背日飞。"

返里后，与兄弟、子侄宴饮。

秋，过泰安，见"逃亡成大盗"；过济宁、曹县，"忧盗祝年丰"。山东境内，所见皆萧瑟之景，病叶狼藉，污田断岭，而催科甚急，百姓贫病交加，作《途中杂感》八首咏叹。

冬，至安陆省觐，寄家书与兄赵继美，报双亲皆健之事，作《使归作书有怀家崻伯》诗。

岁末，有书寄孙廷铨，并作《寄怀孙枚先》诗："兵火相寻事渐非，神州北望驿书稀。"

腊日，作《腊日》诗。岁杪微雨，与徐章民夜谈，作《腊尽微雨，同徐章民夜坐》诗："遥愁家远逼戎马，渐觉年来重友朋。"

崇祯十四年辛巳（1641）　二十二岁

正月，李自成占汝州，张献忠占襄阳，作《闻寇归襄城遽陷》诗："吹笳久听襄阳乐，饮马休歌蜀道难。"

春，将赴安陆，作《将发云中言怀》四首，纪中原荒歉、襄阳城陷事。

寒食节，渡长江，闻笛。登汉阳江天阁，思国事，"烽火春深何处断，故山宜制薜萝衣"(《登汉阳江天阁》)。与刘谦甫唱酬，作诗《赠别刘谦甫》感慨时势。

至黄州，经大石坡，过道士洑；泊浔阳、彭泽县之马当山；遇风，泊莲花洲；以阻风，登东梁山；过采石矶，至金陵。

桐城吴子远、方其义邀泛舟秦淮河，以将赴扬州，不果赴，赋《吴子远、方直之邀泛秦淮，不果赴，复惠诗见留，舟发后和其韵》诗留别。

抵扬州，卜居，有《维扬卜寓》诗："近看乡国难成返，病寄天涯须卜邻。"泊瓜州，望京口诸山。寓扬州期间，与郑元勋、王光鲁、刘宜绥、周颖侯等人交往密切，并有结社雅集诸事。

宴集扬州郑元勋影园，有《集郑超宗影园得七虞》诗。微雨，与郑元勋饮姜垓舟中。郑元勋为赵进美《清止阁词余》题词，谓：“赵子生于齐，而能取吴越而调之。无失亢，无失靡，殆不拘于方者欤。谓之大雅，复作可也。诗余云乎哉？则词苑诸贤，又当逊为领袖矣。”[①]（《清止阁词余》序）

王光鲁为赵进美杂剧《瑶台梦》作序，自称“邗水社弟”。赵进美曾拜读过王光鲁的传奇《想当然》，同意王光鲁托名嘉、隆间人将此传奇刊行于世。[②]（《瑶台梦》序）

有书寄兄赵继美与孙景昌，《寄孙义侣》诗言明末社会现状云：“他乡岂必尽乐国，世乱未敢辞驱驰。”“千家开门城郭静，纵横白骨填路衢。”“飞蝗蔽天耕牛死，瘠地不得伸勤劬。”

孙廷铨将谒选北上，因作《孙介黄将谒选北上书以问之》慰问。秀水沈起将返鸳湖，赋《沈仲方将归鸳湖作画留别赋赠》留别。新建戴国士有诗相赠，作《赠戴初士同日纳二姬》《再赠戴初士并订游白门》诗以答。

将赴南京，赠别查继佐，有《将赴白门留别查伊璜》诗。在南京与周颖侯、梁于涘酬唱，有《周颖侯以诗及佳染贻赠率赋奉答》《集梁饮光斋中》诗。

旋回扬州，中秋同社诸子雅集，有诗赠文玉同、周颖侯、刘宜绥。重阳前二日，同沈起、黄云、黎元宽、刘宜绥集平山堂之鉴楼，各有诗作。与黄云次韵赠答，有《重阳前二日，沈仲方、黄仙裳招同黎左严、刘宜绥集平山堂》诗。重阳，雅集陈氏山庄，分韵赋诗。过真州，留别郑伯昆。寓居汪汝为余竹园，有诗赠汪汝为。宴集江开先之衍园，又同郑元勋送别苏启先。

将去扬州，陈青雷、姜垓、刘宜绥同赴舟中，小酌送别，因有《予将去广陵，陈青雷、姜如须、刘宜绥同赴舟中，言别小酌》诗。

崇祯十五年壬午（1642）　二十三岁

北上进京。早春，与孙景昌在旅舍夜谈，有《旅邸与孙义侣夜谈》诗。

从祀定陵，作《从祀定陵恭祀》诗。春游卧佛寺，宿碧云寺，同魏思令、

---

① 赵进美：《清止阁集》，载《山东文献集成》第二辑第29册，济南：山东大学出版社，2009年，第676页。

② 王光鲁在《瑶台梦序》中曰：“余向有少作，托之嘉、隆间人，辒退谬以为可。”

郭仝果夜坐池上小饮，有诗纪游。游京郊来青轩，“登临多朗怀，渺渺复惆怅”。作《春怀》六首、《卧病》四首。

徂夏，效徐渭作诗《燕市五月歌》八首。有友人过，出而示之，无不捧腹，以此为娱乐也。(《燕市五月歌》序)

夏夜雨后，过丁耀亢双河庵寓所小饮纵谈，丁耀亢道其山居遇仙事，因作《过丁野鹤双河庵，小饮纵谈，并道其山中遇仙事》诗：“月出见二子，寂坐临绳床。复置一尊酒，论旧心翱翔。”“交游厌常上，仙鬼喜清狂。”① 又为丁耀亢《罗汉卷》题赞。

松江徐孚远过访，留饮，有诗赠之。题诸城丘石常《树下美人图》。

将返里，与卜介臣赋诗赠别。初秋，过青州，忆周颖侯有《青州道中》诗，因次韵和作。

里居，雨中游洗砚池，有诗纪游。抱恙，病中闲吟；病后游溪上，忆孙廷铨，次韵其见寄诗。冬日，过田家，观稼毕，祝鸡洒酒，有《田家冬日杂兴并序》五首。冬游黄红峪，有《游黄红峪》诗；出猎，游鲁殿。

岁末大雪，与孙廷铨登颜神镇敌楼夜坐，小饮赋诗，有《敌楼同孙介黄夜坐小饮作》四首。

崇祯十六年癸未（1643）　二十四岁

正月，过颜神镇城东范公祠下之范泉，作《偶过范泉》诗：“艰难郭外意，珍重离乱身。”颇见离乱之感。初七日，与孙廷铨饮镇城敌楼。早春，观傩戏，有诗纪事。

上元日，赋诗答高珩见寄诗作。中有“旧绪愁中失，孤城乱后登。一丘堪避世，皂帽忆吾朋”之句。(《上元答高葱佩见寄之作》)

寒食节后，送孙廷铨赴抚宁。秋，又有《寄孙介黄抚宁》诗相寄。

端午，悼亡弟赵萃美，作《端午日悼念亡弟嵚叔》诗。

入秋，高珩有书至，书云“将买小舟北上，可饱看天津紫蟹矣”，进美作诗戏答。七月，高珩、高玮上公车，有《送高镇青葱佩兄弟计偕北上，时予亦将赴阙》诗。

---

① 赵进美：《清止阁集》，载《山东文献集成》第二辑第29册，济南：山东大学出版社，2009年，第515页。

八月，北上进京，途中作《阳丘道中》《历下》《济水》《禹城》《桃园》《德水》《少年》《景州》《阜城》《献县》《河间》《天雄》《新城赠客》《绳河》《涿鹿》《青楼》《不寐》《良乡微雨》《桑乾》《机妇》《帝城早秋》诸诗。

抵京师，寓居青州公馆，与高珩相邻而居。放榜后，高珩中式，两人朝夕聚首（高珩《三君子序》），有《徐暗公、李舒章、吴子远、高葱佩过雪鸿斋小饮作》《饮高葱佩邸中》《答高葱佩戏赠之作》诸诗酬唱。又与徐孚远、李雯、吴子远、钟一士、冯薇圃、朱玉符、龚玉津、方以智诸公相唱酬，有诗纪事。

重阳日，谒茂陵，途经九龙池、翠屏山，有《重阳日诣茂陵因经九龙池翠屏山诸处》四首。

十月，赍诏南行。赋诗留别李雯、方以智、张中柱、桑笈云等人。（高珩《三君子序》）

将赴江西，有书寄高珩，作《寄高葱佩庶常，时予有豫章之役》二首。

初刻诗集《清止阁诗》二卷，前有查继佐、吴子远、李雯、方以智诸序。（《清止阁诗》自序）

便道归里，宿般阳，高镇青携酒相过，剧谈至夜分。渡淄水，谢碧玉携酒饯别，有《渡淄水，谢碧玉携酒相饯》诗。至临朐，与冯溥谈旧事，忆高珩、孙廷铨诸友，有《冶源喜逢冯孔博，谈旧因忆高葱佩、孙介黄》诗纪其事。

南行，途经蒋峪、穆陵关、高桥、东苑、琅琊、李家庄、郯城、宿迁，皆有诗纪事。

崇祯十七年甲申　清世祖顺治元年（1644）　二十五岁

二月始至淮阴、宝应，于淮阴逢朱玉符，过舟中小饮，并过晤金绳阳。花朝后途经高邮至扬州，卢长华招饮，吴鉴在、钱幼光过晤，吴子远招饮，许香严、郑琅轩、李庐山等酬唱。

寒食节到京口。清明前后至丹阳、常州、无锡，微雨游惠山。后至吴门，在阊门与田孙若连舟叙谈。又经松陵、嘉禾、崇德、武林、富阳、桐庐、严州、兰阴、龙游县到江西上饶。四月后自涼水至兴安，过弋阳、贵溪、金溪、临川、进贤、南昌、吴城、南康、湖口县、鲟鱼镇，有诗纪事。后至临川，与张次峦、张恭锡、徐仲光赠答。

五月，清军入京师，大顺军西走，福王朱由崧称帝于南京，建元弘光。作《江上闻国难》四首，后又作《悲歌》四首、《秣陵》六首，以抒发亡国之痛。

五月后至南昌，与戴初士、朱赤山、熊子文、沈旭轮雅集渡青阁赋诗，与沈方平、钱武山、刘九赋、熊南坡、刘世安、陈令君、旷白于等相携游、相唱和，均有诗作。期间赋诗寄怀高珩、孙廷铨，题曰《怀高葱佩》《怀孙介黄》。

夏，赵进美侨居金陵，遇冯金吾、刘峄巃，有诗《赠冯金吾》《初入都遇同乡刘峄巃》。

秋，与纪春晓、耿玄度同饮故人郑琅轩斋中，有《雨夕同纪春晓、耿玄度饮郑琅轩，时春晓将有浙行》诗。

冬日，闲居金陵，赋诗篇《闲居》四首、《岁晏》二首、《冬日拟古》五首。

父赵振业由山东巡抚与按察使推荐，起补山西按察使司佥事，管布政司参议事、督粮道。

顺治二年乙酉（1645）　二十六岁

仍居金陵。人日，招客小饮；上元夜，同社诸子集张如祖宅；十六日夜，再同诸子集张如祖宅。花朝日，同社诸子集吉祥寺观梅。上巳日，同耿玄度、李庐山、任贞野、孔仪之集雨花台。寒食节，同丁右海、高云岫、郑琅轩、张伯光、冯殿公再雅集雨花台。清明，同宋琬、任贞野、孔仪之、冯素生殿公父子、朱火西饮城南园中。均有诗纪事。

春，同耿玄度、李庐山、吴子远饮乌龙潭；雨中同社诸子集玉树堂；耿玄度、道子兄弟招同社诸子游半山园，登朝阳城门。均有诗纪游。

与张椿龄、井玉章、张参前、汤金吾等人赠答，有《送张椿龄之华亭》《送井玉章谪浙江臬幕》《寄张参前太守》《赠汤愚公金吾》诸诗。

五月，清军破金陵，弘光朝亡。赵进美离金陵，与诸子赠别，有《留别丁右海》《留别李庐山》《别郑琅轩》《别孔仪之》《将去金陵次刘宪石（正宗）老师见送韵》诗。

五月五日次句曲。经丹阳，留别同年许默庵。又与宋琬避地吴閶、嘉禾间吴村、蒋湾。

六月，清兵入吴江，赵进美转徙久之。（赵执信《行实》）作《避地吴村十二首》《吴村偶作》十二首、《木榻行赠宋玉叔》《曲水庵同玉叔题》四首、《西塘》六首、《蒋湾》六首、《蒋湾秋怀》十首、《答宋玉叔乱定讯四首即依来韵》、《闻宋玉叔病，诗以问之》四首、《嘉禾》二首、《吴门》二首。“海内干戈今未休，吾曹落魄仍淹留。”（《木榻行赠宋玉叔》）宋琬亦有《曲水庵寓居次赵韫退韵》之作。

避地嘉禾时，坠水，幸得免；宋琬与其兄亦溺焉，幸而无恙。宋琬作《韫退嘉禾之变，坠水得免，未几，家兄与余溺焉，亦幸无恙，作此志慨，并寄赵子》纪事。赵进美有暴客之警，宋琬寄《赵韫退有暴客之警走问三首》慰问。

中秋乱定后，作《王敬哉有〈喜韫退至〉之作见赠，促棹未及奉答舟中忽成一首》奉答王崇简：“到时家国应全改，乱后期怀好共开。”（《南征草》）

雨阻常州，宗开先、吴子远、陈青雷、李辅臣诸故人留作五日饮，有诗纪事。

乱定后归里，会世祖章皇帝下诏，直省抚按荐举地方人才，赵进美遂被举荐于朝。冬，赴京任太常寺博士，高珩作《送韫退北上》五首赠别。时博士冷曹，无所短长，而赵进美负文章盛名，都门人士负笈从游者甚众。

四月，高珩始授内翰林院秘书院检讨。五月，充任明史纂修官。

孙廷铨擢吏部主事。父赵振业奉命督山西屯田粮饷。

顺治三年丙戌（1646）　二十七岁

入京后，羁身簿禄，欲尽弃笔砚事。然“其间或迫于赠答，或触于游眺，或良辰入怀，或深居永念，楮墨在前，复不能自已”。（《燕市集》自序）

初春，游慈仁寺，有《初春登慈仁寺阁》二首。

二月十二日花朝节，同曹溶、龚鼎孳、王崇简、宋琬、李雯、张学曾、朱虚等宴集，限韵赋诗，因作《春日过秋岳斋头，限韵近体各一章，即席同赋》六首。龚鼎孳有《花朝同敬哉、韫退、玉叔、尔唯、舒章、岕庵社集秋岳斋限韵十体》，中有“三年故国已荒陵，二月清明正寒食。薄宦何须苦死留，曳车终日畏王侯”句[①]。曹溶有《芝麓、舒章、尔唯、敬哉、玉叔、韫退过集分赋》诗：“燕麦凄然地，何令客子繁。”“鄙事勤余艺，微官误一生。”[②]

高珩、孙廷铨、宋琬约游韦公寺观海棠，因事未赴约。清明，过孙廷铨斋，同宋琬赠答，有《清明过介黄斋中，同宋玉叔赋》《同前分得二萧》诗。

清明后，高珩请告归里，因作《送高葱佩归里》诗，中有“此去但存新赋草，何妨高卧旧渔矶”“不因张翰思归兴，空见江淹论隐书。名岳自能留杖履，余生惟幸有樵渔”[③] 等句。

同年傅维鳞初授编修，进美寄书与傅维鳞其父傅永淳年伯。龚鼎孳南归，作《送龚孝升奉常外艰南归》二首送别。秋，孙廷铨任山西乡试主考官，淄川沈润任河南乡试副主考，进美作诗《秋日有怀介黄使关西静澜使中州》怀此二人。

冬日感兴，寄怀高珩，有《冬日感兴兼寄葱佩二首》诗寄与高珩。雪夜集孙廷铨斋中，闻琴赋诗，有《雪夜集介黄斋中听弦索》。

充任顺天乡试同考官，取金鋐、李昌垣等六人，极畿甸之选。时龚鼎孳持文柄，举荐赵进美。曾邀当时文士同赋古今各体诗，击钵立成，赵进美擅场，众人折服。（赵执信《行实》）

高珩赴京师，任内翰林秘书院检讨。

顺治四年丁亥（1647）　二十八岁

初春，同宋琬、山阴张学曾、桐城姚文然、宋征庚集曹溶斋，曹溶将南归，分韵赋诗。有《初春同张尔唯宋玉叔姚若侯宋辕文集秋岳斋分韵，时秋岳将南归》《送秋岳还里》五首。送别王玉符使越，送赵介眉使闽，送宋征庚归华亭，送杨鼎臣还武乡，有诗纪之。

四月十六日，赵进美兄赵继美卒，时赵进美守官京师，闻讣告，为位而

---

① 龚鼎孳：《定山堂诗集》卷十七，清光绪九年圣彝书屋刻本。

② 曹溶：《静惕堂诗集》卷十五，清雍正三年刊本。

③ 赵进美：《清止阁集》，载《山东文献集成》第二辑第29册，济南：山东大学出版社，2009年，第589页。

泣。（赵进美《先兄崝伯墓志铭》）

夏，雨后晚凉，同孙廷铨、宋琬、孟津王铎游崇教寺，有《夏日，同介黄、玉叔陪王觉斯先生游崇教寺》诗二首纪其事。宋琬暂假将归莱阳，赵进美赋诗《送宋玉叔还莱阳》送别。

初秋，雨中游慈仁寺；雨后，同孙廷铨游东坛，有诗《初秋雨后同孙介黄过东坛》三首、《积雨古槐》。

送益都钟谔至新蔡，作《送钟一士之新蔡》四首。哭门人赵元公；挽渭南知县同年杨杏园；寄赠旧太平明府法君；送侄孙赵受介按蜀。冬日集梁眉居水堂。

淄川乱定后，有诗《寄慰高葱佩，时淄川乱定》二首寄慰高珩。“远梦青枫改，相悲白发生。”“近郭扬雄宅，何妨更闭关。”①

十二月，高珩入京补旧职，寻升国子监祭酒，寓居赵进美处。赵进美、高珩、孙廷铨、冯溥一时咸聚。复偕同里诸君子结社，数日一小聚，或闲日不面，辄走马相访。（高珩《三君子序》）

除夕夜，次李呈祥韵，有诗《除夜和李吉津》。高珩亦有酬唱诗《和韫退早朝韵》《除夕次韫退早朝韵》。

与丁耀亢结社。丁耀亢《书立地成佛剧后》自称为“琅琊社弟子”，故知进美杂剧《立地成佛》最晚作于此年。

顺治五年戊子（1648）　二十九岁

正月，用早朝韵和高珩，成诗《和葱佩用前韵》。中有“近欲杜门成小隐，柴车渐喜往来疏”“晚岁独随东郭履，故人时枉右军书”② 等句，似有隐逸之思。

初七日，同高珩游后湖，小憩僧寺，晚集周宁章斋中，有诗二首。初八日，与高珩、孙廷铨诸社盟集于冯溥宅中，分韵赋诗，作《谷日集孔博宅分韵》。丁耀亢不邀而至，作《过太常赵韫退与孙枚先考功、冯孔博太史夜集》。

---

① 赵进美：《清止阁集》，载《山东文献集成》第二辑第 29 册，济南：山东大学出版社，2009 年，第 595 页。

② 赵进美：《清止阁集》，载《山东文献集成》第二辑第 29 册，济南：山东大学出版社，2009 年，第 597 页。

十三夜，同社诸子夜集。有诗《十三夜雪中诸君见过》《雪甚再呈诸君》《快雪行酬介黄》《十六夜得豪字》《灯夕行》。高珩有《次韫退元宵韵》；冯溥作《元宵前二日雪过赵韫退》三首。

挽金处士；送别冯尊尼；赠陈名夏少宰；赠梁敷五；赠梁清标。

夏，同高珩、冯廷櫆、王樛游城南池亭。送沈静澜至绍兴；送王仙舟督江南水利；为李五弦题画。

秋，丁耀亢与进美比邻而居，有《世事柬赵韫退太常五首》；赵进美有诗《答丁野鹤邻居见赠》三首相赠答。周清溪邀听筝，有诗《周清溪席上听筝歌》。

岁暮，观王樛拔剑歌舞，赋诗《拔剑行赠王子》赠之，中有“古人失意孰可比，岁暮偃蹇风尘里。羸马难过卿相门，敝裘常被市儿指”①。同时抒发淹蹇之怀。

赵振业升江南布政司右参议，整饬庐州兵备道。

顺治六年己丑（1649）　三十岁

春，同社诸子雅集陈协宅，看海棠丁香，“移尊雨砌霑仍湿，绕树风花落未稀”，有诗纪之。

春雨中，与宋琬、王崇简、宋征舆、张举之等宴饮于慈仁寺，赏海棠花。宋琬有书《请同寅看海棠启》邀之。赵进美有诗《雨中宋荔裳招饮慈仁寺看海棠》，王崇简作《宋玉叔约同赵韫退、宋辕文、张举之饮慈仁寺海棠下，分韵》。

四月初一，宋琬再招赵进美、丁耀亢、王崇简、宋征舆、米寿都、张举之京城报国寺看海棠，分韵赋诗。“结伴寻春春已违，晚林风雨落红稀。”丁耀亢赋诗《四月朔日，宋玉叔招同王敬哉、宋辕文、米吉士、张举之、赵韫退报国寺看海棠分韵》。（丁耀亢《陆舫诗草》）

初夏，同王崇简、冯溥、宋琬、宋征庾作赋诗四首，题为“初夏杂感同王敬哉、冯孔博、宋玉叔、辕文作”。在京师送张芹沚督学山西；送翟义图督学浙江；送钟文子督学山左；寄书与蒋楚珍；题鲁六真图卷；贺刘正宗新宅

---

① 赵进美：《清止阁集》，载《山东文献集成》第二辑第29册，济南：山东大学出版社，2009年，第602页。

筑成，均有诗纪之。

夏，与孙廷铨、高珩、高玮、冯溥、李呈祥、王缪、王稚昆等同社诸子游先农坛，对弈、分韵赋诗，作《夏日同诸子游先农坛》，中有“人世看棋过，浮云抱膝吟”。孙廷铨作《夏杪集先农坛分赋》；高玮作《韫退招饮先农坛次原韵》；冯溥作《夏日同孙枚先高念东李吉津王稚昆赵韫退王子下集先农坛分赋》三首。

七夕，集孙五粒新宅；慰问宋征庚卧病；宿王缪斋夜谈；为张幼量作古剑歌；重九日，寻高珩、冯溥，皆出游，不值；重九后一日，登慈仁寺阁。

秋，王崇简招饮，永夜叙谈，进美作诗《王敬哉招饮谈旧醉歌》纪事：“主人留客张明烛。”“即如杯酒有聚散，讵知世事无反覆。”“四座同停杯不饮，徒惜庭树清霜空。”抒发世事无常之感。

送门人李长文编修使浙西；送冯溥使金陵；寄怀郝敏公；送孙廷铨使会稽祭南镇禹岭、广州祭海；送高珩典试江南；送张尔唯司庾清源。

顺治七年庚寅（1650）　三十一岁

以才望被推荐为刑科给事中，为谏官，立言必本经术，集事动关典礼。“凡有奏章，期于崇国体，行实政，不为矫激，不轻弹劾。”“北郊奉配及籍田、祈谷诸大典，煌煌然一代礼文”①，皆为赵进美所请也。（赵执信《行实》）

有诗赠宫紫函；送门人邢式九任兰阳知县；送门人王严石任永春县令；送钟谔赴汝宁任郡丞。

秋，送宋琬赴秦州任佥宪，送傅长雷赴临清任宪副；冬，送宁德九出守河南。

高珩迁秘书院侍讲学士。

顺治八年辛卯（1651）　三十二岁

闰二月，上疏《题为请行律例以重祥刑以广皇仁事》，认为民命至重，务必要过详过慎。

① 赵执信：《赵执信全集》，济南：齐鲁书社，1993 年，第 486 页。

春，过京师城南买园，“何地堪投辖，名园韦曲傍。”“坛树浮窗进，城云接苑凉。”（《春日过城南贾园》）

四月，上疏《题为明经制以尽庶司之职定铨选以杜署官之弊事》，提议修明往例，参酌时宜，裁旧典，成新制。

春日，忆益都故园，寄家书与赵济美，有诗《春日忆秋谷园亭，寄家岐叔》二首。“故园春最忆，小筑傍溪湄。”“当杯仍怅望，应亦念离群。”寄托思乡之情。（《燕市集》）

初夏，忆故园溪堂，与李天中次韵，有诗《初夏忆故园溪堂，次李天中原韵》。送蒋孝廉还嘉善；送薛行坞归省；送张公选归省；送尹宪甫赴槜李；为张鸿友题画，有诗纪其事。

八月，上疏《题为严革蠹役以收澄清之实效事》以及《题为水荒接境可悯蠲账务在实行伏祈敕部速议严饬以拯灾黎事》，皆为有利于吏治民生之建议。

颁诏山西，自秋历冬，“自燕而南，西历晋之州郡，为里者四千有奇”“既寡登临眺听之美，复鲜友朋赠答之欢”①。自作诗六十首，集为《西征草》。（《西征草》自序）

经天津，泊舟过宝华庵；德州送刘正宗师秦；登真定大悲阁；经获鹿至太原；后至汾州、平阳、泽州、潞安。

仲冬，过谒山西赵振业生祠，祠傍居民出迎，老幼夹道，欢呼不绝。有诗《过晋阳家大人生祠》四首纪事。至汾州，微雪，同万会中游朱沧起解脱园，有诗四首。游义堂镇，过仁义驿。至平阳，偶过范潞公自秦师归，有诗二首。同范潞公、王大公游龙祠；同转运诸君登海光楼；同卧斋侍御游野狐泉，有诗纪游。

立春日，至潞安使院，有松竹之盛，有诗《潞安使院颇有松竹之盛，是日立春》纪之。

顺治九年壬辰（1652）　三十三岁

正月，至邯郸。上元日，又谒赵振业生祠，作《邯郸过家大人生祠，赠

① 赵进美：《清止阁集》，载《山东文献集成》第二辑第29册，济南：山东大学出版社，2009年，第613页。

诸茂才，是日上元》诗中怀其父："隔代客惊今夕会，旧游地比故乡亲。难忘少小趋庭日，绛帐闻经更几人。"（《西征草》）

旋回都门，以罗汉卷旧稿赠予丁耀亢，丁耀亢家藏罗汉卷失去十年后，复得全卷。丁耀亢作《赵韫退给谏壬午题罗汉赞已不可得及得此卷韫退复以旧稿遗予遂成全卷》以及《家藏罗汉卷壬午失去十年壬辰得于都市排律》。（丁耀亢《陆舫诗草》）

六月初三日，上疏《题为重纶音以昭大信谨陈一得之愚仰佐治平事》，请通满汉文字之内院大臣同至御前，可杜蒙蔽错谬之端。

十月初四日，上疏《题为请重铨司之选以清吏治之源事》，认为四司得人尤其重要，为吏治清明之源头。

十一月二十四日，上疏《题为仰体皇仁敬陈末议以广圣德事》，奏请表彰顺治二年间抗清殉君之明臣，称其"虽抗颜之罪无辞斧钺，而授命之义不忝昔贤"①。（《清止文草》卷八）

十二月二十五日，上疏《题为圣治方隆典礼宜备敬陈刍尧之余仰赞兴朝之盛事》，奏请严祀事，考明典例，北郊大祀按礼奉配，以和民志。

顺治十年癸巳（1653）　三十四岁

正月二十九日，上疏《题为保举既奉明纶条例尤当详议谨陈刍论以备采择事》，认为保举诚系良规，奉行必当尽善。

三月，上疏《题为陈恤民之要广皇仁以协天心事》，认为赋税和刑狱是恤民的二要，提议将挪用赋税的官吏罪状公布于众。此外，狱讼要速速勘结，不得仍前淹迟，致累民命。

四月，上疏《题为按臣溺职背公借私塞责谨据实直纠伏乞圣断严加处分以信功令事》，揭露总督巡抚等官有蒙蔽专擅、纵兵害民、纵贼杀良等事。

进美迁户科右给事中。闰六月，上疏《题为霖雨示灾拯济宜急祈敕部议以宣圣泽事》，奏请有司设法抚恤灾民。

八月初二日，上疏《题为严越奉之法以明职掌以尊治体事》，认为通政司执掌封驳，应封进者，封进应驳回者出示驳回。

---

① 赵进美：《清止阁集》，载《山东文献集成》第二辑第29册，济南：山东大学出版社，2009年，第832页。

高珩升任吏部右侍郎兼内翰林国史院学士。孙廷铨迁户部侍郎。

王象晋卒，进美为其撰《故中奉太夫浙江布政使司右布政司康宇王公墓志铭》。

顺治十一年甲午（1654）　三十五岁

二月，上疏《题为部差既定立法宜详谨陈澄源之议仰请圣鉴严饬事》，奏请严加分别考核各官。

三月，上疏《题为请恤河决冲没之地以普皇泽事》，奏请满汉大臣设法赈济，令哀鸿复集，漕运无梗。

三月，上疏《题为清查未报废藩田产并乞敕部定各省征输画一之制以裕国储而均民力事》，奏请有司酌减岁租、量行修葺废藩田。

三月初五日，上疏《奏为遵谕回奏事》。

四月，高珩转任吏部左侍郎。九月，请假归省，允之。

五月十五日，上疏《题为定部议之规以专责成以尊政体事》以及《题为敬陈督捕当详之法仰请圣鉴饬行事》。

进美迁礼部左给事中。孙廷铨有《赵韫退初擢礼垣给事中赋赠》诗赠进美："谏章明光出，风清海内闻。不难成意气，慎勿近纷纭。墀柳春阴静，宫槐晚绿分。掖门新句好，时为寄殷勤。"

六月初八日，奉命为湖广乡试主考官。（《清实录》）出都，涿鹿道中遇雨；新乐渡河，投石佛寺，同徐莘叟夜谈，作诗三首；七夕，宿某秀才别墅；过黄粱梦；宿邯郸，有诗；邺下有感作诗二首；宿泥沟驿；过淇水；宿荥泽；至新郑，宿故相国高少师废园，作诗二首；经许昌、蔡州至信阳、安陆，安陆者赵振业饬戎七年也。

至汉口，同张李二方伯、余大参、于宪副、张宫二少参、郜佥宪、徐莘叟登晴川阁，同徐莘叟、史林玉、礎中丞登黄鹤楼，有诗纪游。

中秋后，主持湖广乡试，有《闱中作》二首。典试后至武昌，作《武昌杂感》十首。"人生贵令名，志士岂苦贫。披褐彼谁子，散发行负薪。""令名尚不希，富贵安足陈。""悔不当盛年，努力事弓剑。"（《楚役草》）

同祖清渊、徐莘叟再登黄鹤楼。雨中饮梁朗公宅中，谈旧。汉阳忆旧游，同丘太守、邹节推再登晴川阁，有诗。

武昌频灾，赋诗吊之；见江上大船小船载刍豆，有感作《刍豆行》。诗中有“自从烽火传江边，城中鬻女村鬻田。陆行负戴水舟楫，一束近欲值千钱”等句，可备武昌诗史。

泊汉口，诸生携酒相送；从汉口江行至金陵，作《江行》诗共十二首、《金陵怀古》诗四首。于金陵高座寺过访无可上人，“虚坛日落留乌语，修竹天寒出磬声。问道万缘皆不染，独从元度见交情”。

冬，经真州江口至广陵，再经高邮、宝应、淮安至宿迁，渡沂水，过蒙阴，归里。

岁暮，里居游孝泉，“十年困奔走，望远意飞越。何当耕溪滨，放歌甘薇蕨”①。有归隐之意。(《楚役草》) 饮赵济美秋谷园亭；立春日，再饮秋谷园亭，有诗纪之。

顺治十二年乙未（1655）　三十六岁

正月初七日，与兄弟子侄饮赵济美秋谷园亭，赋诗《人日集园亭二首》《春日过园亭》。

孙廷铎读赵进美近集，作《雨中读韫退先生近集》：“积雨空斋云不游，对君佳什迥忘愁。玄晖字字温如玉，靖节篇篇淡似秋。冰雪聪明裁尺素，中原风雅结绸缪。典型自足高今古，我愿皈依第一流。”②（孙廷铎《嘉树堂集》）

春，旋回京师。南宫放榜，台臣有言赵进美以违例取士，又有沈姓考生为蜚语所侵事，赵进美抗疏，上《题为会闱屡致人言制科大典无色伏乞乾断严格覆试以昭至公以定人心事》一疏，请严加覆试磨勘试卷，以定人心，疏中有“亵大典而惑众听”，“视科场为奇货，诬诈骗赫之风恐未易息也”③ 等语，颇犯嫌忌。(赵执信《行实》)

四月十五日，上疏《题为楚民困敝已久天恩轸恤宜先谨陈管见仰祈睿鉴采择事》。

---

① 赵进美：《清止阁集》，载《山东文献集成》第二辑第29册，济南：山东大学出版社，2009年，第634页。

② 孙廷铎：《嘉树堂集》卷一，载《说研堂集》，民国二十一年颜山孙氏家藏本。

③ 赵进美：《清止阁集》，载《山东文献集成》第二辑第29册，济南：山东大学出版社，2009年，第853页。

四月十七日，上疏《题为巡方关系甚重考选滥送可骇伏乞睿断严饬以杜幸进而重大典事》。

八月，上疏《题为请定副榜坐监之期以示画一事》。

秋，调任为江西按察使司副使、分巡湖西道。

顺治十三年丙申（1656）　三十七岁

奉湖西之命，假道归省。（赵进美《先兄峭伯墓志铭》）经涿鹿，赠别许菊溪赴江南、王念蓼之榆林，有赠别诗二首。

从益都出发至江西，途经广陵，闰月至端阳，真州观竞渡。夏，沿江西行，登鸠江天门山；过彭蠡，泊舟滕王阁感旧；过新淦；渡峡江，自峡江钓鱼台，两山环合、竹树蒙蔚、瀑布乘岩，与韬谷韵互答，欣慨交日。

七月，奉命至郡，舟中望飞阁巍然，江流环绕乃白鹭洲也。簿书之暇，“或杜门谢谒，或徜徉山水，吟啸自适，无几微汲汲不自安之意”① （《白鹭草》序）。至吉安，游玄坛观；与杨青岩同登白鹭洲，有诗纪游。

出为江西按察使司副使，分巡湖西道。江右新附，山贼未靖。驻节吉安，所属永丰，及临江之新淦、峡江，赣之兴国，为盗薮。经多方侦访，“障彭蠡，戍湖口，行鸟道，夺俘获，降逸盗”②，禽叛将，得其主领，言之巡抚张朝璘。张公驰檄招之，解散贼众。可知，清癯如赵进美者，转战麾兵，胸甲百万。（田雯《中大夫福建提刑按察使司按察使清止赵公墓碑》，以下简称《墓碑》）

腊日，饮田心耕宅；观雪于铜鼓营道中；宿圆通寺；登浔阳锁江楼。岁暮，于南康守岁，作《南康登楼》诗。

顺治十四年丁酉（1657）　三十八岁

访吉安归宗寺，游玉泉瀑布帘，游开先寺，过青玉峡，渡彭蠡。至饶州，居芝山书院。正月初七日，寄书于王朴斋。送笪汀上还朝，有诗三首。

龚鼎孳因“事涉满汉，意为轻重”被贬谪，奉使广东，途经江西吉安，

---

① 赵进美：《清止阁集》，载《山东文献集成》第二辑第29册，济南：山东大学出版社，2009年，第636页。

② 田雯：《古欢堂集》卷三十二，《文渊阁四库全书》本。

过访赵进美，赠诗《酬别赵韫退观察》二首。谈花朝社集曹溶斋中旧事，“华馆繁星喧枥马，应刘宛雒已无多”①。赵进美次韵，答为《御史大夫龚芝麓谪丞上林，于役东粤，过吉见访，惠示二首，次韵奉答》。

春，雨中登白鹭洲阁，同李守、潘周二郡丞游青原，有诗五首。韩圣秋赍诏过吉安，作诗留之。暮春，行清江，有书寄杨青岩；五日，同田方伯、许少参登白鹭洲阁，有诗纪之。夏，夜行禾江；舟中望梅田山；送田心耕赴闽；送李范林使凤阳。

五月，整理旧时文集，作《清止文草序》。

高珩左迁大理寺少卿。暮秋，赵进美作《暮秋吉水舟中有怀高葱佩奉常，予去国未几，葱佩亦以少宰学士左迁》。高珩次韵寄诗，作《次韵寄韫退》：“长沙太息得无同，谁念先朝补牍功。招隐山中歌绿桂，怀人江上梦青枫。”②诗中再次流露出了归隐之志与故园之思。

冬，过萧士玮春浮园。至新喻、分宜，过严氏柱国、伯禄二坊；至袁州，游化成岩；登宜春台；游洪阳洞；送王朴斋赴都门。岁暮，登楼望螺山，有感赋诗。

顺治十五年戊戌（1658）　三十九岁

早春，庭花盛开，漫成诗句，有《闲日庭花盛开即物漫兴》八首。登神冈山，有诗二首。过青原，寺外有亭新成，寺外有鹧鸪岭，山中有花名紫蝴蝶，作《再过青园》诗八首。

四月孟夏，整理旧刻诗集《清止阁诗》二卷，始于崇祯十三年，止于崇祯十六年。旧为二刻，前有查继佐、吴子远、李雯、方以智，均删去不录。并于江西玉峡舟中撰序（《清止阁诗》自序），作诗《初夏江上》《新淦道中》《孟夏漫兴》四首以及《长日满赋》。

夏，寄书札与孙廷铨，寄怀王缪。

六月季夏，酷暑，簿书之暇，“偃卧小楼，挥汗如洗，笔砚屏弃。午食后

---

① 龚鼎孳：《龚鼎孳诗》卷二十五，扬州：广陵书社，2006 年。
② 高珩：《栖云阁诗》卷十五，清康熙五十六年刻本。

无所有心，辄倦卧思寐”①。戏作小令，每日作一首，风雨稍凉，即辍不作，共得二十首，自署“鹅岩道人”。所作二十首词分别为《菩萨蛮·缝裳》《桃源忆故人·调鹦》《山查子·吹箫》《谒金门·浇花》《少年游·翻书》《醉落魄·望月》《青门引·烹茗》《山花子·晓妆》《浣溪沙·学书》《忆汉月·调羹》《甘草子·春游》《诉衷情·采莲》《谒金门·采莲》《望江南·四时闺词》四首、《少年游·咏美人剖菱》《雨中花·咏美人剖莲》《浣溪沙·秋闺》，均为小令。

秋，送赵元康还都门；舟中得徐章民讣告；送佟汇白中丞移抚两浙。

秋，王士禛寓居慈仁寺，得《宣和御墨枇杷图》，赵进美有《为王贻上题画二首》其一：“数株最忆慈仁寺，隔断长安十丈尘。闭户青天明月下，夜深风雨起龙鳞。”其二：“黄叶离离已满丛，婆娑独得伴幽翁。尽将万壑烟霞色，散入霜林五鬣风。”②（《清止阁未刻诗》）

冬，同周伯衡游白鹭洲，次韵赠答；宿安成使院；游昌山渡亭子、水仙洞；至永新县；宿荷山；送钟青岩。

岁暮，观雪于新淦、吉州，独坐整理三年内近作诗歌，得一百三十余首，录为一卷，题曰“白鹭草”。（《白鹭草》序）

顺治十六年己亥（1659）　四十岁

正月初八日，赵进美为近作诗集《白鹭草》作序。

上巳，游荒园，“自宜称小隐，未可厌深杯”。春，泛舟新淦；与戴彬极、吴赓庵、胡允大、许鹤沙酬唱。过玉峡；登天华山；寄书李在公；送高丞郡。赏庭花，有诗《庭花后咏》十首；同班华宇饮新亭。

秋，送罗约斋赴秦；寄书与宋琬。中秋日，无月，与好友查继佐阔别十九年后重逢，二人共惊衰飒后，共忆乱离前，感慨良多，畅饮不休，作《中秋无月饮查伊璜感旧》。

妻张氏卒于吉安官署，年三十六。赵进美文集中称其俭素不侈，非溢美

① 赵进美：《清止阁集》，载《山东文献集成》第二辑第29册，济南：山东大学出版社，2009年，第675页。

② 赵进美：《清止阁集》，载《山东文献集成》第二辑第29册，济南：山东大学出版社，2009年，第755页。

之词，不更立正室。（赵执信《行实》）

送堵诞异至汉上；出万安县；过惶恐滩；至皂口，同王显之夜坐成舍；寄书与彭禹峰；自永新趋敖城；宿广福寺；至泰和县；送胡宁白任衡州宪副。

腊月十七日，大雪，喜而作诗，“四年留滞逢今雪，岁暮江城慰索居。”“却忆故园风景切，冰溪载酒出双鱼。”

除日，整理诗集，成《白鹭草二集》，并自序：“予既习吉，而吉之吏民亦信予之拙交相忘也。讼狱日简，宾徒复稀，支枕高卧，懒僻踰于家食。”① 斋中有书数千卷，寻绎校阅以寄晨夕。

顺治十七年庚子（1660）　四十一岁

春，次韵答王迈人；同李云伯登白鹭洲阁；送别谢子言；送阎异望赴京；同曾逸庵游西峰寺。

夏，王朴斋寄庐山云雾茶、青笋，以诗二首赠答。暑日，登白鹭洲阁；至万安。同陈元水、凌渊烈饮署斋，次韵奉答陈元水，“病怜诗绝俗，老觉笔如神”。送程培风至竟陵；送戴维烈还汉上；赠答李太虚。

重九，雨中游青原山，听南昌涂君弹琴，赋诗二首。拜谒青原山禅殿，作《凝翠亭记》。

在江西五年，积劳成疾。十月，转广东布政使司参政，分守左江道。孙宝侗作《送赵韫退年伯入觐事竣却赴岭南》六首。

冬，送王显之赴毗陵；赠别邓元固；过神冈山。

顺治十八年辛丑（1661）　四十二岁

正月十七日，始南行，“舟中正月换春衣”；过泰和；晚行观四山积雪；过十八滩；至赣州；南康寄书与江汇思；度庾岭；至韶州，游观音岩、浈阳峡、清远峡，有诗纪行。

二月至端州。甫至肇庆，防兵以缺饷大哗，将为变。单骑赴兵营，谕以威信，终使士兵安定。（赵执信《行实》）

夏，登阅江楼；食荔枝，作《初食荔枝》《食荔枝歌》《食荔枝戏作》；游

① 赵进美：《清止阁集》，载《山东文献集成》第二辑第29册，济南：山东大学出版社，2009年，第651页。

羚羊峡、羚山寺；送鲍夏生赴秦臬便道归省，有诗二首。

秋，再登阅江楼；闰月七夕后，寄书吉安张虎别；寄王迈人、周伯衡；寄赠张玄林。

寄信札与王士禛，题曰《寄王贻上》："少年治郡出名家，桥畔箫声对放衙。画舫光摇胥浦月，襜帷香动蜀冈花。故园书近秋来雁，卧阁诗成晚上霞。旧迹千年重问訊，隋堤烟柳几行斜。"①（《江粤二岁草》）

赵进美为王士禛诗集作序，曰《题阮亭近集》："诗文千秋之事，彼门户相角，议论相胜，徒自苦耳。"②（《清止文草·江粤续集》）王士禛对进美此论十分赞同，作诗寄怀进美，题曰《岁暮怀人绝句》，第十三首云："风尘憔悴赵黄门，岭表迁移役梦魂。昨见端州书一纸，说诗真欲到河源。"③

游七星岩，作《初游七星岩》四首、《再游七星岩》四首。中秋，雨中与金治公同饮。八月，郭玄庵入京觐见，请偕不果。（《江粤二岁草》自序）

时，布政使空缺，当事者向朝廷举荐进美，进美以父母年迈，力辞。（赵执信《行实》）有诗《舟行不寐》《舟中偶成》。

除夕前八日，赴端州，赠别侯公言；昼夜驰驾七十日，始至山左益都颜神镇。途中效仿杜诗赋成诗篇《述征诗》十八首。

清圣祖康熙元年壬寅（1662）　四十三岁

归里途中，至泰和遇施闰章夜谈，赠答次韵《泰和遇施愚山少参夜谈，惠诗见赠，次韵奉答》。施闰章作诗赠赵进美，《西昌舟次值赵韫退大参粤还》："旧日题诗高阁在，系舟那惜一衔杯。"④ 诵赵进美"岭南"诗歌，有作《江行遇赵韫退副使北归，诵其〈岭南集〉有作》："临觞叹寡欢，解缆苦别促。"⑤

进美以赍万寿表北归，而左江道亦随之裁去。三月，便道始归家。"久客变乡音，入门童稚猜。"（《述征诗》其十八）春游赏桃花，作《春江曲》

① 赵进美：《清止阁集》，载《山东文献集成》第二辑第29册，济南：山东大学出版社，2009年，第667页。

② 赵进美：《清止阁集》，载《山东文献集成》第二辑第29册，济南：山东大学出版社，2009年，第769页。

③ 王士禛：《渔洋山人诗集》卷十二，清康熙八年沂泳堂刻本。

④ 施闰章：《施闰章诗》卷四十七，扬州：广陵书社，2006年。

⑤ 施闰章：《施闰章诗》卷七，扬州：广陵书社，2006年。

二首。

将赴都门，过访孙廷铨，一宿而别，时孙廷铨省亲归里。孙廷铨作《赵韫退大参自岭南入觐道过里门一宿而别送之》二首为之送别。

三月十六日，王士禛《渔洋山人诗集》十七卷竣刻，前列赵进美序。

秋，遥和王士禛红桥唱和诗八首，题曰《秋日王贻上节推拈游红桥八首》。

整理两年间所作诗，合为一卷，题曰《江粤二岁草》。

十月二十一日，侄孙赵执信生于益都之颜神镇。

康熙二年癸卯（1663）　四十四岁

孙廷铨拜秘书院大学士。

康熙三年甲辰（1664）　四十五岁

始里居，养亲者五年。

五月，与高珩、唐梦赉、王樛等议同游崂山，高珩旋奉部檄还朝候补宗人府丞，游不果。

康熙四年乙巳（1665）　四十六岁

起补陕西布政使司参政，分守关西道，驻凤翔。凤翔有苏公东湖，为“八观”之一。啸咏其间，专务与民休息，无所兴除。

夏，丁耀亢候进美不遇，赋诗《途次候赵韫退不遇》有感：“回首京华付梦思，订交常忆少年时。文章识面知君早，仕路逃名笑我奇。”①

十二月，好友王樛卒。

康熙六年丁未（1667）　四十八岁

里居侍奉双亲。

春，冯溥充任会试主考官。建育婴会、万柳堂。

孙廷铨为赵振业八旬作寿序，题为《寿赵太公暨垣先生八旬双寿序》：

① 丁耀亢：《丁耀亢全集》，郑州：中州古籍出版社，1999年，第454页。

"韫退蚤悟，有声名，能文章，时时道其家法，则予益习其家。既予行作吏，韫退亦省觐入楚，还为大行，每有书间往来，得悉先生起居，且道及治状，则予又益习其官。"①

康熙七年戊申（1668） 四十九岁

里居养亲。

高珩奉命祭告神农、虞帝二陵，归后自号紫霞道人。

康熙九年庚戌（1670） 五十一岁

六月二十四日未时，母李淑人卒，得寿八十有一。有子七人：长子赵继美，廪生，娶益都宋复杨之女，继娶淄川张至发子张泰象之女；次子赵双美，拔贡生，娶益都翟承英之女；三子赵仲美，廪例监生，娶泰安安泰来之女；四子赵进美；五子赵萃美，庠生，娶益都冯可宾之女；六子赵元美，廪生，娶淄川王鳌永之女，庶母方孺人出；七子赵凯美，增广生，娶莱芜李盛枝之女，继娶益都翟凤翀之子翟元会之女，庶母孔孺人出。有女二人：长女，适益都翟和鸾；次女，适益都董有章。（赵进美《先考中大夫暨先妣李大淑人合葬行实》）

康熙十年辛亥（1671） 五十二岁

八月十一日子时，父赵振业卒，得寿八十有四。先后遭父母丧，居丧尽礼，族党称之。

康熙十一年壬子（1672） 五十三岁

居里服丧。

高珩辞官归里，孙廷铨因不满鳌拜专政致仕，二人在城南佛院畅饮。高珩归里后，于淄川城东门外菜圃，筑"载酒堂"三楹。

康熙十三年甲寅（1674） 五十五岁

九月，孙廷铨卒。

① 《沚亭删定文集》卷下。

吴三桂抵制撤藩，在云南举兵叛变，福建、广东等地相继煽动。赵进美慨然曰："此岂臣子避险辞难时耶！"义不避难，乃赴部补江南江镇道，改浙江杭严道。严、衢方用兵，赵进美束装不顾。及其至，则已题补他人矣。

康熙十四年乙卯（1675）　五十六岁

侄孙赵执信成秀才。

康熙十六年丁巳（1677）　五十八岁

进美改河南布政使司参政，分守河北道。时大兵四出，彰、卫、怀三郡当其冲，供给仓促，赵进美多方措置，民不知扰。（赵执信《行实》）

康熙十七年戊午（1678）　五十九岁

诏举博学鸿儒，内阁首荐赵进美，征诣阙，赵进美耻与后进争名，卒报罢。既还河北，清静宁一，有人以利弊为请，赵进美笑而不答。巡抚董国兴尊重赵进美，始终称其为先辈。安阳民有受伪札者，事发后株连甚众，赵进美当其首罪，委曲开释，救活三百余人性命。

田雯诏试博学鸿词，赵进美与其相识于京师铁鹳巷。曾与田雯论诗曰："诗之合者，于宋得严沧浪，明得徐昌穀、王元美。昌穀深造，然所自为不愧其言者，十可五六焉；若元美，可三四耳。夫格律严，则境地狭；拟议盛，则性情薄；作者病之。至于放意背驰，侏儒嘈滥，以棘晦为超诣，以疏佻为亮节，又下不足道矣。或者雌黄异调，讪誎先招，是未履门阈，而历数曲室之藏也。陶谢不必为潘陆，李杜不必为王骆，君子泯其同而慎其异，斯可矣。"①（田雯《墓碑》）

赵执信举乡试第二名。赵执信诏举博学宏词科，山东举十四人。（《山东通志·选举志》）

十二月，冯溥七十寿辰，门人及友人相聚庆贺。进美请华阴王弘撰为冯溥作贺寿之文，王弘撰作《与赵韫退大参书》婉拒了赵进美的美意。

① 《古欢堂集》卷三十二。

康熙十八年己未（1679）　六十岁

冯溥位会试主考官，赵执信成进士。

康熙十九年庚申（1680）　六十一岁

赵执信选翰林院庶吉士。

十月二十三日，高珩以老乞休。

康熙二十年辛酉（1681）　六十二岁

巡抚董国兴特具奏，嘱托赵进美主持河南武乡试。

赵执信散馆，授翰林院编修。

康熙二十一年壬戌（1682）　六十三岁

再赍万寿表入都，赵执信时为史官。

由九卿举荐，进美擢福建提刑按察使。福建经历叛乱后，牢狱甚多，案牍积累如山。赵进美昼夜审讯，手定狱词，经三月而囹圄一空，狱无冤滥，众人称其神明，护巡抚篆“宽大有体”。（王士禛《墓志铭》）有人劝其非刑法名家，不必自寻劳苦。进美谓：“自我先大夫从政三十年，未尝假手于人。余亦历数政，岂以垂老倦勤乎?”总督姚公方取台湾，或为妖书，言郑氏当灭事。姚公欲奏之，赵进美辨其伪。姚公嘉叹，谓为老成典型，每事咨询。（赵执信《行实》）

康熙二十三年甲子（1684）　六十五岁

引年致仕归里。在益都城东秋谷治园亭，曰“怡园”。丘壑胜绝，泉水绕舍下，幅巾藜杖，啸咏其间八年。“陶穴为邻，无非桑柘瓦鼎；茅斋长物，萧然酒剂琴材。”[①] 并自作《怡园记》以寄志趣。

好施济，里中大饥，以粥济饥者，以衣赠寒者，以棺椁予亡者。颜神镇之寺庙、桥梁、道路，修葺无虚日，负贷者则折券无算。

---

① 《古欢堂集》卷三十二。

康熙二十四年乙丑（1685）　六十六岁

六月十四日，王士禛祭告南海北归，过益都颜神镇，食于孙廷铨府第，进美与其兄赵双美来晤，是晚王士禛宿于进美之宅邸。

康熙二十五年丙寅（1686）　六十七岁

赵执信迁右春坊右赞善，兼翰林院检讨，充任《明史》纂修官。

康熙二十七年戊辰（1688）　六十九岁

仲兄赵双美卒。

康熙二十八年己巳（1689）　七十岁

秋，赵执信以“国恤”中观演《长生殿》事，为礼科给事中黄六鸿弹劾，被罢官返里。亲族姗笑，或以时势相加。进美待之弥厚，事必与议，宴游必招，有甘鲜必使尝之。进美病中汤药，非赵执信言不服也。（赵执信《行实》）

康熙三十一年壬申（1692）　七十三岁

十二月，进美卒，年七十三岁。王士禛为撰《诰授中大夫、福建提刑按察使司清止赵公墓志铭》，评进美诗歌云：“公少为诗，清真绝俗，得王、孟之趣。使江西时，尤刻意二谢……丁明末造，多悲天悯人之思，顾盼跌宕，不主故常，有邯郸生天人之叹。丙戌后官京师……一变而高华尚声调。然《梨花》《枫叶》诸篇，风致不减青邱、海叟。《使楚》一集，尤为艺林所贵重。”①

① 赵进美：《清止阁集》，载《山东文献集成》第二辑第29册，济南：山东大学出版社，2009年，第820页。

浅谈中古汉语三十六字母的拟音

安华林[①]

一、“三十六字母”概述

唐末和尚守温受梵文拼音字母的启发，首创30个字母（实际上代表声母，下同）。如下（引自唐作藩，1987：33）：

唇音	不芳並明
舌音	端透定泥是舌头音
	知彻澄日是舌上音
牙音	见溪群来疑等字是也
齿音	精清从是齿头音
	审穿禅照是正齿音
喉音	心邪晓是喉中音，清
	匣喻影亦是喉中音，浊

在此基础上，宋初学者加以增补调整，遂成为后人熟知的“三十六字母”，它大致反映了唐宋之际的汉语声母系统。见表1：

① 作者简介：安华林，广东海洋大学文学与新闻传播学院教授。

表 1　三十六字母表

发音方法 发音部位		全清	次清	全浊	次浊
唇音	重唇	帮	滂	並	明
	轻唇	非	敷	奉	微
舌音	舌头	端	透	定	泥
	舌上	知	彻	澄	娘
齿音	齿头	精 心	清	从 邪	
	正齿	照 审	穿	床 禅	
牙音		见	溪	群	疑
喉音		影			喻
		晓		匣	
半舌音					来
半齿音					日

由于汉字不是表音文字，也没有设计出其他必要的拟音手段，表 1 的 36 个字母只能代表音类，不能标示具体的音值。如“帮”这个字母，具体怎么发音，字母本身并不能标示。20 世纪以后，受西方学者如高本汉等人拟音理论的影响，中国学者也开始为三十六字母拟音，但各家拟音并非完全一致。本文即对此问题进行初步探讨。

二、几家拟音系统简介

王力（2015：51）认为三十六字母与《广韵》35 个声母大同小异。所列三十六字母分别是：（甲）牙音：见溪群疑。（乙）舌音：①舌头 端透定泥；②舌上 知彻澄娘。（丙）唇音：①重唇 帮滂并明；②轻唇 非敷奉微。（丁）齿音：①齿头 精清从心邪；②正齿 照穿床审禅。（戊）喉音：晓匣影喻。（己）半舌音：来。（庚）半齿音：日。惜无拟音。

王力（2015：50－51）所列《广韵》35个声母及其拟音为：

（甲）喉音

影［Ø］　余［j］　晓［x］　匣［ɣ］

（乙）牙音

见［k］　溪［k‘］　群［g‘］　疑［ŋ］

（丙）舌音

端［t］　透［t‘］　定［d‘］　泥［n］　来［l］

知［ȶ］　彻［ȶ‘］　澄［ȡ‘］

（丁）齿音

精［ts］　清［ts‘］　从［dz‘］　心［s］　邪［z］

庄［tʃ］　初［tʃ‘］　崇［dʒ‘］　山［ʃ］

章［tɕ］　昌［tɕ‘］　船［dʑ‘］　书［ɕ］　禅［ʑ］　日［ȵʑ］

（戊）唇音

帮［p］　滂［p‘］　並［b‘］　明［m］

王力（2015：51）对《广韵》35个声母和三十六字母归纳出四点不同。由此可以推论，凡三十六字母中与《广韵》35个声母相同的，拟音应该相同。按三十六字母的习惯顺序，本文将王力先生的拟音整理如下：

唇音					
重唇	帮［p］	滂［p‘］	並［b‘］	明［m］	
轻唇	非	敷	奉	微	
舌音					
舌头	端［t］	透［t‘］	定［d‘］	泥［n］	
舌上	知［ȶ］	彻［ȶ‘］	澄［ȡ‘］	娘	
齿音					
齿头	精［ts］	清［ts‘］	从［dz‘］	心［s］	邪［z］
正齿	照	穿	床	审	禅
牙音	见［k］	溪［k‘］	群［g‘］	疑［ŋ］	
喉音	影［Ø］	晓［x］	匣［ɣ］	喻［j］	
半舌音	来［l］				

半齿音　日［ȵʑ］

陈复华（1983：15－16）的拟音系统如下：

唇音					
重唇	帮［p］	滂［p‘］	並［b］	明［m］	
轻唇	非［pf］	敷［pf‘］	奉［bv］	微［ɱ］	
舌音					
舌头	端［t］	透［t‘］	定［d］	泥［n］	
舌上	知［ȶ］	彻［ȶ‘］	澄［ȡ］	娘［ȵ］	
齿音					
齿头	精［ts］	清［ts‘］	从［dz］	心［s］	邪［z］
正齿	照［tɕ］	穿［tɕ‘］	床［dʑ］	审［ɕ］	禅［ʑ］
牙音	见［k］	溪［k‘］	群［g］	疑［ŋ］	
喉音	影［Ø］	晓［x］	匣［ɣ］	喻［j］	
半舌音	来［l］				
半齿音	日［ȵʑ］				

唐作藩（1987：37）和张玉金（2013：56）的拟音系统都与陈复华（1983：15－16）完全相同。

向熹（2010：125）的拟音系统如下：

1. 唇音					
重唇	帮［p］	滂［p‘］	並［b］	明［m］	
轻唇	非［f］	敷［f‘］	奉［v］	微［ɱ］	
2. 舌音					
舌头	端［t］	透［t‘］	定［d］	泥［n］	
舌上	知［ȶ］	彻［ȶ‘］	澄［ȡ］	娘［ȵ］	
3. 齿音					
齿头	精［ts］	清［ts‘］	从［dz］	心［s］	邪［z］

正齿　　照［tʃ］　穿［tʃʻ］　床［dʒ］　审［ʃ］　禅［ʒ］

4. 牙喉音

牙音　　见［k］　溪［kʻ］　群［g］　疑［ŋ］

喉音　　影［Ø］　晓［x］　匣［ɣ］　喻［j］

5. 半舌半齿音

半舌音　来［l］

半齿音　日［ȵʑ］

三、若干问题讨论

以上所列三种拟音方案大同小异，皆有所据，各成系统。拟音问题非常复杂，不单是对客观音值的拟测，还取决于研究者对某断代语音系统的认识、对音位归纳各原则的权重取舍等，涉及客观和主观、理论和实践、系统和要素等诸多因素。深入探讨，非笔者功力所能及，本文只对以上若干分歧之处谈些主观性的看法。

1. 关于全浊声母的拟音问题

王力先生拟音系统的最大特点是三十六字母中有一套送气的全浊塞音和塞擦音声母，如並［bʻ］、从［dzʻ］等。

唐末宋初是不是存在这一套送气的全浊塞音和塞擦音声母，待考。根据《汉语方音字汇》（北京大学中国语言文学系语言学教研室，1989）的记音材料，现代汉语方言不存在送气的全浊塞音和塞擦音声母的记录。另据笔者管闻，世界语言也罕用送气的全浊塞音和塞擦音构成辅音音位系统。

退一步讲，即使当时存在送气的全浊塞音和塞擦音，也不跟不送气的全浊塞音和塞擦音构成对立，因为在王力先生的拟音系统里没有对应的不送气的全浊塞音和塞擦音。从音位归纳的角度看，完全可以处理成不送气的全浊塞音和塞擦音，可以把送气的全浊塞音和塞擦音看作相应的不送气的全浊塞音和塞擦音的音位变体。郭锡良《汉字古音手册》对中古声母的拟音，尽管采用了王力先生的拟音系统，但还是把“全浊声母也一律改为不吐气”（郭锡良，1986：例言6）。

因此，从音系角度看，笔者认为把三十六字母中的一套全浊塞音和塞擦音声母拟为不送气音，可能更为简明，更能兼顾古今语音的照应性。

2. 关于“非”组声母的拟音问题

王力《汉语史稿》对这组唇齿音没有拟音（王力，2015：51），但在《汉语语音史》第十章“历代语音发展总表”中对各代声母都有拟音。其中，这组音在宋代的发音拟为：非［f］、敷［f］、奉［f］、微［ɱ］（王力，1985：490）。

如此一来，“非”组声母除“微”母各家全同外，“非、敷、奉”的拟音实际有三种方案：

第一种是王力先生的拟音：非［f］、敷［f］、奉［f］。

第二种是向熹先生的拟音：非［f］、敷［f‘］、奉［v］。

第三种是陈复华、唐作藩、张玉金等先生的拟音：非［pf］、敷［pf‘］、奉［bv］。

三种方案，笔者更倾向于陈复华等先生的拟音。理由是：

王力先生的拟音不符合音位归纳的对立原则。如果到宋初，“非、敷、奉”三母发音相同，古人就没有必要分设三个字母以示区别，而可以合并成一个音位，用一个字母就够了。

向熹先生的拟音符合音位归纳的对立原则，也便于解说从中古声母到现代声母的演变。比如可说，现代普通话唇齿擦音声母 f 是从中古“非［f］、敷［f‘］、奉［v］”三个擦音演变来的，从擦音到擦音，似乎很简洁、清晰。但系统性不强，证据不够充分。向熹先生的拟音系统中的清擦音只有“非［f］”和“敷［f‘］”这一对不送气和送气的对立，不成系统。另外，现代汉语方言和世界语言的擦音都少见利用不送气和送气对立来构成音系。

相对说来，陈复华等先生的拟音从音系的角度看系统性要强一些，也利于解说这组音的古今演变规律。比如可以解释为，从上古到《切韵》时代直到唐末守温三十字母，“非、敷、奉”都读重唇音（双唇音），归在“帮、滂、並”之中，晚唐五代可能是过渡期。到了宋初三十六字母时代，“非、敷、奉”从重唇音中分化出来，发成唇齿塞擦音“非［pf］、敷［pf‘］、奉［bv］”，其后逐渐演变成唇齿清擦音 f。也就是说，这组音从双唇塞音到唇齿塞擦音再到唇齿清擦音是逐渐弱化的。

3. 关于“照”组声母的拟音问题

王力《汉语语音史》第十章“历代语音发展总表”把“照”组声母在宋

代的发音拟为：照［tɕ］、穿［tɕʻ］、神［tɕʻ］［ɕ］（床［tɕʻ］［tɕ］［ɕ］）、审［ɕ］、禅［ɕ］［tɕʻ］（王力，1985：493－494）。如此一来，对“照”组声母的拟音主要有两种方案：一种是以王力先生为代表的舌面前音方案：照［tɕ］、穿［tɕʻ］、床［dʑ］、审［ɕ］、禅［ʑ］［只是王力先生对“神（床）、禅”的拟音不同，但都是舌面前音］；一种是以向熹先生为代表的舌叶音方案：照［tʃ］、穿［tʃʻ］、床［dʒ］、审［ʃ］、禅［ʒ］。

“照”组是由《切韵》（或《广韵》）音系的“庄”组（照二）和“章”组（照三）合流而来。对《切韵》“庄”组和“章”组的拟音，各家基本相同，大体都是舌叶音和舌面前音两分，即：庄［tʃ］、初［tʃʻ］、崇［dʒ］、山［ʃ］，章［tɕ］、昌［tɕʻ］、船［dʑ］、书［ɕ］、禅［ʑ］（如王力，2015：51，只是他把“崇、船”拟为送气音；向熹，2010：127）。“照”组是选取“庄”组的舌叶音好，还是选取“章”组的舌面前音好？笔者更倾向于舌叶音。理由如下：

第一，从音系归纳的角度看，两组拟音皆无不可。舌叶音和舌面前音发音部位非常接近，舌叶是舌面最前紧靠舌尖的部位，往后一点儿就是舌面前。不知三十六字母时代“照”组实际的发音部位如何。但从音系的角度看，两组拟音都做到了内部要素互相对立且成系统。

第二，从发音部位的命名看，古人把“照”组放在“齿音”之中，分“齿头”和“正齿”两个小类。“精”组的发音部位是“齿头”，似乎提示舌尖接触上齿尖；“照”组的发音部位是“正齿”，似乎提示舌尖接触上齿背。所以，将“照”组拟为舌叶音，似乎更符合“正齿”的含义。

第三，从声母发展的趋向看，元明以后“照”组和“知”组逐渐合流而演变成一套卷舌音［tʂ］等。卷舌音是舌尖后音，舌尖上翘；舌叶紧靠舌尖，发舌叶音时伴有舌尖上抬的动作；发舌面前音时舌面前部抬起，舌尖不能上抬。所以，从发音原理上看，从舌叶音发展到卷舌音似乎更容易解释。

第四，从普通话 j［tɕ］、q［tɕʻ］、x［ɕ］的来源看，它们是在明中叶以后由于“见”组和“精”组的腭化而逐渐演变出来的（因为在 1442 年兰茂《韵略易通》收录的《早梅诗》中尚未出现）。也就是说，普通话的 j［tɕ］、q［tɕʻ］、x［ɕ］跟“照”组没有来源关系。

第五，从课程教学的角度看，中古三十六字母是古代汉语教学内容中必讲的音韵学基础知识，通常也会讲授从三十六字母到普通话声母的演变规律。若将“照”组拟为舌面音，就跟普通话的 j［tɕ］、q［tɕ‘］、x［ɕ］相同了，教师需要耗费许多口舌去解释；若拟为舌叶音，就简单多了。

总之，如果三十六字母中“照”组拟音为舌叶音和舌面音皆可，笔者认为拟为舌叶音更好。

四、结语

经过以上讨论，笔者将宋初三十六字母的拟音系统整理如下：

表2　三十六字母的拟音系统

发音部位新名	发音部位旧名		发音方法			
			全清	次清	全浊	次浊
双唇音	唇音	重唇	帮［p］	滂［p‘］	並［b］	明［m］
唇齿音		轻唇	非［pf］	敷［pf‘］	奉［bv］	微［ɱ］
舌尖中音	舌音	舌头	端［t］	透［t‘］	定［d］	泥［n］
舌面前音		舌上	知［ȶ］	彻［ȶ‘］	澄［ȡ］	娘［ȵ］
舌尖前音	齿音	齿头	精［ts］ 心［s］	清［ts‘］	从［dz］ 邪［z］	
舌叶音		正齿	照［tʃ］ 审［ʃ］	穿［tʃ‘］	床［dʒ］ 禅［ʒ］	
舌根音	牙音		见［k］	溪［k‘］	群［g］	疑［ŋ］
	喉音		影［Ø］			
舌根音			晓［x］		匣［ɣ］	
舌面中音（半元音）						喻［j］
舌尖中音	半舌音					来［l］
舌面前音	半齿音					日［ȵʑ］

参考文献

北京大学中国语言文学系语言学教研室：《汉语方音字汇》（第二版），北京：文字改革出版社，1989 年。

陈复华：《汉语音韵学基础》，北京：中国人民大学出版社，1983 年。

郭锡良：《汉字古音手册》，北京：北京大学出版社，1986 年。

唐作藩：《音韵学教程》，北京：北京大学出版社，1987 年。

王力：《汉语语音史》，北京：中国社会科学出版社，1985 年。

王力：《汉语史稿》（第三版），北京：中华书局，2015 年。

向熹：《简明汉语史》（修订本）（上），北京：商务印书馆，2010 年。

张玉金：《古代汉语》（下），广州：暨南大学出版社，2013 年。

理论与实践：文学期刊研究方法论和《文艺生活》研究[①]

王　丹[②]

一

2008年6月13日，陈平原在香港中文大学组织了一次名为“文学史视野中的‘大众传媒’”学术研讨会。陈平原的专题发言后来被整理为《文学史视野中的“报刊研究”——近二十年北大中文系有关“大众传媒”的博士及硕士学位论文》一文，发表于《现代中国》第十一辑上。该文附录了北大中文系从1995—2008年有关“大众传媒”的博士及硕士学位论文共60篇，其中以报纸、杂志作为主要研究对象的有45篇。涉及专业领域包括近代文学、现代文学、当代文学和比较文学、民间文学以及语言学、文艺学等众多领域，几乎将汉语言文学各专业一网打尽。从北大中文系这个有代表性的个案中，我们不难看出期刊研究在二十多年来已成为一种学术风尚。

就现代文学而言，期刊研究的风靡虽不排除有学者认为的现代文学研究在陷入困境后寻找新的“学术生长点”的尝试，但更为关键的原因则在于20世纪80年代末以来中国知识分子为“重写文学史”所作的努力，即超越传统的分析文本以及解读作家与社会政治关系的写作模式，更为关注文学和它所赖以生存的文化公共空间（报纸杂志、出版文化、传媒文化等）。在此过程中，期刊研究逐渐地开始升温并最终在新世纪掀起了一股研究的热潮。而现代文学期刊研究由其建基于对史料、文献的发掘和整理而带来的实证性、丰

① 本文系教育部人文社会科学研究青年基金项目“《文艺生活》和1940年代华南文学及华南文学史关系研究”（14YJC751041）阶段性成果。

② 作者简介：王丹，广东海洋大学文学与新闻传播学院副教授。

富性以及创新性，也深深地影响了其他文学专业，出现了前面所列举的各专业都有期刊研究的现象。原因正如陈平原所言，“现代中国思想的激荡、潮流的涌动、风气的形成、文派的诞生等，都离不开晚清以降迅速崛起的报纸杂志”。作为文学生产，报刊“可用四个术语来概括：即时、多变、探索、对话”[①]。因此，只要是涉及现代中国的思想和文学的研究，报刊都是一个很好的研究出发点。

事实上，早在1947年3月，盛澄华在《〈新法兰西评论〉与法国现代文学》一文中就如先知般指出：“在未来的文学史中，文艺杂志将占据一个非常重要的地位，恐已成为不可否认的事实。在过去的法国文学中，作为激发创作或批评的动力的，在一时代可能是一位高高在上的执政者，在另一时代可能是一些多才多艺的贵妇人们。王者的宫廷与巴黎的沙龙，都曾作为鼓励并左右一时代文学风尚的媒介。但这中间人的地位，在近代文学中却由作家间自身的结合所产生的文艺杂志起而代之。自此，文艺的主题除这永恒的‘人性’以外，更不能不逐渐注意到‘人性’所存在的环境——社会；文艺的对象不再是宫廷与沙龙中的少数阶级，而将是现社会中广大的读者。这两种因素必然地扩展了现代文学的园地，造成了文学向所未有的广度。什么是这一时代的动向？什么是这一时代下一个作家所应采取的态度？什么是这一时代下一般读者的要求？如何在这社会因素、艺术因素与心理因素三者间去求得一种适度的平衡，则正是作为现代文学中创作家、批评家与大众读者间的联系的文艺杂志所负的最高使命。”[②] 在盛澄华看来，文艺杂志因其具有激发创作或批评的作用而使得文学的地盘从文学的内部——主题（人性）扩展到文学的外部——社会和读者，文艺杂志同时联系着作家、批评家和大众读者，因而其使命在于反映时代动向、引领作家态度、回应读者要求，并使之达成一种平衡。

不得不说，时代动向、作家态度、读者要求、社会因素、艺术因素、心理因素不仅是“文艺杂志所负的最高使命”，更应该是文艺杂志“研究”所

---

① 陈平原：《文学史视野中的“报刊研究”——近二十年北大中文系有关“大众传媒”的博士及硕士学位论文》，载《现代中国》第十一辑，北京：北京大学出版社，2008年，第156页。

② 盛澄华：《〈新法兰西评论〉与法国现代文学》，见盛澄华：《纪德研究》，上海：森林出版社，1948年，第161－162页。

负的最高使命。就现代文学期刊研究来说，其之所以兴盛就在于人们对以往文学史写作路数的不满——只关注文本、不关注“从各个方面围住文学文本，向它施加各种各样的影响”的事物。王晓明举例指出：“今天重读二十世纪中国文学的历史，就特别要注意那些文本以外的现象。也是重读《新青年》，却不仅读上面发表的那些文章，更要读这份刊物本身，读它的编辑方针，它的编辑部，它那个著名的同人圈子……看清楚这份杂志……是如何出现，又如何发展；它们对文学文本的产生和流传，对整个现代文学的历史进程，究竟又有些什么样的影响。”① 因此，现代文学期刊研究必然包含两个指向：其一是对刊物上的文学文本（包括理论文本）进行细读。通过回答“什么是这一时代的动向？什么是这一时代下一个作家所应采取的态度？什么是这一时代下一般读者的要求”这些问题来呈现时代文学的变幻面貌和时代人群的精神心理。这一指向最根本的目标是在某种程度上完成某一时代精神史的挖掘和呈现。其二是对刊物上的其他文本（如发刊词、复刊词、编后记、文艺新闻、书刊介绍等）以及围绕刊物的一些事物进行分析。通过考察刊物的编辑出版（如编辑者的意图、编辑策略、发行地点的变更、刊物上各类文学作品的发表情况等）、刊物所处的文化生存环境（如文化中心的多元、作家的迁徙、文学精神的变化等）来把握刊物所处时代的文化生态环境。这一指向的最终目标仍是为了前一指向的达成，是作为呈现时代精神史的一个途径而存在着的。

二

《文艺生活》月刊由著名作家、编辑人司马文森（1916—1968）主编，共出版58期。② 这58期中，桂林版《文艺生活》（1941. 9. 15—1943. 7. 15）出版地是桂林，共出三卷18期；光复版《文艺生活》（1946. 1. 1—1948. 1）出

---

① 王晓明：《一份杂志和一个“社团”——重评五四文学传统》，见王晓明主编：《批评空间的开创——二十世纪中国文学研究》，上海：东方出版中心，1998年，第187页。

② 其中，光复版第1～18期和海外版第1～5期，即1946. 1. 1至1948. 7. 7是和陈残云合编。一直以来，人们都认为《文艺生活》月刊共出了59期。因为1950年7月出版的穗新版第6期，也就是《文艺生活》最后一期，封面上标明的就是“新6号总五十九期”。而这其实源于编辑在出光复版第13期（1947. 4）时排序的错误，因为第11、12期出的是合刊，所以第13期就应是总第30期，而不是总第31期。可能是由于第一次出合刊，编辑觉得顺延下去，合刊也算两期。但在后来出版的海外版《文艺生活》时，第3、4期，第10、11期，第18、19期也都是合刊，编辑在排序时则考虑到了这个问题，合刊在总期数排序上算作一期了。这就导致《文艺生活》实际出了58期，而在最后一期上标明的则是59期。

版地是广州和香港，共出17期；海外版《文艺生活》（1948.2—1949.12.25）出版地是香港，共出17期；穗新版《文艺生活》（1950.2.1—1950.7）出版地是广州，共出6期。另外，在香港时，《文艺生活》还出过6期附于《文艺生活》内赠送的《文艺生活副刊》（1948.2—1948.10）。就时间而言，《文艺生活》1941年9月创刊、1943年7月休刊，1946年1月复刊、1950年7月停刊，实际出版时间六年半，但前后持续近9年时间，跨越整个40年代，经历了对日抗战、解放战争和中共建政三个历史时期。《文艺生活》“在大后方维持时间较长，也是其有较大影响的原因之一”①。就地点而言，《文艺生活》“创刊于桂林，复刊于广州，再复刊于香港，两次停办，两次复刊，命运多乖而又大难不死”②。在20世纪40年代这一“非常特殊的时代”，文学期刊也以一种“非常特殊的形态”生存着。“如果对某一种存在四年以上的期刊跟踪观察，就不难发现能够在同一城市始终办刊从不异地编辑出版者，实在是少而又少，而大多数存活期较长的刊物，一般都具有辗转流徙、四处寻找比较适于发展的空间的经历。”③ 和其他“辗转流徙”的刊物不同的是，《文艺生活》的足迹始终徘徊在华南地区，行走在构成40年代华南文学地图主线的桂林、广州、香港三地。

如何对《文艺生活》这样的现代文学期刊进行研究？如前所述，我们要做的就是充分细致地分析《文艺生活》以及《文艺生活副刊》上的所有文本，既包括文学文本、理论文本，又包括发刊词、复刊词、编者后记、读者通信、文艺新闻、书刊广告以及围绕刊物的一些事物。分析前者试图呈现的是20世纪40年代发生在华南的文学现象（文学创作和文艺思想论争）以及文学现象背后时代人群（作家和读者大众，主要是作家）的精神实质和演变轨迹。考察后者试图把握的是《文艺生活》所处的40年代的文化生态环境，包括介绍刊物的创刊停刊、刊物主编的编辑意图和编辑策略、40年代多元文化中心的形成、刊物诸版所体现出的时代文学精神的转变。

《文艺生活》云集了现代文学史上诸多名家，如郭沫若、夏衍、胡仲持、

---

① 周葱秀、涂明：《中国近现代文化期刊史》，太原：山西教育出版社，1999年，第431页。

② 东瑞：《司马文森的小说》，见杨益群、司马小莘编：《司马文森研究资料》，北京：北京十月文艺出版社，1998年，第333页。

③ 刘增人：《四十年代文学期刊扫描》，《中国现代文学研究丛刊》2003年第2期。

欧阳予倩、田汉、周钢鸣、邵荃麟、陈残云、何家槐、林林、杜埃、孟超、黄宁婴、钟敬文、穆木天、黄药眠、韩北屏、华嘉、周而复、曾卓、伍禾、张殊明、李育中、陈闲以及司马文森等。这个名单几乎包括了当时活跃在文坛上的大部分的知名进步作家和艺术家，且许多著名的作家的作品是在《文艺生活》上初次与读者见面的。如田汉的五幕剧《秋声赋》（桂林版第二卷第2－6期），欧阳予倩的独幕剧《一刻千金》（桂林版第三卷第1期），夏衍的五幕六场剧《法西斯细菌》（桂林版第三卷第3期）等。翻阅《文艺生活》中的文学文本，我们不但可以看到战时国统区文学的多元化样貌——战时知识分子挣扎于绝望与希望之间的战争人生心灵体验，作家们对地主、官僚、商贾、教员以及知识分子等的讽刺，底层小人物在战争挤榨下的悲惨命运以及在40年代初发生的“妇女回家”论争背景下出现的以知识女性成长为命题的小说创作，还能看到和新中国文学有着血脉联系、具有新中国文学性质的战后香港文学以及其所具有的地方色彩。[①] 香港学者许定铭评价司马文森“一生最伟大的贡献，是主编了足以代表我国南方现代文学的《文艺生活》月刊”[②]。这一论断充分肯定了《文艺生活》所刊文学作品的艺术价值和文学史价值，是透视40年代作家精神心理的很好途径。

以文艺的方式追随时代革命风潮所呈现的鲜明的时代性是《文艺生活》月刊的一个显著特点。尤其是在香港的三年半（1946.7—1949.12）的时间里，由于身处文艺运动的漩涡之中，当时主要的文艺论争、文艺运动都在《文艺生活》上留下了印记。如人民文艺思想在香港的传播和阐释、小资产阶级思想改造运动的发起和作家自我批评的严酷、华南方言文学运动的热闹和死寂以及对主观论的批评等。对这些理论文本进行分析，并结合相关的历史资料，我们可以对40年代华南的新文艺运动进行大致的还原，做出历史的评判。人民文艺思想的再阐释和小资产阶级的思想改造是紧密相连的一个问题的两面：在战后香港，左翼人士利用其和平环境对毛泽东《讲话》中的“文

① 参看笔者相关论文：《绝望与希望之间：战时国统区知识分子的战争人生心灵体验——桂林版〈文艺生活〉月刊中的诗歌、散文考察》，《哈尔滨学院学报》2011年第9期；《路向调整与文学多元化：桂林版〈文艺生活〉中的抗战文学》，《山东理工大学学报》（社会科学版）2014年第3期；《论“妇女回家”论争背景下新知识女性成长小说——以桂林版〈文艺生活〉月刊为例》，《山东理工大学学报》（社会科学版）2012年第6期；《港版〈文艺生活〉月刊与战后香港文学》，《学术研究》2014年第9期。

② 许定铭：《〈文艺生活〉月刊》，《大公报》，2008年6月3日。

艺为人民大众""首先为工农兵"的人民文艺思想进行了理论阐释和文艺批评实践，在推行文艺大众化的过程中开展了对小资产阶级知识分子出身的文艺作家的思想改造（此时作家的思想改造主要表现为来自外部的左翼人士的文学批评和来自内部的对自己思想与创作的自省）。40 年代后期轰轰烈烈的华南方言文学运动同样是为了践行毛泽东《讲话》中的文艺大众化精神，一大批居留在香港的南方文艺工作者开展了长达三年左右、声势颇为浩大的方言文学运动。无论是理论论争还是文学创作，都留下了数量可观的文字材料。探究起来，方言文学运动"无疾而终"的原因就在于其具有的是"有限合法性"。其合法性表现在三个方面：作为文艺大众化的实践层面，知识分子作家改造自我、皈依大众的努力之姿态，对"五四"新文学运动精神传统的承继。其合法性的限度在于它和政治意识形态是一种历史的符合关系。①

1948 年，夏衍在《坐电车跑野马》一文中，从香港坐电车或巴士急转弯的现象联想到"思想上转得过来和转不过来的问题"。他说，"假如以时代为车而以人为搭客，假如以社会为车而以人为搭客"，要想"尽可能的避免由于转不过来而发生的伤害"，那么人就要"做到把全个身心紧贴着时代，紧贴着社会，正像一个搭客四肢平伏地紧贴在车上，那么不管这车子如何的骤停急转，这样的搭客总可以保持安定，总可以避免伤害"②。发生在40 年代华南的文学现象及其现象背后人群（作家）的精神心理显现无遗。

文学文本、理论文本之外，期刊研究值得关注的必须还有期刊本身。正如罗岗所言："面对《学衡》，我们究竟被这本杂志吸引，还是仅对杂志中的某些文本或撰稿人感兴趣？一本杂志中的各类文本的总和，并不等于杂志本身。编辑杂志的过程，就是根据编辑者的意图，对进入杂志的各类文本进行重新编排的过程。在这一过程中，各类文本已经成为构筑新的、更大规模的

① 参看笔者相关论文：《〈讲话〉在战后香港的反响：人民文艺思想的再阐释》，《当代文坛》2014 年第 3 期；《论战后香港小资产阶级知识分子思想改造运动——以〈文艺生活〉月刊为主要载体的考察》，《广东海洋大学学报》（社会科学版）2012 年第 5 期；《论 20 世纪 40 年代华南方言文学运动的有限合理性》，《学术研究》2012 年第 9 期。

② 夏衍：《坐电车跑野马》，《野草丛刊》第七集《天下大变》，见郑树森、黄继持、卢玮銮：《国共内战时期香港本地与南来文人作品选》（一九四五——一九四九年）（上册），香港：天地图书有限公司，1999 年，第 103－104 页。

‘杂志文本’的句段。”[①] 对刊物主编的办刊模式、编辑策略的讨论是《文艺生活》研究的重要构成。

抗战中期创刊的《文艺生活》月刊虽说创刊较晚，但在抗战期间的影响遍及大后方。第一期即销售4 000份，以后逐渐增加至20 000份。这是很可观的数字。桂林、昆明、成都、西安、贵阳等地都是《文艺生活》行销之处。当时《贵州日报》发表的王伴石写的书刊介绍——《文艺生活——司马文森主编》指出其是“目前一本比较优秀的刊物，是在《文艺阵地》《抗战文艺》等停刊后，荒凉而冷漠的文艺园地之中的一株齐木、一棵劲草”[②]。国共内战期间在香港出的光复版和海外版，影响则从华南、港澳扩大到南洋一带。其影响的扩大源于主编司马文森独特的办刊策略和编辑策略。为了刊物的生存和发展，司马文森广泛招募青年文艺爱好者加入文艺生活社成为社员，采取了文人主导下的群体性办刊模式，有效维持了刊物的生存和发展。文艺生活社的社员大部分是海外青年，遍及泰国、马来亚、缅甸、新加坡、菲律宾、越南、印度尼西亚以及美国、加拿大、古巴、英国、巴西等地，国内主要集中于广州，其次是上海、北平、天津、昆明等地，共有社员约1 500人。在编辑策略上，司马文森着重构建“引领性文学平台”。所谓“引领性文学平台”即以《文艺生活》及《文艺生活副刊》为前台载体、包括文艺生活社各个组织系统在内的，旨在协助并提高青年文艺爱好者文艺水平的整体运行机构及由此形成的互动空间。独特的办刊策略使得《文艺生活》成为战后华南文学刊物独特生存方式的典型代表，而独特的编辑策略又使《文艺生活》的文本内容较之其他刊物更为丰富和多样。[③]

和二十世纪二三十年代文化中心单一化并集中在北京、上海这两个大城市不同，40 年代的文化中心则显示出多元、流动的特点。这固然是战争给文化带来的衍生品。对日抗战初期，北平、上海沦陷后，广州、武汉取而代之成为新的文化中心；及至广州、武汉沦陷，重庆、桂林、香港等地又继起代

① 罗岗：《历史中的〈学衡〉》，见王晓明主编：《二十世纪中国文学史论》（上卷），上海：东方出版中心，1997 年，第 362 – 364 页。

② 转引自黄夏莹：《司马文森与抗战文艺》，《福建党史月刊》1988 年第 5 期。

③ 参看笔者相关论文：《文人主导下的群体性办刊模式——20 世纪 40 年代港版〈文艺生活〉的办刊模式及其省思》，《广东海洋大学学报》（社会科学版）2011 年第 5 期；《构建“引领性文学平台”——港版〈文艺生活〉月刊与读者型文学社团的出现》，《文艺争鸣》2011 年第 5 期。

之成为新一批文化中心城市。在解放战争期间、国统区容不下进步知识分子之时，香港再次成为北平、上海和延安之外的另一个文化中心。因此，40 年代文学呈现出一种地域化、流动性的特点。其地域化不仅体现在战时的几个战争区隔——国统区、解放区、沦陷区以及孤岛各自表现出的特质文学，更体现在生活地理意义上的行政区划——华北、东北、华东、华中、华南、西南以及西北各自在战时、战后的文学流脉。其中，华南地区（包括广东、广西、海南、香港、澳门）由于囊括了战时文化名城桂林以及广州、香港等地，在 40 年代文学风云场上扮演了十分重要的角色。而《文艺生活》创刊于桂林，第一次复刊于广州，第二次复刊于香港，第三次又复刊于广州，足迹遍布 40 年代华南地区的这几个文化重镇，其影响虽波及全国，但无论是刊物承载的文本内容、刊物的主要读者群体还是刊物主编的主观意图，《文艺生活》立足华南、表现华南、面向全国及海外的办刊方针都是很明确的。运用《文艺生活》这一个案，对 40 年代华南的区域性、时代化的文学进行考察，有助于我们绘制整体的 40 年代文学地图。

作为跨越整个 40 年代的刊物，《文艺生活》和时代文学的脉搏紧密合拍，“在各阶段随着形势的变化而有不同的特点”“具有鲜明的时代性，尽了自己的时代使命”①。抗战期间的桂林版以发表抗战文艺作品为主，解放战争期间的光复版侧重利用文艺进行民主斗争和表现民生，海外版是文艺大众化的身体力行——青年文艺创作竞赛、方言文学的讨论和创作等，新中国成立后的穗新版则提倡工农兵文艺。《文艺生活》的时代文学性和 40 年代中国的社会背景密切相关，对日抗战、解放战争以及中共建政构成了 40 年代急剧变幻、波谲云诡的历史背景屏幕，民族战争、阶级战争以及现代民族国家的建立无一不对 40 年代的文学产生重大的影响，使其表现出自己的特质。文学和时代精神的关系是一个复杂的话题，单纯视其为文学政治化、文学功利化或者文学的使命担当都不准确。《文艺生活》诸版所体现的时代文学精神的转变，只能说明：《文艺生活》月刊与 40 年代华南文学（现代文学期刊与现代文学）是一种互文共生的关系，二者作为互文本而存在。

---

① 周葱秀、涂明：《中国近现代文化期刊史》，太原：山西教育出版社，1999 年，第 431 - 432 页。

三

对于文学期刊研究的意义，新世纪以来早已为人们所认识。杨义将报刊作为现代文学与古代文学的根本性区别："报刊作为传播媒体，深深地影响着现代文学的写作方式、传播方式、阅读方式，以及作家的交往方式、成名方式和他与社会、与市场的关系。可以说，中国现代文学与古典文学一个根本性的区别，是它拥有了报刊。"[①] 朱德发认为现代文学期刊同时应被视为现代文学文本："现代文学期刊本身即是现代文学构成的一个部分。不仅是一种媒介，也是现代文学文本，几乎所有现代作家都办过期刊，是建构现代文学的一个重要阵地。现代文学文体特点以及作家个人创作风格和流派风格的形成都与期刊密切相关。"[②] 对于文学期刊和文学史的关系，刘增人认为："期刊是现代文学最初的原生态，文学史写作应从原报原刊入手，并倡导对现代文学编辑的研究。"[③]

文学期刊研究对于现代文学及文学史的重要性使得文学期刊研究方法论的重要性显现出来，出现了诸多研究文章，如陈平原《文学史家的报刊研究——以北大诸君的学术思路为中心》[④]《晚清：报刊研究的视野及策略》《现代中国文学的产生机制与传播方式》[⑤]，以及前述《文学史视野中的"报刊研究"——近二十年北大中文系有关"大众传媒"的博士及硕士学位论文》等卓有见地的文章。刘增人《现代文学期刊的景观与研究历史反顾》[⑥]、邵宁宁《关于现代文学杂志研究的方法论思考》[⑦] 等文章是新世纪初较有代表性的探讨期刊研究法的论文。刘增人《生命体验·文脉传承·学术研究——略说我和文学期刊研究的来龙去脉》[⑧] 则属晚近的期刊研究学术回首

① 杨义：《流派研究的方法论及其当代价值》，《海南师范学院学报》2001 年第 5 期。

② 李拉利、周宝东：《"回顾与展望——中国现代文学研究学术研讨会"综述》，《鲁迅研究月刊》2005 年第 7 期。

③ 李玉兰：《"回顾与展望——中国现代文学研究学术研讨会"在津召开》，《中国现代文学研究丛刊》2005 年第 4 期。

④ 山口守、陈平原编：《大众传媒与现代文学》，北京：新世界出版社，2003 年。

⑤ 陈平原：《文学的周边》，北京：新世界出版社，2004 年。

⑥ 刘增人：《现代文学期刊的景观与研究历史反顾》，《中国现代文学研究丛刊》2005 年第6 期。

⑦ 邵宁宁：《关于现代文学杂志研究的方法论思考》，《甘肃社会科学》2006 年第 3 期。

⑧ 刘增人：《生命体验·文脉传承·学术研究——略说我和文学期刊研究的来龙去脉》，《文化学刊》2018 年第 6 期。

之文。

当然，更多的对于期刊研究方法的思考体现在那些数量众多、现在仍方兴未艾的文学期刊研究论文中。这里仅举2018年发表的数篇论文为例即可证明：《田汉、南国社和〈南国〉系列期刊》（李歆，发表于《云南艺术学院学报》2018年第1期）；《文学期刊与中国当代文学生态》（胡友峰，发表于《浙江传媒学院学报》2018年第4期）；《民国期刊广告中的戏曲元素——以民国戏曲期刊广告为中心》（单永军，发表于《戏剧文学》2018年第7期）；《旧文学的现代性——从〈英华青年〉到〈小说星期刊〉》（赵稀方，发表于《福建论坛》（人文社会科学版）2018年第9期）等。每一位研究者在对他的研究对象进行话题选择时，都有自己的着眼点和面向，无论是试图回到现场、还原历史，还是探讨期刊和文学的互动共生关系，还是从期刊广告入手讨论其具有的某种文艺因素，又或者从殖民地背景的香港“旧文学”中发现文学的现代性，期刊研究方法的选择和思考都已内化于对研究对象和研究话题的论说当中。从隐晦到明晰、从内在到外在，只是有待时间考证。

《文艺生活》只是浩如烟海的期刊之一种，对《文艺生活》的研究也远没有结束。将研究之前对于期刊研究方法论所做的功课和研究过程中对于期刊研究方法论的思考进行总结，理论来自实践，实践催生理论，这是本文的意义所在。

《狂人日记》中的“吃人”意象解读

卢月风[①]

《狂人日记》发表不久，《新潮》杂志即肯定了小说的艺术性，“《狂人日记》用写实笔法，达寄托（Symbolism）的旨趣，诚然是中国近来第一篇好小说”[②]。这一评论指出了小说现实主义和象征主义相结合的创作方法，而贯穿始终的“吃人”意象成为一种象征，由本来意义上的“吃人”上升到“吃人”文化，由写实到象征，由显文本抵达潜文本，以此达到对传统的反叛。这是鲁迅沉默十年之后的第一声呐喊，是他多年来对中国历史的深思和对现实社会认识的体现，以狂人的视角及其对周围环境中“吃人”现象的发现，揭示出人性的弱点和封建文化的弊病。

一、“吃人”意象的思想脉络

鲁迅在1918年8月20日写给好友许寿裳的信中说：“《狂人日记》实为拙作，后以偶阅《通鉴》，乃悟中国人尚是食人民族，因成此篇。此种发见，关系亦甚大，而知者尚寥寥也。”[③] 这是鲁迅在那沉默的十年中将自己沉入国民中，回到古代去的回声，成为《狂人日记》的创作契机，使作品中的“吃人”意象有了依托，说明中国人的野蛮性古已有之。

实际上“立人”思想是鲁迅国民性改造观念的出发点，而要真正使人的个性得到充分发展，首先要把大众从人性的被压抑中解救出来，深刻反省和批判封建宗法社会的伦理纲常。这些戴着“仁义道德”假面具的伦理纲常是

---

① 作者简介：卢月风，广东海洋大学文学与新闻传播学院讲师。

② 《新潮·书报介绍·新青年杂志》第一卷第2号。

③ 鲁迅：《鲁迅全集》，北京：人民文学出版社，1981年，第353页。

阻碍人们自由发展的罪魁祸首，对“吃人”意象的发现一针见血地刺向了封建礼教的心脏，达到了“揭除病苦，引起疗救者的注意”的目的，让沉睡中的国民从现象的真实看到本质的真实，并有“掀掉那吃人的筵席”的勇气，从精神上真正觉醒，摆脱封建文化这一幽灵的影响，使人性得以解放。

小说主题部分由“语颇杂乱无伦次”的13则日记组成，打破了传统小说按时间顺序结构文本的情节模式。语言的组织主要遵循狂人的心理流程，而狂人的心理发展经历了“发现吃人的人”“规劝吃人的人”和“发现吃人的人难以规劝”的过程，寄托了作者对社会现实的深刻思考以及复杂矛盾的心理。

在日记的开始狂人先是对周围的环境感到“怕”，而“怕”的缘由无非是“赵家的狗看我两眼”“赵贵翁的眼色便怪”和“街头的人在议论和小孩子在议论”等。狂人在无意识中将这些活动都归咎为“似乎怕我，似乎想害我”这样的信条，别人的一言一行仿佛都是针对自己，最后在“廿年以前，把古久先生的陈年流水簿子踹了一脚”中找到答案。虽然这些发现之间没有必然联系，但这正是“被迫害妄想症”的表现，证明了狂人“疯癫”的一面，也是对封建典籍的比喻和嘲讽。在继续追根溯源中，他发现了“人吃人”的现实，“咬你几口”“挖出心肝用油煎炒了吃”“青面獠牙”和“白厉厉拍着的牙齿”等都是逼真的本来意义上的“吃人”，使狂人感到肉体被吞噬的恐惧。随着狂人意识的流动和心理活动，发现了那赵家的狗、鱼和吃死肉的“海乙那”这些动物与“吃人的人”具有同构性，并进一步发现“吃人的是我哥哥”“医生也是吃人的人”和“医生是刽子手扮的”。随着这样的思维，狂人开始怀疑周围的一切：当医生让他静静的养几天，他想的是“养肥了，他们可以多吃”；当听到医生告诉大哥“赶紧吃吧”在他的意识里完全成为一种串通一气的阴谋。为了证实自己发现的真实性，狂人从古代的医学著作中找到“人肉可以煎吃”来证明“医生的吃人”，从历史“易子而食”想到“吃人”历史在现代社会的延续，从“盘古开天地吃到易牙的儿子，一直吃到徐锡林，又到狼子村的捉人”。狂人这些看似荒唐可笑反逻辑的思维其实道出了当时社会的真相，人与人之间的关系变得冷漠，甚至亲情也是可疑的，人们似乎生活在一个“吃”与“被吃”的围城里，生活在一种自己想“吃人”，又怕被别人“吃掉”的恐慌中。狂人在深夜对历史的探究中，发现没有年代的历史每页都写着“仁义道德”，并且他在字缝里看到“吃人”两个字，这时的“吃人”意象已经从本来意义上升到象征意义。借狂人的眼睛发现历史的真实，字面上的“仁义道德”是假，是遮掩历史真相的道具，而真实的存在是藏在字缝里的“吃人”，这也是小说的文眼所在，透过浅层“人吃人”的事实达到对“礼教吃人”深层内涵的建构，以此来控诉几千年的封建专制文化。狂人对“吃人”真相的发现是由他“多疑”的性格所决定，同时也是鲁迅“多疑”的意识内核外化。

发现“吃人”的真相之后，狂人开始“规劝吃人的人”，说明狂人拥有觉醒者的一面。但狂人在规劝中遭遇到的是大众的“冷笑”和“凶狠”的眼光，面对狂人“从来如此，便对吗?”的诘问，虽然暂时使他们陷入困境，他们也还是以“总之你不该说，你说便是你的错”来敌视狂人。折射出几千年来封建礼教的话语已经内化为大众的血肉与灵魂，不准怀疑已禁锢了他们的思维，虽然狂人具有勇敢的叛逆精神，但面对尚在沉睡中的大众，在巨大的传统与习惯面前，狂人的呼唤显得苍白无力。大众不以为然的态度，更加激发了狂人想要规劝他们的信念，更加清醒地意识到“吃人”的可怕，发出了“你们可以改了，从真心改起……活在世上”的呼声，意味着狂人是先觉者，“社会容不得吃人的人”是因为社会的本源仍是善的，“将来容不得吃人的人”既是对现在的失望，又是对未来人不再“吃人”社会的憧憬，寄托着作者的启蒙主义理想，对未来的希望和坚定信念。当他带着这样的理想尽力规劝时，惊心动魄地发现自己也加入了封建社会这“吃人”的“游戏”中，于是开始反省自我。父亲早逝，长兄为父，大哥充当着老师和父亲的身份，教给狂人的是一套“吃人”的花招，所以身上早已播下了“吃人”的种子，妹子的死不仅是被大哥吃，狂人自己也无法摆脱吃了“妹子几片肉”的梦魇。

狂人思想的发展过程也是“吃人”意象由浅入深一步步发展的过程，最后在他的深思中发现“吃人的人”是难以规劝的，现实社会中的人们由于受到封建文化的影响，很难逃脱“吃”与“被吃”的命运，只有那些还没有受到封建文化整合的人才有可能不“吃人”，所以小说的结尾处狂人发出了反抗绝望的呐喊——救救孩子。这一呼喊尽管蕴含着无可奈何的含泪的伤痛，但仍然饱含着美好的希望。体现出作者能够透过历史的帷幕，用他当时所信奉的进化论观点阐释社会的发展，因而认为，只有作为人的新生代的孩子，才是没有“吃人”履历的无罪的人，沉痛而又充满热情地发出了那样的呼声，同时也是作者反抗绝望的精神世界，在绝望与希望之间彷徨，以绝望质疑希望，又以没有抹杀的希望来质疑绝望。

二、“吃人”意象的象征意义

韦勒克和沃伦在《文学理论》一书中指出：“一个‘意象’可以被转换成一个隐喻一次，但如果它作为呈现与再现不断重复，那就变成了一个象征，甚至是一个象征（或者神话）系统的一部分。”① 虽然这一观点主要用于论证诗歌中的象征，但在小说中也同样适用。在《狂人日记》中“吃人”意象无论是实指还是虚指都是一个不断重复的存在，最终指向封建礼教和家族制度的弊病。狂人对“吃人”真相的发现，从医学上看是荒诞和虚幻，但从艺术上品味却是充满哲理意味的象征。

鲁迅小说的意蕴不能仅仅靠阐释其文本的表层事实获得，而必须跨过象征的桥梁达到对深层义理和人物精神灵魂的解读。《狂人日记》的魅力之一就是透过“吃人”意象的表层事实让观众看到“吃人”的真相和象征意义。通过患有“迫害狂”的狂人视角来戳穿封建文化的伎俩，这一视角的选择也是作者匠心独运的结果，正像钱理群在《〈狂人日记〉细读》中指出的：狂人只有付出疯狂的代价，越过常人的意识控制范围，才恐怖地发现常人所无法发现的无意识世界的吃人欲望。象征着一个正常的人只有被抛入反常世界中才能清醒认识到正常世界“吃人”的本质。组成狂人世界的主要是人和动物两大系列，赵家的狗、鸡、鸭、狮子和“海乙那”等，与陈老五、医生、哥哥、赵贵翁、佃户和行人等，这是作者的良苦用心，用动物世界象征“吃人”的社会现实，直指“文化吃人”的主题，费尔巴哈认为人是上帝加魔鬼，即人身上有向善的一面，也有恶的兽性的一面。人的成长过程离不开文化的整合，一种健康向上的优秀文化在对人进行文化整合时会抑制人的兽性而张扬人性，而封建文化却抑制人性而张扬兽性。以此来剖析造成“人吃人”悲剧的社会根源，在几千年的专制统治下，人们逐渐形成了“狮子似的凶心，兔子的怯弱，狐狸的狡猾”这样的文化心态，逐渐成为传统文化中的恶性因素，

---

① 韦勒克、沃伦著，刘象愚等译：《文学理论》，北京：生活·读书·新知三联书店，1984年，第204－205页。

由于没有得到及时的摧毁而腐蚀着人们的性格和心理，以此“吃人”的主题就直接指向人们的精神深处，暴露出人性的弱点。

“吃人”的意象包括三层意蕴，第一层是“吃人者”，以大哥为代表的封建家长和礼教的捍卫者；第二层是“被吃者”，以徐锡麟和狂人这样的先觉者成了被吃的食料，同时狂人又惊心动魄地发现自己也是这有着四千年吃人历史民族中的一员；第三层是“围观者”，也就是没有觉醒的大众，他们在不自觉中加入到戕害先觉者的行列，助写了“吃人”历史，但最终仍然摆脱不掉“被吃”的命运。这三层关系是相对的，鲁迅那把锋利的解剖刀最终是要刺入封建专制统治的核心，深层的意蕴是国民应该从那黑暗的铁屋子苏醒过来，只有真正推翻现存的统治秩序，才能脱离“人吃人”的社会，达到“起国人之新生”的目的。否则，在这一恶性循环的链条上，“围观者”“吃人者”和“被吃者”他们之间的关系随时都有可能发生转变。

鲁迅在其杂文集《坟·灯下漫笔》里提到过在这野蛮的封建统治制度下“有贵贱，有大小，有上下。自己被人凌虐，但也可以凌虐别人；自己被人吃，但也可以吃别人。一级一级的制驭着，不能动弹，也不想动弹了”①。这历史的真相在史书中却被“仁义道德”所伪装，所以借助“吃人”的意象达到对主题的建构。“吃人”意象不单单是在批判“吃人的礼教”，而是通过这一意象辐射开来，鞭挞封建传统文化的流弊，剖析造成国民麻木和愚昧的深层原因；同时，把作品的重心提升到对狂人的精神层面的思考，对人的存在的质疑和拷问。他的“狂”只是表，而清醒是“里”，以“狂证非狂”，以“是证不是”，对社会的认识愈清醒，注定了其命运会愈疯狂，暗含着作者的理想，狂人的怀疑和批判精神加速了传统礼教营垒的崩溃，象征着一种力量和希望。小说由于注入了反封建思想的“精气”，有了象征的色彩和“忧愤深广”的意蕴。

“吃人”是作者精心营造的意象。狂人一直在苦苦寻找“吃人的人”，但寻而无果，足以看到封建礼教对大众的同化力。从家族制度到荒唐可笑的孝道，以“礼教”为核心的封建文化组成了一个无名主的杀人团，对民众的毒害从肉体到精神，无孔不入，从而引起民众的觉醒：曾经被宣判为罪恶的文

---

① 李希凡：《〈呐喊〉〈彷徨〉的思想与艺术》，上海：上海文艺出版社，1981 年，第 4 页。

化可以“吃人”，但被我们推崇甚至坚信的文化也可能“吃人”。揭开“瞒和骗”的面纱，使人们看到真实的历史和自己的生活环境，增强打破“黑暗铁屋子”的勇气，搅乱这“人肉的筵宴”，为拯救新生代开辟光明幸福的未来。

三、结语

在《狂人日记》中“吃人”意象从现象到本质的发展，彰显了鲁迅的现实主义创作精神，“敢于直面惨淡的人生，正视淋漓的鲜血之勇气”，深入状写中国社会一切现实和历史的丑陋、罪恶和病根，否定“吃人”的伦理道德。“吃人”是人性中恶魔性因素的展示，人在从动物进化到人的过程中留下的动物兽性基因，是人性中的黑暗面。作者通过狂人的视角从“吃人”的实指到虚指，从反封建到对人的存在的深刻思考，暗含着只有摆脱封建社会的枷锁，人性中的善和人存在的价值才能得到充分的发扬。

狂人发现了几千年来吃人的秘密，并陷入难以摆脱的恐慌，最后发现自己也是“吃人者”。这种悖论展示出启蒙者自身的困境与矛盾的内心世界，折射出鲁迅深刻的思想性和怀疑精神，他的思想性永远要高于其作品中的人物，所以他对“吃人”现象的发现者狂人也并非完全否定。小序中的“候补”证明了狂人痊愈之后，还是归顺了封建礼教，这一觉醒者形象最后还是被“从来如此”的社会所阉割，折射出早期知识者先驱的软弱性和革命的不彻底性。但即使有缺点，鲁迅还是从中看到了一些希望，看到了东方的微光和林中的响箭。“吃人”真相的被发现毕竟是一剂让沉睡中的国民觉醒的催化剂，让他们看清历史的真相，冲破“黑暗的铁屋子”，敢于正视自身人性中的弱点，追求“真的人”，更加自觉地追求美好的事物、高尚的德行和灵魂上的完善。

以人为本，打造“智慧城市”

——探索新媒体在城市治理中的作用

赵文雯[①]

随着我国城市化进程和新型城镇化战略的不断深入推进，我国城镇化速度加快，城市人口不断增长，城市治理面临许多挑战。据国家统计局数据显示，2015年末全国大陆总人口数为13.7亿，城镇常住人口达到7.7亿，城镇化率达到56.1%。[②] 近年来，“微博打拐”“温州动车事故”“郭美美炫富引发红十字会信任危机”、正厅级官员“表叔”落马等案件都在传达一种信号：新媒体在城市治理中发挥了越来越重要的作用，逐渐成为治理城市的一把利器。但是，新媒体的匿名自由表达和快速传播等特点也会给城市治理带来挑战。如何发挥新媒体优势，促进城市治理，打造智慧城市是本文探讨的最终目的。

一、城市治理和智慧城市

党的十八届三中全会首次将“治理”思想写入文件，城市治理成为新的理念。城市治理，是指为了促进城市和谐和可持续发展，增进公众利益，实行政府主导、公众参与，依法对城市规划建设、市政设施、市容环卫、道路交通、生态环境、物业管理、应急处置等公共事务和秩序进行综合服务和管理的活动。[③] 所以，城市治理涉及的范围十分广。

2010年，IBM公司提出了“智慧城市”理念，随后这一理念被各国广泛应用到城市治理中。2013年，我国正式发布“智慧城市”试点名单。“智慧

---

① 作者简介：赵文雯，广东海洋大学文学与新闻传播学院教师。

② 国家统计局：2015年中国城镇化率达到56.1%，http：//www.cssn.cn/jjx/jjx_gdxw/201602/t20160229_2890947.shtml．2016－2－29。

③ 南京市城市治理条例，http：//www.nanjing.gov.cn/．2015－8－24。

城市”指运用信息和通信技术手段感测、分析、整合城市运行核心系统的各项关键信息，从而对包括民生、环保、公共安全、城市服务、工商业活动在内的各种需求做出智能响应。其实质是利用先进的信息技术，实现城市智慧式管理和运行，进而为城市中的人创造更美好的生活，促进城市的和谐、可持续成长。[①] 显而易见，人是“智慧城市”的核心，智慧城市的发展应该坚持“以人为本”理念。

二、新媒体环境下城市治理的特点

新媒体的智能以及传播的自主化、便捷性，保证了每个公众的表达权、参与权和知情权，能更好地促进智慧城市理念的实现。即时、快速、交互等特点使新媒体成为城市治理的有力武器，并且在城市治理过程中呈现出诸多特点。

（一）主体由单一主导到多方互动

智慧城市和城市治理的核心都是让市民可以广泛参与到城市治理中，实现由政府“一家管”变为社会各界“大家管”。2010 年 10 月，重庆市丰都县人民检察院开通了全国首个官方“防腐微博”，通过微博平台接受公众的咨询和举报，共同管理社会。

新媒体环境下，尤其是自媒体的迅速发展使每一个市民都能成为报道者，并能快速方便地把事件置于聚光灯下，成为热议的公众事件。借助新媒体，公众成了城市治理的新成员，并发挥着明显的作用。

2013 年，原陕西安监局局长杨达才在延安“8·26”特大交通事故现场中的“满面笑容”照片引发网友不满，随后一场网络的“大搜捕行动”开始。网友纷纷寻找并上传有关杨达才的“蛛丝马迹”，结果发现杨达才在不同场合佩戴五款名牌表，“表哥”的戏谑称呼下也使社会关注的贪腐问题浮出水面。杨达才因严重违纪被撤职，成为网民揪出的第一个正厅级官员。“7·23”温州动车事故发生后，微博用户在平台上发布对死者家属的同情和关心，为事故查处建言献策，在网络中形成了强大的声势并给权力机构施加压力。可

① 周娟、金鹏：《宁波智慧城市背景下的智慧旅游建设策略》，《经营与管理》2013 年第 11 期，第 132－134 页。

以说，温州动车事故的“真相大白”和公众的广泛参与有着紧密关系。

（二）个人议题容易上升为公共议题

2016年4月5日，微博名为“弯弯_ 2016”的网友发布多条微博并上传视频，讲述自己在某酒店走廊被陌生男子劫持的经历。微博一发出，在网络上迅速传播，截至6日23时，该话题在新浪微博上的阅读量已达16亿多。同时，在传统媒体上也成了新的热点追踪事件。《新京报》《北京青年报》《法制晚报》等都将该新闻放在头版。一时间，“女性安全”和“陌生人冷漠围观”成了热议的城市问题。在“人人都有麦克风”的新媒体时代，公众可以设置个人议题，如果个人议题引发社会普遍关注，很容易在短时间内上升为公共议题，引导社会舆论。而这些个人遭遇所引发的社会热议事件恰巧能从侧面反映出城市治理中存在的一些漏洞，处理的速度和方式都呈现在公众眼中，因此，这给城市治理提高了难度，对管理者提出了更高的要求。

（三）传播渠道多元化

新媒体时代，互联网的快速发展，尤其是手机等个人通信工具的普及让城市治理的传播渠道越来越多元化。微博、微信、客户端等基于移动互联网的新渠道已成为主流传播方式，并迅速向政务等公共领域延展。目前，全国大部分省市都在微博、微信开设了地方政务平台，有些城市还开发专门的城市 APP，这些渠道都让双向的信息流动更为便捷通畅。而且，采用市民喜欢且常用的形式来丰富双向交流的方式，更有利于将城市问题治理落到实处。

（四）信息传播迅速且覆盖面广

新媒体的即时传播缩短了信息源头到接收者之间的路径和时间，信息在发布之后能得到快速反馈。一方面，及时的信息传播可以减少城市问题的出现和提升问题解决的速度。2014 年 9 月 12 日下午，海口市气象发布了“海鸥”台风或将登陆海南的消息，南海网新媒体马上在微信上发布，提醒市民提前做好防风准备，这条信息引起大量网友分享和转发，覆盖面不断扩大，6小时内阅读人次已经超过10万。截至9月15日台风前，该条信息的阅读量接近70万次。[①] 2016年2月8日，正值大年初一，河北燕郊一位82岁的老人走失。第二天，今日头条新闻客户端通过在廊坊用户中精准弹窗推送顺利找到了老人。另一方面，信息及时反馈能激发传播者的积极性，有利于形成一个良性的传播循环。只有政府机构或者市民的问题能得到及时反馈，才能保证双方参与城市治理机制的长期运行。

三、新媒体给城市治理带来机遇和挑战

（一）机遇：新媒体提升了城市治理的效率

1. 增加了透明度，促成“阳光管理”

在公共事件和突发事件中缺位和失语曾让政府机构吃了苦头。吃一堑长一智的政府机构越来越重视新媒体传播的规律和公众的知情权，对城市问题采取公开透明的态度，在管理过程中尊重民意。“阳光管理”缩小了城市问题影响的范围，促进城市问题的解决。2013年1月5日，南京市环保局监测发现市区数个监测点二氧化硫浓度异常升高。尽管当时的二氧化硫浓度没有超标，江苏省及时在@南京发布进行微直播。政府的主动信息公开避免了公众的猜疑，也防止了一些谣言的传播，有利于社会的稳定。

2. 便于沟通，树立了“亲民”形象

新媒体为城市治理双方提供了沟通的平台。政府机构利用新媒体平台和市民进行沟通，提升了政府机构的“亲民”形象和在市民心中的影响力，有利于加强城市的凝聚力。据腾讯《2015年度全国政务新媒体报告》显示，我国政务微博账号近28万个，政务微信公号已逾10万个。全国31个省级行政区和334个地级行政区都开通了数量不等的微信公号，县乡级公号也占到50%以上。[②]

2013年4月，山西晋中开通政务微博“晋中发布”，听取网友意见，解决市民诉求。通过“晋中发布”，市民可以了解到城市发展的大小事务，同时

① 曾晋宇：南海网新媒首发台风信息 单条微信阅读量近70万次，http：//www. hinews. cn/news/system/2014/09/15/016955886. shtml. 2014－9－15。

② 全国政务微博账号近28万 政务微信公号已逾10万，http：//media. china. com. cn/Cmjujiao/2016－01－24/619034. htmll. 2016－1－24。

市民的任何疑问也能迅速得到答案。在《人民日报》微信客户端的问政版面，用户可以直接和地方政府机构官员进行对话，改善了以往不对等的信息交流局面。

3. 多方意见“头脑风暴”，有助于科学决策

作为城市生活的主体，市民的声音和态度是必须重视的。新媒体的匿名性打开了民众的意见阀门，传播的广泛性让绝大部分公众都能参与。在新媒体环境提供的“大会议”场景中，民众在同一时间不同场合可以实现声音合流，不同阶层的广泛参与使得决策更加科学民主。多方意见的汇聚利于权力机构知晓民意，促进科学决策。2016 年，昆明市在“十三五”规划编制期间，在新浪、腾讯、人民网微博开展“我的十三五·梦想新昆明”建言献策活动，征集到430 多条市民意见，为规划的编制提供了很多新思路。

4. 加快了城市问题的治理

借助高效的传播速度和多点联动的传播网络，信息在新媒体中能最大限度得到传播，这十分有利于一些城市问题的治理和解决。2016 年 3 月 22 日，山东聊城某路口发生了交通事故，肇事司机逃逸。套牌的肇事车辆给调查工作带来了困难，警队在微信平台发布“微信通缉令”，网友的信息提供让警方在半小时内锁定了嫌疑人。2013 年 3 月 5 日，厦门市梧村派出所在微信平台“平安梧村之罗宾森”发布了“闺蜜逛街型盗窃团伙预警”消息，引起了该地居民的警惕，两天后该团伙再次伺机作案时，被看过这则消息的居民认出，团伙成员当场被抓获，减少了社会危害。

（二）挑战：新媒体加剧城市治理难度

1. 复杂的拟态环境成为新的管理难题

根据 CNNIC 第 37 次《中国互联网络发展状况统计报告》显示，截至 2015 年 12 月，中国网民规模达 6. 88 亿，互联网普及率为 50. 3%；而网民中具备中等教育程度的群体规模最大，与 2014 年底相比，小学及以下学历人群占比提升了 2. 6 个百分点，网民继续向低学历人群扩散。①

拟态环境理论提醒我们，网民数量增多的同时也代表网络虚拟环境的规

① CNNIC 报告称中国网民规模达 6. 88 亿，http：//tech. 163. com/16/0122/11/BDUBAERN000915BF. html. 2016－01－22。

模壮大。虚拟社会中的色情、暴力、欺诈等诸多社会问题会影响公众对现实世界的判断，而低学历网民的数量的壮大客观上刺激了这类信息传播。这些都是城市治理面临的难题。近年来，政府加大了对新媒体的管理力度，十八大还首次将“扫黄打非”写入了工作报告，但传播的隐匿性和渠道的多元化让问题变得尤为棘手。

2. 谣言加剧社会恐慌，降低市民幸福指数

新媒体为公众提供互动、开放、快捷和自由表达意见平台的同时也使得谣言、虚假信息大肆传播，“从众”效应让部分公众不知不觉也加入谣言传播队伍。“公共安全”是公众普遍关心的问题，在“博人眼球”的动力驱使下，这方面的谣言屡禁不止。2018 年 3 月，山东的疫苗事件引起了全国关注，疫苗致死事件频频出现，而经权威部门认定后，这些死亡事件和疫苗并没有直接联系。但这样的谣言让本已担心的公众更加恐慌。而“偷抢孩子”“拐卖儿童”“器官被盗取”等谣言更是周期性地出现在自由度极高的新媒体平台，成为影响公众日常生活的一颗“不定时炸弹”，大大降低幸福指数。

四、培养互联网思维，“以人为本”打造智慧城市

（一）打造新媒体平台，提供便民服务

智慧城市的目标是在先进的信息技术基础上实现城市智慧式管理和运行。运用新媒体技术，建造智能化的信息库，市民足不出户，在指尖上便可完成相关服务流程的了解、预约办理和结果查询等事项，这是实现智慧城市的关键举措。

2012 年，北京市政府新闻办开发了 APP “北京城市”。平台设置了北京概括、北京杂志、北京影像、北京展映、北京发布、北京地图、北京活动、北京服务八个板块，一个应用便可满足市民对北京的实时资讯和城市服务的需求。今年，四川开发了城市管理服务 APP “金牛智慧城市”，通过智能手机搭建了双向互动的平台，市民可以随时对城市问题进行投诉并适时查看进度、申办证件和一键导航查找周边公共设施等，实现了“掌上城管”。

2015 年 3 月 5 日，李克强总理在十二届全国人大三次会议上首次提出“互联网 +”行动计划。目前，“互联网 +”已经渗透到了政务、医疗、卫

生、公检法等矛盾多发领域，但仍有很大的发展空间。例如一些地市级还未意识到新媒体平台建设的必要性，市民“办事难”“办事慢”等怨声还有很多。比如，交通拥堵目前是诸多城市面临的一大问题，借用新媒体和新技术，打造一个智慧交通信息网可以有效缓解城市道路运行困难。如果人们能够随时查询就近经过的公交车的到达时间，这可以帮助人们选择合适的出行时间以及提高选择公共交通出行频率。司机如果能实时看到城市道路的车流量情况，则可以提前自主选择更合适的出行道路。所以，在城市治理中，应该广泛运用 GPS、物联网和现代感知技术等，打造新媒体平台，完善“党委领导、政府负责、社会协同、公众参与、法制保障”的城市治理格局。

（二）发挥新媒体优势，提升城市形象传播

城市形象传播是城市治理中的重要一环，好的城市形象可以提升市民的归属感，促进城市认同和主人翁意识，而且有利于资金、技术、人才等的聚集，提升城市竞争力。同时，城市形象对外传播可以聚集外来资源，给城市发展带来新的机遇，最终为市民提供更优质的城市服务。利用新媒体传播城市形象可以最大范围覆盖市民，并能及时得到反馈，使得形象传播更能深入人心，获得公众认同。微电影、移动媒体、手机媒体等都可以成为城市形象传播的有力武器。例如，成都非常重视城市品牌形象的塑造。2013 年，制作了国内首份城市网络电子城市形象杂志《i 成都》，通过网络平台推广城市形象，得到市民认同，提升了城市软实力。目前，我国城市已经逐渐重视软实力建设，但很多城市还习惯于“埋头苦干”，鲜有城市能借助新媒体的力量去动员市民广泛参与，提升城市信息传播的范围和影响力。殊不知，市民的参与和反馈方能保证城市建设实现最终目的。

（三）信息及时公开，遏制虚假信息传播

虚假信息的传播和信息的模糊程度是密不可分的，及时公布信息是粉碎假新闻的有利途径。假新闻在新媒体传播环境下快速复制并呈裂变式传播，而打假的消息同样可以借助新媒体传播网络扼杀假新闻。信息公开和假新闻是此消彼长的关系，信息越公开，假新闻传播的范围和危害越小。信息公开不及时，就会给假新闻传播留出空间和时间。所以，政府相关部门要借助新

媒体及时发声，遏制假新闻传播。近两年，多个城市的市民在 QQ、微信圈等收到一条关于“城镇 60 岁以上计划生育家庭有奖励”的消息，不少市民纷纷向当地计生部门咨询，最后发现其实是一条假新闻。如果地方计生部门能够在假新闻传播之初作出回应，就会大大减少市民受骗。如果某个城市出现了这样的假新闻后，其他城市可以迅速反应，提前预防，这条假新闻也不会在多个城市屡屡得逞。

（四）开展媒介素养教育，促进城市治理

在新媒体时代，城市治理中的二元主体都需要提升媒介素养。一方面，相关职能部门工作人员需要提升媒介素养，真正从意识上重视新媒体在城市治理中的作用，把握新媒体的传播规律和特点，逐步提高新媒体应用能力，并且保持平等的心态和公众进行交流，只有这样才能切实提升城市治理效率，促进智慧城市建设。当前，仍有一部分政务平台只是顺应时事做的“形象工程”，鲜有信息发布，市民的提问也得不到及时解决。归根结底是因为部分工作人员媒介素养较低，没有真正意识到新媒体的魅力，仍以固化思维管理城市。另一方面，公众提升媒介素养才能从源头上减少色情、暴力、虚假新闻等的传播，净化新媒体传播环境，促进城市治理。当然，确立相应的新媒体传播法规也是未来城市治理应该着手解决的问题。

城市人口数量增多和城市规模扩大，加之新媒体带来的网络化、信息化环境使得城市治理体系日趋复杂，治理难度日益提升。城市治理的成效将成为影响国家发展的重要环节，城市治理将成为国家治理体系的重要组成部分。因此，在新媒体环境下，城市管理者必须转换思路，转变城市治理方式，提高城市治理的效率，推进城市治理手段和体系的现代化、科学化，打造出安全、宜居的高品质现代化大城市，进而优化整个国家的治理体系。